Recettes Canadiennes

de Laura Secord

Recettes Canadiennes

McCLELLAND AND STEWART LIMITED   TORONTO / MONTREAL

de Laura Secord

THE CANADIAN HOME ECONOMICS ASSOCIATION

McClelland and Stewart Limited
25 Hollinger Road, Toronto 16

0-7710-4081-4

Remerciements

Toute la photographie en couleur de ce livre est de Dennis Colwell. Illustrations et sous-textes de Robert Daignault, Hedda S. Johnson et Don Fernley. Les peintures historiques apparaissant sur les photographies en couleur sont de Robert Daignault.

Les photographies du tableau de cuisson des viandes sont reproduites de l'ouvrage intitulé *La viande — achat — cuisson*, Section des consommateurs, Service de la production et des marchés, ministère de l'Agriculture du Canada, Publication No 971, avec l'autorisation de l'Imprimeur de la Reine.

La photographie de la section *Pains et pains éclairs* a été prise au Pioneer Village, Black Creek, Toronto, Ontario.

Direction artistique	Frank Newfeld
Maquette	Don Fernley
Caractère	Optima composition par Mono Lino Typesetting Company Ltd.
Lithographie	Litho-Print Limited
Couleur	Litho-Print Limited
Reliure	T. H. Best Printing Company Limited

IMPRIMÉ ET RELIÉ AU CANADA

Table des matières

Liste de planchers en couleurs

Desserts et sauces

Les traiteurs de fourrures qui participent ici à un dîner de gala au Beaver Club de la Compagnie du Nord-Ouest à Montréal, auraient sûrement apprécié ces grands-pères à l'érable, spécialité traditionnelle du Québec.

Biscuits et bonbons

Les carrés au chocolat d'Antigonish sont une recette typique de la Nouvelle-Ecosse. Le patrimoine maritime de cette province est évoqué par les objets de l'arrière-plan, qui comprennent une représentation du *Bluenose*, le roi des bateaux de la flotte des Grands Bancs.

Conserves et légumes

L'arrivée des Loyalistes de l'Empire-Uni à Saint-Jean en 1783 laissa son empreinte indélébile sur le Nouveau-Brunswick. L'art de faire des conserves à domicile est l'un de ceux qu'ils apportèrent avec eux dans leur nouveau pays.

Soupes, goûters et spécialités

Au cours de leurs délibérations à Charlottetown, les Pères de la Confédération ont peut-être eu l'occasion de savourer cette délicieuse soupe aux pommes de terre de l'Ile du Prince-Edouard.

Pâtisseries

Sur un fond représentant un paisible port de pêche de la "première colonie", nous avons illustré la tarte aux bleuets de Terre-Neuve, ainsi que des tartes aux pêches et aux cerises, tout aussi délicieuses.

Avant-propos

A QUI DOIT-ON CE LIVRE DE RECETTES?

A deux groupes de gens qui, chacun de leur côté, ont eu la même idée.

Il y a quelques années, nous avions formé un projet qui nous semblait très original. Pourquoi les Confiseries Laura Secord ne commanditeraient-elles pas le premier livre de recettes authentiquement canadien? Plus d'un demi-siècle d'expérience dans le domaine de la bonne cuisine nous y autorisait sûrement, surtout que nous avions en main une foule de renseignements sur la cuisine canadienne. Pourquoi ne pas partager ces connaissances avec tous les Canadiens qui aiment bien manger?

Mais la direction de Laura Secord n'était pas la seule à y avoir pensé. L'Association canadienne des économistes ménagères projetait également de mettre sur pied pour le Centenaire un livre de recettes véritablement canadien. Peu de temps après, les éditeurs McClelland and Stewart Limited réunirent les deux groupes en nous demandant si nous serions disposés à patronner la publication du premier livre de recettes authentiquement canadien, si l'Association se chargeait de réunir et de vérifier toutes les recettes.

Cette offre tombait bien — et l'entente fut vite conclue.

L'Association canadienne des économistes ménagères se mit à l'oeuvre. Son travail mérite les plus grands éloges. Ses membres durent d'abord recueillir d'authentiques recettes canadiennes dans chaque province et chaque région de notre vaste pays. Ensuite, des équipes d'expertes en économie domestique consacrèrent près d'un an de travail à sélectionner, mettre à l'épreuve et perfectionner ces recettes, afin que chacune soit conforme aux plus hautes normes de qualité.

Ce fut vraiment une réussite complète.

Leonard D. Griffiths
PRESIDENT
LAURA SECORD CANDY SHOPS

Introduction

Ce livre de recettes est l'un des ouvrages les plus passionnants auxquels nous ayons contribué jusqu'à présent.

Il nous a permis de prouver une fois pour toutes que la cuisine canadienne existe véritablement et qu'elle est unique au monde.

Pour le découvrir, nos représentantes à travers le Canada durent recueillir plus de mille recettes particulières aux différentes provinces et régions. Chaque recette est accompagnée d'un bref article résumant l'histoire de la région en question.

Certaines de ces recettes nous viennent de nos ancêtres européens et sont encore en usage telles qu'elles l'étaient dans leur pays d'origine. D'autres ont été adaptées à la nourriture et au mode de vie canadiens. Nous avons également découvert un grand nombre de mets d'origine canadienne qui ne sont connus nulle part ailleurs qu'au Canada.

Chacune des 350 recettes choisies pour vous est authentiquement canadienne et délicieuse. Vous aurez autant de plaisir à les préparer que nous en avons eu à les expérimenter.

THE CANADIAN HOME
ECONOMICS ASSOCIATION

Sally Henry
Lorraine Swirsky
Carol Taylor

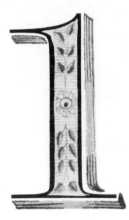

Pains

De nombreux Canadiens tirent leur subsistance du blé, le principal produit agricole de la région des Prairies. Ce facteur, allié au symbole traditionnel et religieux du pain, souligne l'importance de cet aliment de base.

Toutes nos recettes peuvent être préparées avec ou sans malaxeur. Il est en général recommandé de commencer à travailler la pâte au malaxeur afin de la rendre bien élastique, puis d'incorporer le reste de la farine peu à peu, à la cuillère, jusqu'à ce que la pâte ait atteint une consistance telle qu'il faille la travailler à la main. On la pétrit ensuite jusqu'à ce qu'elle soit lisse et élastique, s'étire facilement et ne colle pas à la planche (à l'exception de certaines pâtes qui contiennent de la mélasse et qui ont tendance à coller à la planche, même quand elles sont bien pétries).

Pour faire lever la pâte, on couvre le bol et les moules de papier ciré graissé et d'un linge humide avant de les placer dans un endroit chaud. Les durées de levage varient selon la température de "l'endroit chaud".

Pain à la farine de maïs

Nos colons utilisaient beaucoup de farine de maïs. La saveur et la belle couleur dorée de ce pain retiennent l'attention même de nos jours. Tout particulièrement délicieux présenté en sandwich avec du bacon de dos.

Faire frémir
1½ tasse de lait

Verser dans un grand bol et ajouter
¼ tasse de sucre
1 c. à table de sel
¼ tasse de shortening
¾ tasse d'eau
1 tasse de farine de maïs

Remuer jusqu'à ce que le shortening fonde. Tiédir.
Entre-temps, mélanger pour dissoudre
1 c. à thé de sucre
½ tasse d'eau tiède (100° F.)

Y saupoudrer
1 enveloppe de levure active sèche

Laisser reposer 10 minutes.
Puis agiter vivement avec une fourchette et ajouter cette levure amollie au mélange de lait tiède. Brasser.
Y battre vigoureusement
3 tasses de farine tout-usage

Puis incorporer
3 à 3½ tasses de farine tout-usage

Travailler la dernière partie de la farine d'un mouvement rotatif de la main. Renverser la pâte sur une surface enfarinée et pétrir de 8 à 10 minutes. Placer la boule de pâte dans un grand bol généreusement graissé, la retourner dans le bol pour en graisser la surface. Couvrir de papier ciré et d'un linge humide et laisser doubler de volume (environ 1½ heure). Abaisser d'un coup de poing, diviser la pâte en 2 portions et façonner en pains. Mettre dans des moules à pain graissés de 8½ x 4½ pouces, graisser la surface, couvrir et laisser doubler de volume (environ 1¼ heure). Cuire à 425° F., 30 minutes. Donne 2 pains.

Pain hollandais de Noël

Les Hollandais ont un pain traditionnel pour la Noël; cette version nous vient de Winnipeg, Manitoba. Quelquefois faite de pâte feuilletée, on forme une couronne fourrée de pâte d'amande; mais nous aimons tout particulièrement le pain que voici.

Faire frémir
1 tasse de lait

Verser dans un grand bol et ajouter
½ tasse de sucre
1 c. à thé de sel
¼ tasse de beurre

Brasser jusqu'à ce que le beurre fonde. Tiédir.

Entre-temps, mélanger pour dissoudre
1 c. à thé de sucre
½ tasse d'eau tiède (100° F.)

Y saupoudrer
1 enveloppe de levure active sèche

Laisser reposer 10 minutes.

Puis agiter vivement avec une fourchette et ajouter cette levure amollie au mélange de lait tiède. Brasser.

Y battre vigoureusement
2 tasses de farine tout-usage
1 oeuf battu
1 c. à thé d'essence d'amande

Combiner et incorporer à ce mélange
¾ tasse de farine tout-usage
1 tasse de raisins secs blanchis
1 tasse de raisins de Corinthe
¼ tasse de cerises confites hachées
¼ tasse de pelure de cédrat en dés

Bien battre. Puis incorporer à la main
2 tasses de farine tout-usage

Travailler la dernière partie de la farine d'un mouvement rotatif de la main. Renverser la pâte sur une surface enfarinée et pétrir de 8 à 10 minutes. Placer la boule de pâte dans un grand bol généreusement graissé, la retourner dans le bol pour en graisser la surface. Couvrir de papier ciré et d'un linge humide et laisser doubler de volume (environ 1½ heure). Abaisser d'un coup de poing, diviser la pâte en 2 portions. Rouler ou aplatir en une forme oblongue de ¾ pouce d'épaisseur.

Façonner en deux barres d'un diamètre d'un pouce
1 boite (8 oz) de pâte d'amande

Déposer sur la pâte et rouler comme pour un gâteau roulé en prenant soin de bien sceller les bouts avant de rouler. Mettre dans des moules à pain graissés de 8¼ x 4½ pouces avec le côté scellé en dessous.

Graisser la surface, couvrir et laisser doubler de volume (environ 1 heure). Cuire à 375° F., de 45 à 50 minutes.

Donne 2 pains.

Pain sur la sole

Pain croustillant, qui a fait les délices de bien des générations depuis l'arrivée des premiers colons français.

Faire frémir ensemble
½ tasse de lait
¾ tasse d'eau

Verser dans un grand bol et ajouter
1 c. à table de sucre
2 c. à thé de sel
2 c. à table de shortening

Brasser jusqu'à ce que le shortening fonde. Tiédir.

Entre-temps, mélanger pour dissoudre
1 c. à thé de sucre
¼ c. à thé de gingembre
½ tasse d'eau tiède (100° F.)

Y saupoudrer
1 enveloppe de levure active sèche

Laisser reposer 10 minutes.
Puis agiter vivement avec une fourchette et ajouter cette levure amollie au mélange de lait tiède. Brasser.

Y battre vigoureusement
2½ tasses de farine tout-usage

Puis incorporer
2 tasses de farine tout-usage

Travailler la dernière partie de la farine d'un mouvement rotatif de la main. Renverser la pâte sur une surface enfarinée et pétrir de 8 à 10 minutes. Placer la boule de pâte dans un grand bol généreusement graissé, la retourner dans le bol pour en graisser la surface. Couvrir de papier ciré et d'un linge humide et laisser doubler de volume (environ 1½ heure). Abaisser d'un coup de poing, diviser la pâte en 3 portions et façonner chacune en une boule lisse. Couvrir et laisser reposer 15 minutes. Pétrir et façonner chaque portion en un bâton mince de 12 pouces de long. Déposer sur une tôle à biscuits graissée et à une bonne distance l'un de l'autre. Inciser la surface en diagonale avec des ciseaux. Couvrir d'un linge humide et laisser doubler de volume (dans un four non chauffé avec un contenant d'eau bouillante pour rendre le pain plus croustillant).

Cuire à 400° F., 15 minutes, puis réduire la chaleur à 350° F. et continuer la cuisson 25 minutes. Badigeonner d'un mélange d'un oeuf et de 2 c. à table d'eau deux fois durant la cuisson.

Donne 3 baguettes.

Pain de Pâques grec

Dans la plupart des pays, la célébration des fêtes s'accompagne de la préparation de pains traditionnels. Celui-ci nous vient du Manitoba.

Mélanger pour dissoudre
1 c. à thé de sucre
½ tasse d'eau tiède (100° F.)

Y saupoudrer
1 enveloppe de levure active sèche

Laisser reposer 10 minutes. Puis agiter vivement avec une fourchette.

Entre-temps, crémer ensemble
2 c. à table de shortening
¼ tasse de sucre
¾ c. à thé de sel

Ajouter et bien battre
1 oeuf
1 jaune d'oeuf

Incorporer la levure amollie et
2 c. à table de poudre de lait écrémé
1 tasse de farine tout-usage

Battre jusqu'à consistance lisse.
Puis incorporer à la main
½ à ¾ tasse de farine tout-usage

Travailler la dernière partie de la farine d'un mouvement rotatif de la main. Renverser la pâte sur une surface enfarinée et pétrir de 8 à 10 minutes. Placer la boule de pâte dans un grand bol généreusement graissé, la retourner dans le bol pour en graisser la surface. Couvrir de papier ciré et d'un linge humide et laisser doubler de volume (environ 2¼ heures).

Combiner
¼ tasse de raisins secs
¼ tasse de pelure de cédrat
2 c. à table de pelure d'orange confite

Abaisser la pâte d'un coup de poing, la renverser sur une surface légèrement enfarinée et couvrir du mélange de fruits. Pétrir la pâte pour bien distribuer les fruits. Diviser en 3 portions et façonner chacune en boule. Placer en forme de trèfle sur une tôle à biscuits graissée. Graisser la surface, couvrir, et laisser doubler de volume.

Cuire à 375° F., de 25 à 30 minutes. Badigeonner le pain chaud avec de la glace au sucre à glacer (voir page 105). Garnir d'amandes et de cerises confites.

Donne 1 pain.

Pain au levain

Le levain comptait parmi les denrées essentielles aux colons. De nos jours, la préparation au levain est grandement simplifiée grâce aux levures commerciales.

Dans un grand bol mélanger pour dissoudre
1 c. à thé de sucre
½ tasse d'eau tiède (100° F.)

Y saupoudrer
1 enveloppe de levure active sèche

Laisser reposer 10 minutes. Puis agiter vivement avec une fourchette.

Incorporer
3 tasses d'eau tiède (100° F.)
1 c. à table de sel
1 c. à table de sucre
3 tasses de farine tout-usage

Couvrir ce levain de papier ciré et de papier aluminium. Laisser reposer 3 jours à la température de la pièce. Brasser la détrempe chaque jour.

Au troisième jour, faire frémir
1 tasse de lait

Y mélanger
¼ tasse de sucre
2 c. à table de shortening

Tiédir. Incorporer 3 tasses du levain. (Au reste, ajouter 2 tasses d'eau tiède et 2 tasses de farine tout-usage. Laisser reposer 1 jour à la température de la pièce, puis sceller dans un bocal et réfrigérer. Utiliser une prochaine fois.)

Y battre vigoureusement
3 tasses de farine tout-usage

Puis incorporer
3½ à 4 tasses de farine tout-usage

Travailler la dernière partie de la farine d'un mouvement rotatif de la main. Renverser la pâte sur une surface enfarinée et pétrir de 8 à 10 minutes. Placer la boule de pâte dans un grand bol généreusement graissé, la retourner dans le bol pour en graisser la surface. Couvrir de papier ciré et d'un linge humide et laisser doubler de volume (environ 1¼ heure). Abaisser d'un coup de poing, diviser la pâte en 3 portions et façonner en pains. Mettre dans des moules à pain graissés de 8½ x 4½ pouces, graisser la surface, couvrir et laisser doubler de volume (¾ d'heure).

Cuire à 400° F., de 30 à 35 minutes.

Donne 3 pains.

Makiwnyk

Une spécialité ukrainienne de Noël, faite de pâte sucrée.

Faire frémir et tiédir
2 tasses de lait

Entre-temps, mélanger pour dissoudre
1 c. à thé de sucre
½ tasse d'eau tiède (100° F.)

Y saupoudrer
1 enveloppe de levure active sèche

Laisser reposer 10 minutes. Puis agiter vivement avec une fourchette, et ajouter cette levure amollie au lait tiède. Brasser.

Y battre
3 tasses de farine tout-usage

Couvrir et laisser reposer dans un endroit chaud jusqu'à ce que la détrempe soit légère et pleine de bulles (1 heure).

Y remuer
1 tasse de sucre
½ c. à thé de sel
½ tasse de beurre, fondu
1 c. à table de zeste de citron râpé

Battre avec une fourchette
3 oeufs
3 jaunes d'oeufs OU 4 oeufs entiers

Incorporer dans la détrempe.

Y battre vigoureusement
2 tasses de farine tout-usage

Puis y incorporer
4 à 4½ tasses de farine tout-usage

Travailler la dernière partie de la farine d'un mouvement rotatif de la main. Renverser la pâte sur une surface enfarinée et pétrir de 8 à 10 minutes. Placer la boule de pâte dans un grand bol généreusement graissé, la retourner dans le bol pour en graisser la surface. Couvrir de papier ciré et d'un linge humide et laisser doubler de volume (environ 1½ heure). Abaisser d'un coup de poing, diviser la pâte en 3 portions. Rouler chacune en un rectangle de ½ pouce d'épaisseur.

Y étendre de la garniture aux graines de pavot et rouler à la manière d'un gâteau roulé. Sceller le côté et mettre sur une tôle à biscuits graissée avec le côté scellé en dessous.

Couvrir et laisser doubler de volume. Badigeonner de crème.

Cuire à 350° F., 1 heure.

Donne 3 rouleaux.

Couvrir d'eau bouillante
1 livre de graines de pavot

Laisser reposer 1 heure. Egoutter et laisser sécher de préférence jusqu'au lendemain. Moudre avec un moulin à graines de pavot ou au hachoir-viande à lame très fine.

Y incorporer
½ tasse de sucre

Battre jusqu'à consistance ferme
3 blancs d'oeufs

Incorporer en pliant au mélange de graines de pavot avec
1 c. à table de zeste de citron râpé

Petits pains au sirop d'érable

C'est du Québec que nous parviennent ces petits pains aux raisins délicatement épicés et glacés de sirop d'érable. Oui, en vérité: "Presque toute bonne recette est meilleure encore avec du sirop ou du sucre d'érable."

Faire frémir
1 tasse de lait

Verser dans un grand bol et ajouter
½ tasse de sucre
2 c. à thé de sel
¾ tasse de shortening
1 tasse de pommes de terre en purée
1 tasse de farine tout-usage
2 oeufs bien battus
1 c. à table de cannelle

Brasser jusqu'à ce que le shortening fonde. Tiédir.

Entre-temps, mélanger pour dissoudre
1 c. à thé de sucre
½ tasse d'eau tiède (100° F.)

Y saupoudrer
1 enveloppe de levure active sèche

Laisser reposer 10 minutes.

Puis agiter vivement avec une fourchette et ajouter cette levure amollie au mélange de lait tiède. Brasser. Couvrir de papier ciré et d'un linge humide. Laisser reposer 2 heures dans un endroit chaud.

Couvrir d'eau bouillante, laisser gonfler et égoutter
1½ tasse de raisins secs

Incorporer les raisins à la détrempe et y battre
2 tasses de farine tout-usage

Puis ajouter
2 tasses de farine tout-usage

Travailler la dernière partie de la farine d'un mouvement rotatif de la main. Renverser la pâte sur une surface enfarinée et pétrir de 8 à 10 minutes. Placer la boule de pâte dans un grand bol généreusement graissé, la retourner dans le bol pour en graisser la surface. Couvrir de papier ciré et d'un linge humide et laisser doubler de volume (environ 2 heures). Abaisser d'un coup de poing, rouler la pâte à ½ pouce d'épaisseur et la découper avec un emporte-pièce de 2 pouces. Déposer sur une tôle à biscuits graissée, couvrir et laisser reposer 15 minutes.

Cuire à 400° F., de 15 à 18 minutes ou jusqu'à coloration dorée.

Bouillir ensemble jusqu'à formation de filaments (230° F.)
½ tasse de sirop d'érable
1 c. à table de sucre

En recouvrir les petits pains chauds.

Donne environ 4 douzaines.

Pain polonais de Marie

Cette jeune femme et son époux ont choisi de devenir Canadiens. Leur contribution à la vie du Nouveau-Brunswick est certes rendue évidente par l'apport de ce délicieux pain dont les touristes n'ont cessé de se régaler lors de leur visite à la côte magnétique près de Moncton.

Mélanger pour dissoudre
1 c. à thé de sucre
¼ tasse d'eau tiède (100° F.)

Y saupoudrer
1 enveloppe de levure active sèche

Laisser reposer 10 minutes.

Puis agiter vivement avec une fourchette.

Incorporer la levure amollie à
2 tasses d'eau tiède (100°F.)

Y battre vigoureusement
1 tasse de farine tout-usage
1 tasse de flocons d'avoine
1 c. à table de sel

Puis ajouter
3 tasses de farine Graham
2 c. à table de graines de carvi

Travailler la dernière partie de la farine d'un mouvement rotatif de la main. Renverser la pâte sur une surface enfarinée et pétrir de 8 à 10 minutes. Diviser la pâte en 2 portions et façonner en pains. Mettre dans des moules à pain graissés de 8½ x 4½ pouces, graisser la surface, couvrir et laisser doubler de volume (1½ heure).

Cuire à 375° F., de 55 à 65 minutes.

Donne 2 pains.

Paska

Paska, le pain de Pâques traditionnel de l'Ukraine, est un pain rond à pâte très riche comme l'indique cette recette du Manitoba. On décore la paska de motifs de fantaisie dont une croix centrale. Au matin de Pâques, on l'apporte à l'église pour la faire bénir par le prêtre au milieu de cérémonies et d'hymnes.

Faire frémir et tiédir
1½ tasse de lait

Entre-temps, mélanger pour dissoudre
1 c. à thé de sucre
½ tasse d'eau tiède (100° F.)

Y saupoudrer
1 enveloppe de levure active sèche

Laisser reposer 10 minutes.

Puis agiter vivement avec une fourchette et incorporer cette levure amollie au lait tiède avec
2½ tasses de farine tout-usage

Battre jusqu'à consistance lisse. Couvrir d'un linge humide et laisser lever jusqu'à consistance spongieuse (environ 1½ heure).

Fouetter jusqu'à consistance épaisse
5 jaunes d'oeufs
3 oeufs entiers
¼ tasse de sucre
1 c. à thé de sel

Incorporer
½ tasse de beurre, fondu

Ajouter ce mélange à celui de la levure.

Y battre vigoureusement
2 tasses de farine tout-usage

Puis incorporer
4 à 4½ tasses de farine tout-usage

Travailler la dernière partie de la farine d'un mouvement rotatif de la main. Renverser la pâte sur une surface enfarinée et pétrir de 8 à 10 minutes. Placer la boule de pâte dans un grand bol généreusement graissé, la retourner dans le bol pour en graisser la surface. Couvrir de papier ciré et d'un linge humide et laisser doubler de volume (environ 1 heure). Abaisser d'un coup de poing, diviser la pâte en 3 portions. Façonner 2 portions en pains ronds. Si désiré, incorporer en pétrissant des fruits confits et des raisins secs gonflés dans un des pains. (Pour gonfler, couvrir d'eau bouillante et laisser reposer 2 ou 3 min.). Avec la paume des mains, rouler la 3e portion en 2 bâtonnets de 1 pouce de diamètre. Les couper pour former une croix sur chacun des pains. Couper le surplus et replier les bouts en dessous. Façonner les restants de pâte en rosettes et en spirales et les disposer autour de la croix. Couvrir et laisser doubler de volume (2 heures).

Badigeonner d'un mélange de 1 oeuf et 1 c. à table d'eau.

Cuire à 400° F., 15 minutes. Réduire la chaleur à 350° F. et continuer la cuisson de 35 à 40 minutes de plus.

Donne 2 pains.

Pulla

Plusieurs Finlandais quittèrent l'Alaska pour s'installer au sud de la Colombie-Britannique lorsque les Etats-Unis achetèrent ce territoire en 1867. Ceci explique sans doute pourquoi ce pain finlandais nous vient de Haney.

Faire frémir
¾ tasse de lait

Verser dans un grand bol et ajouter
½ tasse de sucre
1 c. à thé de sel
⅓ tasse de beurre
½ c. à thé de cardamome moulue

Remuer jusqu'à ce que le beurre fonde. Tiédir.

Entre-temps, mélanger pour dissoudre
1 c. à thé de sucre
½ tasse d'eau tiède (100° F.)

Y saupoudrer
1 enveloppe de levure active sèche

Laisser reposer 10 minutes.

Puis agiter vivement avec une fourchette, et ajouter cette levure amollie au mélange de lait tiède avec
2 oeufs battus

Y battre vigoureusement
2 tasses de farine tout-usage

Puis incorporer
3 à 3½ tasses de farine tout-usage

Travailler la dernière partie de la farine d'un mouvement rotatif de la main. Renverser la pâte sur une surface enfarinée et pétrir de 8 à 10 minutes. Placer la boule de pâte dans un grand bol généreusement graissé, la retourner dans le bol pour en graisser la surface. Couvrir de papier ciré et d'un linge humide et laisser doubler de volume (environ 2 heures). Abaisser d'un coup de poing, diviser la pâte en 3 portions. Diviser à nouveau chaque portion en trois, façonner en bâtonnets de 15 pouces de long et 1 pouce de diamètre et tresser. Répéter avec les deux autres portions. Déposer les tresses sur des tôles à biscuits graissées, couvrir et laisser doubler de volume (environ 1¼ heure). Cuire à 375° F., de 30 à 35 minutes.

Mélanger pour dissoudre
2 c. à table de sucre
1 c. à table de café chaud

Au sortir du four, badigeonner le pain du mélange au café et saupoudrer de
sucre

Donne 3 baguettes.

Pain brun aux flocons d'avoine

Ce pain brun aux flocons d'avoine appartient spécifiquement aux Maritimes. Il semble, en effet, que nous ayons reçu une recette de ce genre, de chaque comté avec la suggestion de le servir avec des fèves au lard pour le souper du samedi.

Dans un grand bol, combiner
1 tasse de flocons d'avoine
2 c. à thé de sel
3 c. à table de beurre
2 tasses d'eau bouillante

Remuer jusqu'à ce que le beurre fonde. Tiédir.

Entre-temps, mélanger pour dissoudre
1 c. à thé de sucre
½ tasse d'eau tiède (100° F.)

Y saupoudrer
1 enveloppe de levure active sèche

Laisser reposer 10 minutes.

Puis agiter vivement avec une fourchette, et ajouter cette levure amollie au mélange tiède avec
½ tasse de mélasse

Y battre vigoureusement
1 tasse de farine de blé entier
Puis
2 tasses de farine tout-usage

Puis incorporer
2 à 3 tasses de farine tout-usage

Travailler la dernière partie de la farine d'un mouvement rotatif de la main. Renverser la pâte sur une surface enfarinée et pétrir de 8 à 10 minutes. Placer la boule de pâte dans un grand bol généreusement graissé, la retourner dans le bol pour en graisser la surface. Couvrir de papier ciré et d'un linge humide et laisser doubler de volume (environ 1½ heure). Abaisser d'un coup de poing, diviser la pâte en 3 portions et façonner en pains. Mettre dans des moules à pain graissés de 8½ x 4½ pouces, graisser la surface, couvrir et laisser doubler de volume (environ 1 heure).

Cuire à 375° F., de 60 à 65 minutes.

Donne 3 pains.

Pâte sucrée

Une pâte ukrainienne exceptionnellement riche qui démontre bien l'aspect international de nos mets canadiens puisqu'elle sert de base à la préparation de deux délicieuses pâtisseries: Les brioches anglaises de Chelsea et les petits pains hongrois.

Brioches de Chelsea

Préparer la pâte de Makiwnyk (voir page 15). Laisser doubler de volume. En utiliser ⅓ pour le Makiwnyk.

Dans un moule à gâteau de 13 x 9 pouces, fondre
½ tasse de beurre

Y remuer jusqu'à consistance lisse
1⅓ tasse de cassonade légèrement pressée
1½ c. à table de sirop de maïs

Saupoudrer de
⅔ tasse de pacanes hachées grossièrement

Laisser refroidir.

Rouler un peu plus de la moitié du reste sur une surface légèrement enfarinée en un rectangle de 24 x 9 pouces.

Badigeonner de
3 c. à table de beurre mou

Saupoudrer d'un mélange de
1 tasse de cassonade légèrement pressée
1 c. à thé de cannelle
¾ tasse de raisins secs, gonflés (dans de l'eau bouillante)

Distribuer aussi uniformément que possible. Rouler à la manière d'un gâteau roulé et couper en morceaux de 1 pouce. Les placer tout près l'un de l'autre, le côté coupé en dessous, dans le moule préparé. Couvrir et laisser doubler de volume (environ 1¼ heure).

Cuire à 375° F., de 30 à 35 minutes ou jusqu'à coloration dorée. Au sortir du four, renverser le moule sur une grille à gâteau. Laisser le sirop enrober les brioches pendant quelques minutes avant de retirer le moule.

Donne 24 brioches.

Pain sucré hongrois

Avec la paume des mains, rouler le reste de la pâte de Makiwnyk en un bâtonnet d'environ 24 pouces de longueur. Couper en 25 morceaux et façonner en boules.

Tremper chacune dans
du beurre fondu

Puis rouler dans un mélange de
⅓ tasse de sucre
1 c. à thé de cannelle

Etendre une couche de ces boules de façon à ce qu'elles se touchent à peine dans un moule tubulaire de 9 pouces, graissé.

Saupoudrer de
¼ tasse de noix hachées

Disposer des cerises et des raisins entre les boules, en utilisant au total
⅓ tasse de raisins secs
⅓ tasse de moitiés de cerises au marasquin

Répéter en superposant ainsi toutes les boules.

Couvrir et laisser doubler de volume (environ 1½ heure).

Cuire à 375° F., de 30 à 35 minutes.

Au sortir du four, renverser sur une assiette de service et démouler.

Rompre en morceaux pour servir. Donne 1 pain.

Pain de seigle de Capilano

Capilano, gorge pittoresque traversée par un primitif pont suspendu de la région de Vancouver. Une de ses ménagères nous a soumis ce pain nourrissant qui est une adaptation d'un pain de seigle populaire pendant la première guerre mondiale, alors qu'on encourageait les ménagères à utiliser différentes sortes de farines pour ainsi rendre plus de farine de blé disponible à être envoyée outre-mer.

Faire frémir
2 tasses de lait

Verser dans un grand bol et ajouter
¼ tasse de sucre
1 c. à table de sel
¼ tasse de shortening

Brasser jusqu'à ce que le shortening fonde. Tiédir.

Entre-temps, mélanger pour dissoudre
1 c. à thé de sucre
1 tasse d'eau tiède (100° F.)

Y saupoudrer
2 enveloppes de levure active sèche

Laisser reposer 10 minutes.

Puis agiter vivement avec une fourchette et ajouter cette levure amollie au mélange de lait tiède. Brasser.

Y battre vigoureusement
¼ tasse de germe de blé
3 tasses de farine de seigle

Puis incorporer
1 tasse de farine Graham
3 à 3½ tasses de farine tout-usage

Travailler la dernière partie de la farine d'un mouvement rotatif de la main. Renverser la pâte sur une surface enfarinée et pétrir de 8 à 10 minutes. Placer la boule de pâte dans un grand bol généreusement graissé, la retourner dans le bol pour en graisser la surface. Couvrir de papier ciré et d'un linge humide et laisser augmenter 1½ fois son volume (environ 1 heure). Abaisser d'un coup de poing, diviser la pâte en 3 portions et façonner en pains. Mettre dans des moules à pain graissés de 8½ x 4½ pouces, graisser la surface, couvrir, et laisser augmenter 1½ fois de volume (environ ¾ d'heure).

Cuire à 375° F., de 55 à 65 minutes.

Donne 3 pains.

Pain de trappeur

Chaque automne, les femmes du Labrador préparent ce pain pour leurs époux qui partent en expédition. Plus la quantité de mélasse est élevée, plus le pain sera lourd et mieux il se conservera durant le long et difficile voyage.

Couvrir d'eau bouillante, laisser gonfler et puis égoutter
1½ tasse de raisins secs
1½ tasse de raisins de Corinthe

Mélanger ensemble dans un grand bol
2¾ tasses d'eau chaude
1 tasse de cassonade légèrement pressée
1 c. à table de sel
1 tasse de beurre
⅔ à 1 tasse de mélasse

Brasser jusqu'à ce que le beurre fonde. Tiédir.

Entre-temps, mélanger pour dissoudre
2 c. à thé de sucre
1 tasse d'eau tiède (100° F.)

Y saupoudrer
2 enveloppes de levure active sèche

Laisser reposer 10 minutes.

Puis agiter vivement avec une fourchette et ajouter cette levure amollie au mélange tiède. Brasser.

Y battre vigoureusement
6 tasses de farine tout-usage

Mélanger les fruits à
6 tasses de farine tout-usage

Puis incorporer le tout à la pâte.

Travailler la dernière partie du mélange de farine d'un mouvement rotatif de la main. Renverser la pâte sur une surface enfarinée et pétrir de 8 à 10 minutes. Placer la boule de pâte dans un grand bol généreusement graissé, la retourner dans le bol pour en graisser la surface. Couvrir de papier ciré et d'un linge humide et laisser doubler de volume (environ 2 heures). Abaisser d'un coup de poing, diviser la pâte en 4 portions et façonner en pains. Mettre dans des moules à pain graissés de 8½ x 4½ pouces, graisser la surface, couvrir et laisser doubler de volume (environ 1 heure).

Cuire à 375° F., 60 minutes.

Badigeonner de beurre pendant que les pains sont encore chauds.

Donne 4 pains.

Petits pains du Vendredi saint

Ces pains décorés d'une croix sont d'origine anglaise et se préparent pour le Vendredi saint. Au Canada, on les tranche en deux pour les faire griller et on les sert durant tout le Carême.

Faire frémir
¾ tasse de lait

Verser dans un grand bol et ajouter
½ tasse de sucre
1 c. à thé de sel
¼ tasse de beurre

Brasser jusqu'à ce que le beurre fonde. Tiédir.

Entre-temps, mélanger pour dissoudre
1 c. à thé de sucre
½ tasse d'eau tiède (100° F.)

Y saupoudrer
1 enveloppe de levure active sèche

Laisser reposer 10 minutes.

Puis agiter vivement avec une fourchette et ajouter cette levure amollie au mélange de lait tiède avec
1 oeuf battu
1 jaune d'oeuf
1 c. à thé de cannelle
½ c. à thé de clou de girofle
¼ c. à thé de muscade

Y battre vigoureusement
2 tasses de farine tout-usage

Puis incorporer
1¾ à 2 tasses de farine tout-usage

Travailler la dernière partie de la farine d'un mouvement rotatif de la main. Renverser la pâte sur une surface enfarinée et pétrir de 8 à 10 minutes.

Puis incorporer en pétrissant
½ tasse de raisins secs

Placer la boule de pâte dans un grand bol généreusement graissé, la retourner dans le bol pour en graisser la surface. Couvrir de papier ciré et d'un linge humide et laisser doubler de volume (environ 1½ heure). Abaisser d'un coup de poing diviser la pâte en 18 à 20 portions et façonner en boules. Placer sur des tôles à biscuits graissées. Couvrir et laisser doubler de volume (environ 45 minutes).

Badigeonner d'un mélange de 1 blanc d'oeuf et 1 c. à table d'eau. Inciser en forme de croix la surface de chacun avec des ciseaux.

Cuire à 400° F., de 15 à 18 minutes.

Garnir de glace de confiseurs (voir page 105).

Donne de 18 à 20 petits pains.

Pain à 100% de blé entier

Pour obtenir un pain à texture à la fois légère et délicate, la farine utilisée doit contenir suffisamment de gluten. La farine de blé entier n'en possède pas suffisamment, mais certaines personnes préfèrent ce genre de pain compact, surtout grillé.

Faire frémir
2¾ tasses de lait

Verser dans un grand bol et ajouter
⅓ tasse de mélasse
4 c. à thé de sel

Tiédir.

Entre-temps, mélanger pour dissoudre
2 c. à thé de sucre
1 tasse d'eau tiède (100° F.)

Y saupoudrer
2 enveloppes de levure active sèche

Laisser reposer 10 minutes.

Puis agiter vivement avec une fourchette et ajouter cette levure amollie au mélange de lait tiède. Brasser.

Y battre vigoureusement
4 tasses de farine de blé entier

Puis incorporer
4 à 5 tasses de farine de blé entier

Travailler la dernière partie de la farine d'un mouvement rotatif de la main Renverser la pâte sur une surface enfarinée et pétrir de 8 à 10 minutes Placer la boule de pâte dans un grand bol généreusement graissé, la retourner dans le bol pour en graisser la surface. Couvrir de papier ciré et d'un linge humide et laisser doubler de volume (environ 2 heures). Abaisser d'un coup de poing, diviser la pâte en 3 portions et façonner en pains. Mettre dans des moules à pain graissés de 8½ x 4½ pouces, graisser la surface, couvrir, et laisser doubler de volume (1 heure).

Cuire à 425° F., de 50 à 55 minutes.

Donne 3 pains.

Pains éclairs

Plus de deux millions de Canadiens sont d'origine écossaise, ce que explique pourquoi nous offrons ici tant de pains-gâteaux, de biscuits, de scones et de muffins, spécialités écossaises dont la réputation n'est plus à faire. A l'heure du thé, on sert du pain riche et moelleux, coupé en tranches fines beurrées et cet usage s'est aussi étendu au petit déjeuner, au café de la matinée, et même au dîner et au souper.

Pain à la bière et aux noix

La plupart des pains éclairs, bien que délectables, ne possèdent pas l'arôme enchanteur du pain de ménage frais. Mais ce pain qui nous vient de la pittoresque ville de Québec, bien que de préparation rapide, possède cette inimitable odeur et cette délicieuse saveur de levure fraîche.

Chauffer le four à 350° F.

Graisser généreusement un moule à pain de 9 x 5 x 3 pouces.

Tamiser ou mélanger ensemble
  2¼ tasses de farine tout-usage
  4 c. à thé de poudre à pâte
  1 c. à thé de sel
  1 tasse de sucre

Avec un coupe-pâte ou deux couteaux incorporer en coupant
  ⅓ tasse de shortening

Battre ensemble avec une fourchette
  2 oeufs
  1 tasse de bière

Ajouter le mélange liquide aux ingrédients secs et mélanger pour combiner seulement. (La détrempe sera grumeleuse.)

Incorporer en pliant
  ½ tasse de noix hachées
  1 tasse de dattes hachées finement

Verser dans le moule à pain graissé.

Cuire à 350° F., de 55 à 60 minutes, ou jusqu'à ce que rien n'adhère à un cure-dents introduit au centre du pain.

Démouler et laisser refroidir. Envelopper de papier ciré et entreposer dans une boîte hermétiquement fermée. Pour servir, étendre du fromage à la crème sur des tranches minces.

Pain brun de Shediac

Les pains bruns ou les pains de mélasse à la vapeur sont populaires dans les provinces maritimes et sur les deux rives du fleuve Saint-Laurent. Personne ne peut nier le bien-fondé de l'association de saveur entre ce succulent pain et nos traditionnelles fèves au lard.

Graisser généreusement deux boîtes à conserve de 28 onces ou trois de 19 onces.

Tamiser ou mélanger ensemble
  1 tasse de farine tout-usage
  1½ c. à thé de sel
  1 c. à thé de poudre à pâte
  1 c. à thé de soda à pâte

Y mélanger
  1 tasse de farine de maïs
  1 tasse de farine de blé entier
  2 c. à table de cassonade

Battre ensemble avec une fourchette
  ¾ tasse de mélasse
  1¼ tasse d'eau
  2 c. à table de shortening, fondu

Ajouter le mélange liquide aux ingrédients secs et mélanger pour combiner seulement. (La détrempe sera grumeleuse.)

Remplir les boîtes graissées aux ⅔. Couvrir de papier ciré et de papier aluminium et attacher le tout solidement.

Cuire à la vapeur 2 heures sur une grille dans un chaudron rempli d'eau à la moitié des boîtes de conserve.

Démouler.

Servir chaud ou froid, tranché et beurré.

Pain aux fruits de Bonavista

Les pains éclairs gagnent beaucoup en popularité au Canada. Non seulement se conservent-ils à merveille, mais leur saveur s'améliore pendant l'entreposage. Les ménagères de Terre-Neuve en particulier aiment avoir une bonne provision de ce pain-ci pour la saison des fêtes.

Chauffer le four à 350° F.

Graisser généreusement un moule à pain de 9 x 5 x 3 pouces.

Tamiser ou mélanger ensemble
  2 tasses de farine tout-usage

3½ c. à thé de poudre à pâte
¾ c. à thé de sel
¾ tasse de sucre

Y mélanger
¼ tasse d'ananas confits en dés
¼ tasse de raisins secs
½ tasse de cerises confites hachées
½ tasse de noix hachées

Battre ensemble avec une fourchette
2 oeufs
1 tasse de lait
3 c. à table de beurre, fondu

Ajouter le mélange liquide aux ingrédients secs et mélanger pour combiner seulement. (La détrempe sera grumeleuse.)

Remplir le moule à pain graissé et laisser reposer 30 minutes.

Cuire à 350° F., de 55 à 65 minutes, ou jusqu'à ce que rien n'adhère à un curedents introduit au centre du pain. Démouler et laisser refroidir.

Servir tel quel ou beurré.

Pain au citron du Paradis

La popularité du citron dans notre cuisine canadienne est incroyable à constater. Aussi cette recette nous est-elle parvenue non seulement de la vallée du Paradis en Alberta, mais encore du Québec et du Nouveau-Brunswick.

Chauffer le four à 350° F.

Graisser généreusement un moule à pain de 8½ x 4½ pouces.

Tamiser ou mélanger ensemble
1½ tasse de farine tout-usage
1 c. à thé de poudre à pâte
¼ c. à thé de sel

Crémer
½ tasse de beurre

Y incorporer graduellement
1 tasse de sucre
2 oeufs

Battre jusqu'à consistance légère et duveteuse.

Ajouter les ingrédients secs au mélange crémé alternativement avec
½ tasse de lait

Mélanger légèrement après chaque addition.

Incorporer en pliant
2 c. à table de zeste de citron râpé
½ tasse de noix hachées

Verser dans le moule préparé.

Cuire à 350° F., de 55 à 60 minutes ou jusqu'à ce que la surface reprenne sa forme lorsque légèrement pressée.

Laisser refroidir 5 minutes.

Mélanger et verser sur le dessus
2 c. table de sucre
2 c. à table de jus de citron

Démouler lorsque refroidi.

Servir comme gâteau ou pain.

Pain aux dattes et au sherry

Ce pain de Winnipeg possède une saveur riche et une odeur qui, bien que subtile, peut causer quelque embarras lorsqu'il est accidentellement servi à une réunion paroissiale.

Chauffer le four à 350° F.

Graisser un moule à pain de 9 x 5 x 3 pouces.

Amener à ébullition
1 tasse de sherry

Le verser sur
2 tasses de dattes hachées

Remuer et laisser refroidir.

Tamiser ou mélanger ensemble
2 tasses de farine tout-usage
1 c. à thé de poudre à pâte
1 c. à thé de soda à pâte
¼ c. à thé de sel

Crémer
¼ tasse de shortening

Y incorporer graduellement
1 tasse de cassonade légèrement pressée
1 oeuf

Battre jusqu'à consistance légère et duveteuse.

Ajouter les ingrédients secs au mélange crémé alternativement avec le mélange de dattes. Combiner légèrement après chaque addition.

Incorporer
½ tasse de cerises confites hachées
½ tasse de noix hachées

Verser dans le moule préparé.

Cuire à 350° F., de 50 à 60 minutes ou jusqu'à ce que le pain reprenne sa forme lorsque légèrement pressé.

Laisser refroidir 5 minutes sur une grille, démouler, refroidir complètement. Envelopper de papier ciré et entreposer dans une boîte hermétiquement fermée jusqu'au lendemain.

Muffins aux bleuets

Petit fruit indigène au Québec et aux provinces de l'Atlantique surtout, appelé bleuet à cause de sa couleur bleu ciel. Il peut entrer dans le menu en toute saison puisqu'on peut se le procurer à bon compte en conserve ou congelé. Ce muffin écossais s'est agréablement "canadianisé".

Chauffer le four à 400° F.

Graisser généreusement 16 moules à muffins de grosseur moyenne.

Tamiser ou mélanger ensemble
  1 tasse de farine tout-usage
  2 c. à thé de poudre à pâte
  ½ c. à thé de sel
  ½ c. à thé de cannelle

Incorporer
  ¾ tasse de flocons d'avoine
  ½ tasse de cassonade légèrement pressée

Battre ensemble
  1 oeuf
  1 tasse de lait
  ¼ tasse de shortening, fondu

Ajouter le mélange liquide aux ingrédients secs et mélanger pour combiner seulement. (La détrempe sera grumeleuse.)

Y incorporer
  ¾ tasse de bleuets frais ou congelés

Remplir les moules graissés aux ⅔.

Cuire à 400° F., de 20 à 25 minutes ou jusqu'à coloration dorée. Démouler et servir chaud.

Donne 16 muffins.

Muffins au lait de beurre

Remplacer la poudre à pâte par ½ c. à thé de poudre à pâte et ½ c. à thé de soda à pâte. Substituer au lait du lait de beurre ou du lait sur et augmenter le shortening à ⅓ tasse. Omettre les bleuets.

Muffins au son de Cavendish

On ne peut dénier aux muffins au son leur forte popularité chez nous. Il est cependant curieux de constater la variété des goûts selon les régions. Les Maritimes les préfèrent avec un goût prononcé de mélasse, de raisins ou de dattes. Pour un muffin délicat, vous voudrez peut-être réduire la quantité de mélasse à ¼ tasse.

Chauffer le four à 400° F.

Graisser généreusement 12 moules à muffins de grosseur moyenne.

Tamiser ou mélanger ensemble
  1⅓ tasse de farine tout-usage
  1 c. à thé de soda à pâte
  ½ c. à thé de sel

Y mélanger
  1 tasse de son ou de flocons de son

Crémer
  ¼ tasse de shortening

Y incorporer graduellement
  2 c. à table de cassonade
  1 oeuf
  ½ c. à thé de vanille
  ½ tasse de mélasse

Battre jusqu'à consistance légère et duveteuse.

Ajouter les ingrédients secs au mélange crémé alternativement avec
  ⅔ tasse de lait de beurre ou de lait sur

Combiner légèrement après chaque addition.
Si désiré, incorporer
  ½ tasse de raisins secs

Remplir les moules à muffins graissés aux ⅔.

Cuire à 400° F., de 15 à 18 minutes ou jusqu'à coloration dorée.

Démouler et servir chaud.

Donne 12 muffins.

Muffins à la farine de maïs

L'emploi de farine de maïs dans une recette marque une influence nord-américaine. Au Canada, on préfère incontestablement la variété jaune à la blanche. Et c'est pour nos provinces Maritimes une autre occasion de déguster leur mélasse! Mais qui peut les en blâmer?

Chauffer le four à 425° F.

Graisser généreusement 14 moules à muffins de grosseur moyenne.

Combiner et laisser reposer 20 minutes
1 tasse de farine de maïs
1¼ tasse de lait de beurre ou de lait sur

Tamiser ou mélanger ensemble
1 tasse de farine tout-usage
1 c. à thé de poudre à pâte
1 c. à thé de soda à pâte
1 c. à thé de sel
⅓ tasse de sucre

Battre légèrement
1 oeuf

L'incorporer au mélange de farine de maïs avec
¼ tasse de mélasse
¼ tasse de shortening, fondu

Ajouter le mélange de farine de maïs aux ingrédients secs et mélanger pour combiner seulement. (La détrempe sera grumeleuse.)

Remplir les moules à muffins graissés aux ⅔.

Cuire à 425° F., de 20 à 25 minutes. Démouler et servir chaud.
Donne 14 muffins.

Muffins dorés à la farine de maïs
Omettre la mélasse et réduire la farine de maïs à ¾ tasse.

Muffins au potiron

Vers la fin d'octobre, des citrouilles de toutes formes et grosseurs abondent sur nos marchés canadiens. L'Hallowe'en, le 31 octobre, veille de la Toussaint, perdrait de son charme sans ces joyeuses lanternes illuminées. Nous vous suggérons une façon intéressante d'utiliser la pulpe de la citrouille pour préparer de savoureux muffins.

Chauffer le four à 400° F.

Graisser généreusement 12 moules à muffins de grosseur moyenne.

Tamiser ou mélanger ensemble
1½ tasse de farine tout-usage
3 c. à thé de poudre à pâte
½ c. à thé de sel
½ c. à thé de cannelle
½ c. à thé de muscade

Y mélanger
⅓ tasse de cassonade légèrement pressée

Battre ensemble avec une fourchette
1 oeuf
¾ tasse de lait
½ tasse de citrouille en boîte ou cuite
¼ tasse de shortening, fondu

Ajouter le mélange liquide aux ingrédients secs et mélanger pour combiner seulement. (La détrempe sera grumeleuse.)

Remplir les moules à muffins graissés aux ⅔.

Cuire à 400° F., de 20 à 25 minutes ou jusqu'à coloration dorée. Démouler et servir chaud.

Donne 12 muffins.

Muffins de la reine

Une recette de muffins intéressante, développée lors de la visite de la reine Elisabeth en octobre 1957, pour le thé de Sa Majesté. Les diététistes de l'aviation canadienne, nous dit-on, ont standardisé une recette de quantité dont dérive celle que nous vous présentons ici.

Chauffer le four à 375° F.

Graisser généreusement 16 moules à muffins.

Tamiser ou mélanger ensemble
1⅔ tasse de farine tout-usage
2½ c. à thé de poudre à pâte
½ c. à thé de sel

Crémer
⅝ tasse de beurre (½ tasse + 2 c. à table)

Incorporer graduellement
½ tasse de sucre
2 oeufs

Battre jusqu'à consistance légère et duveteuse.

Ajouter les ingrédients secs au mélange crémé alternativement avec
1¼ tasse de lait

Faire 3 additions sèches et 2 liquides et combiner légèrement après chaque addition.

Incorporer
¾ tasse de germe de blé
1 tasse de raisins secs

Remplir les moules graissés aux ⅔.

Cuire à 375° F., de 15 à 20 minutes ou jusqu'à coloration dorée.

Démouler et servir chaud ou froid.

Donne 16 muffins.

Muffins versatiles

Servez ces légères et délicates bouchées encore fumantes, badigeonnées de beurre. Ne négligez surtout pas les variantes suggérées ci-dessous.

Chauffer le four à 400° F.

Graisser généreusement 12 moules à muffins de grosseur moyenne.

Tamiser ou mélanger ensemble
1¾ tasse de farine tout-usage
3½ c. à thé de poudre à pâte
½ c. à thé de sel
¼ tasse de sucre

Battre ensemble avec une fourchette
1 oeuf
1¼ tasse de lait
¼ tasse de shortening, fondu

Ajouter le mélange liquide aux ingrédients secs et mélanger pour combiner seulement. (La détrempe sera grumeleuse.)

Remplir les moules à muffins graissés aux ⅔.

Cuire à 400° F., de 20 à 25 minutes ou jusqu'à coloration dorée.

Démouler et servir chaud.

Donne 12 muffins.

Muffins aux bleuets

Incorporer ¾ tasse de bleuets frais à la détrempe.

Muffins au bacon

Hacher et cuire pour le rendre croustillant 4 tranches de bacon. Incorporer le bacon et la graisse aux ingrédients liquides au lieu du shortening.

Muffins aux canneberges

Réduire le lait à 1 tasse. Incorporer ½ tasse de sauce aux canneberges à la détrempe.

Beignes du bon vieux temps

Voici une bonne vieille recette transmise par un descendant de familles écossaises établies vers 1840 dans le comté de Compton dans les cantons de l'Est de la ''Belle Province''. Etant donné la proximité des Etats-Unis, on a bien vite appris des deux côtés de la frontière à se régaler de ces beignes même pour le déjeuner.

Chauffer la grande friture à 375° F.

Prendre de la casserole
¼ tasse de shortening OU
de saindoux fondu

et l'ajouter à
1 tasse de sucre

Y mélanger
2 oeufs
½ c. à thé de vanille

Tamiser ou mélanger ensemble
4½ tasses de farine tout-usage
2 c. à thé de poudre à pâte
1 c. à thé de soda à pâte
1 c. à thé de sel
1 c. à thé de muscade

Mélanger les ingrédients secs dans le mélange crémé alternativement avec
1½ tasse de lait de beurre OU
de lait sur

Réfrigérer la pâte jusqu'à consistance assez ferme pour être roulée.

Diviser la pâte en quatre. Rouler chaque portion sur une surface légèrement enfarinée à ⅓ de pouce d'épaisseur.

Couper avec un emporte-pièce à beigne enfariné.

Soulever les pièces à l'aide d'une large spatule et les glisser dans le gras chaud. Tourner les beignes au moment où ils montent à la surface. Frire jusqu'à coloration dorée des deux côtés.

Egoutter sur du papier aborbant.

Servir tel quel ou recouvert de garniture au chocolat.

Donne 3 douzaines de beignes.

Beignes à l'érable

Vive le temps des sucres, de la tire, des palettes et de la gourmandise! Offrez ces beignes au sucre d'érable, légers comme un nuage.

Chauffer la grande friture à 375° F.
Crémer ensemble
¼ tasse de beurre
1 tasse de sucre d'érable OU
de cassonade légèrement pressée
¼ c. à thé d'essence d'érable (avec la cassonade)

Y incorporer en brassant
2 oeufs

Tamiser ou mélanger ensemble
2¾ tasses de farine tout-usage
1 c. table de poudre à pâte
¼ c. à thé de sel
½ c. à thé de muscade

Mélanger les ingrédients secs dans le mélange crémé alternativement avec
¾ tasse de lait

Réfrigérer la pâte jusqu'à consistance assez ferme pour être roulée.

Diviser la pâte en quatre. Rouler chaque portion sur une surface légèrement enfarinée à ⅓ de pouce d'épaisseur.

Couper avec un emporte-pièce à beigne enfariné.

Soulever les pièces à l'aide d'une large spatule et les glisser dans le gras chaud. Tourner les beignes au moment où ils montent à la surface. Frire jusqu'à coloration dorée des deux côtés.

Egoutter sur du papier absorbant.

Enrober de sucre d'érable.

Donne 2 douzaines de beignes.

Brioches à la crème sure

Le grand prix d'un concours national organisé par le *Star Weekly* de Toronto, cette brioche épicée est certes digne de mention.

Chauffer le four à 350° F.

Graisser généreusement un moule à gâteau carré de 8 pouces.

Saupoudrer légèrement de farine.

Tamiser ou mélanger ensemble
1⅓ tasse de farine à pâtisserie
2 c. à thé de poudre à pâte
1 c. à thé de soda à pâte

Crémer ensemble
½ tasse de beurre
1 tasse de sucre

Incorporer
2 oeufs
1 c. à thé de vanille

Battre jusqu'à consistance légère et duveteuse.

Ajouter les ingrédients secs au mélange crémé alternativement avec
1 tasse de crème sure commerciale

Mélanger légèrement après chaque addition.

Etendre la moitié de la détrempe dans le moule préparé.

Saupoudrer de la moitié d'un mélange de
¼ tasse de cassonade légèrement pressée
1 c. à table de cannelle
2 c. à table de noix hachées fin

Recouvrir des deux autres moitiés dans le même ordre.

Cuire à 350° F., de 45 à 50 minutes Servir chaud.

Bannock

Le bannock, pain favori des trappeurs de fourrures, se préparait sur les pistes mêmes. Autrefois très lourd à cause du grain ou de la farine de blé entier, la texture se trouve maintenant allégée grâce à l'emploi de poudre à pâte et même parfois d'oeufs. Chaque année au Carnaval d'hiver, les trappeurs du Manitoba se disputent le championnat du meilleur pain bannock.

Chauffer le four à 450° F.

Graisser légèrement une poêle de fonte ou une tôle à biscuits.

Tamiser ou mélanger ensemble
2¾ tasses de farine tout-usage
2 c. à thé de poudre à pâte
½ c. à thé de sel

Avec un coupe-pâte ou deux couteaux, incorporer en coupant jusqu'à consistance granuleuse
3 c. à table de saindoux

Y mélanger graduellement
⅔ tasse d'eau

Brasser avec une fourchette jusqu'à obtention d'une pâte légèrement collante.

Renverser la pâte sur une surface légèrement enfarinée et pétrir délicatement de 8 à 10 fois. Rouler à ½ pouce d'épaisseur ou de la grandeur de la poêle.

Cuire dans la poêle sur les cendres chaudes d'un feu ou sur une tôle à biscuits au four à 450° F., de 12 à 15 minutes ou jusqu'à coloration dorée.

Retourner la pâte dans la poêle pour dorer les deux côtés.

Couper et servir chaud avec du beurre.

Scones écossais

Une recette authentique découverte dans un livre de recettes écrit à la main par une ménagère du canton de Zorra, descendante des pionniers écossais établis près de Woodstock en Ontario.

Chauffer le four à 450° F.

Tamiser ou mélanger ensemble
1 tasse de farine tout-usage
2 c. à thé de poudre à pâte
½ c. à thé de sel

Y incorporer
1 tasse de farine Graham
⅓ tasse de sucre

Avec un coupe-pâte ou deux couteaux, incorporer en coupant jusqu'à consistance granuleuse
½ tasse de shortening

Briser dans une tasse à mesurer et battre avec une fourchette
1 oeuf

En mettre de côté 1 c. à table dans une soucoupe. Remplir la tasse à mesurer aux ⅔ avec
de l'eau

Incorporer le liquide aux ingrédients secs et brasser avec une fourchette jusqu'à obtention d'une pâte légèrement collante.

Renverser la pâte sur une surface légèrement enfarinée et pétrir délicatement de 8 à 10 fois. Rouler ou aplatir de la main en un cercle de ½ pouce d'épaisseur. Couper en 8 ou 10 triangles.

Badigeonner le dessus avec l'oeuf mis de côté.

Cuire sur une tôle à biscuits non graissée à 450° F., de 12 à 15 minutes ou jusqu'à coloration dorée. Servir chaud avec du beurre et de la confiture.

Donne de 8 à 10 scones.

Pain aux amandes

Un pain éclair extraordinaire, d'origine allemande, ressemblant à un biscuit.

Chauffer le four à 350° F.

Graisser légèrement une tôle à biscuits. Tamiser ou mélanger ensemble
3½ tasses de farine tout-usage
1½ c. à thé de poudre à pâte
½ c. à thé de sel

Mélanger ensemble
3 oeufs
1 tasse de sucre
1 tasse d'huile végétale
1 c. à thé de vanille

Incorporer à 1 tasse d'ingredients secs
1 tasse d'amandes moulues

Ajouter graduellement le reste des ingrédients secs jusqu'à obtention d'une pâte ferme.

Façonner la pâte en 4 ou 5 pains (7 pouces de longueur, 2 de largeur et 1 de hauteur). Badigeonner chacun d'huile végétale et enrober d'un mélange de
¼ tasse de sucre
¼ c. à thé de cannelle

Déposer sur la tôle à biscuits graissée et cuire à 350° F., 25 minutes.

Trancher les pains chauds et retourner les tranches au four 10 minutes pour les faire sécher et dorer légèrement.

Galettes d'Abegweit

Ces traditionnelles galettes écossaises portent le nom original donné par les Micmacs à l'Ile du Prince-Edouard et dont un des traversiers porte encore le nom. Elles ressemblent beaucoup aux biscuits Graham commerciaux.

Chauffer le four à 375° F.

Mélanger ensemble
2 tasses de farine tout-usage
1½ tasse de flocons d'avoine
⅓ tasse de sucre OU
½ tasse de cassonade légèrement pressée
1 c. à thé de sel
½ c. à thé de soda à pâte

Avec un coupe-pâte ou deux couteaux, incorporer en coupant jusqu'à consistance granuleuse
¾ tasse de shortening ou de saindoux

Y mélanger avec une fourchette
½ tasse d'eau ou de lait

Brasser avec une fourchette jusqu'à obtention d'une pâte légèrement collante. Diviser en 3 portions et rouler chacune très mince sur une surface légèrement enfarinée. Découper en carrés de 2 pouces.

Placer à 1 pouce d'intervalle sur une tôle à biscuits non graissée.

Cuire à 375° F., de 10 à 15 minutes.

Donne 4 ou 5 douzaines.

Biscuits au lard salé

Une recette de Terre-Neuve qui nous rappelle le temps (ou devrait-on plutôt dire "qui nous rappelle avoir entendu parler du temps") où l'on faisait mariner le lard dans des barils pour l'hiver.

Chauffer le four à 425° F.

Frire jusqu'à ce qu'il soit croustillant
1 tasse de lard salé en dés

Bien égoutter les fritons.
Tamiser ou mélanger ensemble
3¾ tasses de farine tout-usage
2 c. à table de poudre à pâte
½ c. à thé de sel

Avec un coupe-pâte ou deux couteaux, incorporer en coupant jusqu'à consistance granuleuse
¼ tasse de beurre

Incorporer les fritons et ajouter
½ tasse de mélasse
1½ tasse d'eau

Brasser avec une fourchette jusqu'à obtention d'une pâte légèrement collante.

Renverser la pâte sur une surface légèrement enfarinée et pétrir délicatement de 8 à 10 fois. Rouler ou aplatir de la main à ½ pouce d'épaisseur. Couper avec un emporte-pièce enfariné de 3 pouces.

Placer à 1 pouce d'intervalle sur une tôle à biscuits non graissée.

Cuire à 425° F., de 12 à 15 minutes ou jusqu'à coloration dorée. Servir chaud avec du beurre.

Donne 30 biscuits.

Biscuits à la crème sure

On reconnaît bien ici l'influence allemande et sa préférence marquée pour la crème sure. Saviez-vous que les Allemands constituent le groupe ethnique le plus considérable au Canada, à part bien sûr les deux nations fondatrices française et anglaise?

Chauffer le four à 450° F.

Tamiser ou mélanger ensemble
2¼ tasses de farine tout-usage
1 c. à thé de sel
1 c. à thé de poudre à pâte
½ c. à thé de soda à pâte

Avec un coupe-pâte ou deux couteaux, incorporer en coupant jusqu'à consistance granuleuse
¼ tasse de shortening

Y mélanger
1½ tasse de crème sure commerciale

Brasser avec une fourchette jusqu'à obtention d'une pâte légèrement collante.

Renverser la pâte sur une surface légèrement enfarinée et pétrir délicatement de 8 à 10 fois. Rouler ou aplatir de la main à ½ pouce d'épaisseur. Couper avec un emporte-pièce enfariné.

Cuire sur une tôle à biscuits non graissée à 450° F., de 12 à 15 minutes ou jusqu'à coloration dorée.

Donne de 16 à 20 biscuits.

Biscuits à la poudre à pâte

Les biscuits à la poudre à pâte sont aux Américains ce que les brioches sont aux Français. Le pétrissage délicat donne un biscuit feuilleté qui ne demande qu'à être brisé, beurré et garni de confiture. Selon que vous préférez les bords croustillants ou mous, vous les cuirez séparés ou collés les uns aux autres.

Chauffer le four à 450° F.

Tamiser ou mélanger ensemble
2¼ tasses de farine tout-usage
4 c. à thé de poudre à pâte
1 c. à thé de sel

Avec un coupe-pâte ou deux couteaux, incorporer en coupant jusqu'à consistance granuleuse
½ tasse de shortening

Y incorporer
1 tasse de lait

Brasser avec une fourchette jusqu'à obtention d'une pâte légèrement collante.

Renverser la pâte sur une surface légèrement enfarinée et pétrir délicatement de 8 à 10 fois. Rouler ou aplatir de la main à ½ pouce d'épaisseur. Couper avec un emporte-pièce enfariné.

Cuire sur une tôle à biscuits non graissée à 450° F., de 12 à 15 minutes ou jusqu'à coloration dorée.

Servir chaud avec du beurre.

Donne de 18 à 20 biscuits.

Crêpes anglaises

Les crêpes anglaises légères se servent surtout au déjeuner.

Chauffer une poêle épaisse ou une plaque chauffante. Si nécessaire graisser de gras non salé.

Tamiser ou mélanger ensemble
1½ tasse de farine tout-usage
3 c. à thé de poudre à pâte
½ c. à thé de sel
1 c. à table de sucre

Battre ensemble avec un batteur à oeufs
1 oeuf
1¾ tasse de lait
2 c. à table de shortening
fondu ou d'huile végétale

Y incorporer les ingrédients secs et battre jusqu'à consistance presque lisse.

Verser sur la plaque chauffante ¼ tasse de la détrempe pour chaque crêpe.

Tourner lorsque des bulles crèvent à la surface.

Servir chaudes avec du beurre et du sirop d'érable.

Donne de 12 à 14 crêpes.

Crêpes aux bleuets

Incorporer à la détrempe ¾ tasse de bleuets frais.

Crêpes aux pommes

Incorporer à la détrempe ¾ tasse de pommes, pelées et coupées en dés.

Crêpes

Les Anglais préfèrent leurs "pancakes" épaisses et légères aux délicates crêpes des Français. La ménagère québecoise a su tirer le meilleur parti de la situation en adaptant la mode française à ses propres besoins. Plus la famille grossit, plus les crêpes semblent d'un grand diamètre. Je me rappelle encore ces crêpes de la grandeur d'une assiette, badigeonnées de beurre, enroulées et noyées dans de la bonne mélasse de grand-mère. Mmm!

Chauffer une poêle épaisse de 6 pouces et la badigeonner de beurre fondu.

Tamiser ou mélanger ensemble
1 tasse de farine tout-usage
1 c. à thé de sucre
¼ c. à thé de sel

Battre ensemble avec un batteur à oeufs
3 oeufs
2 tasses de lait

Y incorporer les ingrédients secs et battre jusqu'à consistance presque lisse.

Y mélanger
2 c. à table de beurre fondu

Couvrir et réfrigérer 1 heure.

Verser 2 c. à table de la détrempe dans la poêle et incliner celle-ci pour la recouvrir d'une couche mince. Tourner pour dorer les deux côtés.

Rouler et servir chaudes avec du beurre, du sirop d'érable ou de la mélasse.

Donne environ 30 crêpes.

Popovers

Au temps des colonies, on jugeait d'un bon popover si on pouvait le transporter du four extérieur à la salle à manger sans qu'il s'affaisse. Cette recette vous assure des popovers exquis, faciles à réussir et qui ne manqueront pas de charmer vos invités.

Chauffer le four à 450° F.

Verser ½ c. à thé de graisse (du rôti) dans chacun des huit moules à muffins ou de petits plats de pyrex. Garder chaud au four.

Mélanger ensemble
1 tasse de farine tout-usage
½ c. à thé de sel

Battre ensemble avec un batteur à oeufs
2 oeufs
1 tasse de lait
1 c. à table de beurre fondu OU
de graisse de rôti

Y incorporer les ingrédients secs et battre 2 minutes.

Verser la détrempe dans les moules à muffins préparés.

Cuire à 450° F., 20 minutes. Servir immédiatement.

Pour entreposer afin de réchauffer: inciser chaque popover pour laisser échapper la vapeur. Eteindre le four et les y laisser 20 minutes de plus. Refroidir dans les moules et réchauffer avant de servir.

Pouding Yorkshire

Utiliser un moule à gâteau carré de 8 pouces (réchauffer avec 1 c. à table de graisse de rôti) et cuire de 35 à 40 minutes.

Eir kuchen

Un mets traditionnel du Vendredi saint dont nous sommes redevables aux Allemands. Il va sans dire que la coutume de servir des bleuets sur ces crêpes est bien canadienne.

Chauffer une poêle épaisse ou une plaque chauffante. Si nécessaire graisser de gras non salé.

Tamiser ou mélanger ensemble
1¾ tasse de farine à pâtisserie
3 c. à thé de poudre à pâte
¼ c. à thé de sel

Battre jusqu'à consistance très légère
4 jaunes d'oeufs

Y incorporer
½ tasse de sucre
1 c. à table de beurre mou

Mélanger les ingrédients secs alternativement avec
1 tasse de lait

Fouetter jusqu'à consistance ferme
4 blancs d'oeufs

Incorporer dans la détrempe. Verser la détrempe sur la plaque chauffante, en utilisant ¼ tasse pour chaque crêpe. Tourner lorsque des bulles crèvent à la surface.

Servir chaud avec du beurre et du sirop d'érable.

Donne de 14 à 16 crêpes.

Gaufres à la farine de pommes de terre

Cette recette fut développée par une diététiste de Vancouver pour répondre aux exigences d'un régime sans blé; les résultats furent étonnants. Essayez-la, et vous verrez!

Chauffer le four à 250° F., puis l'éteindre.

Chauffer le gaufrier. Si nécessaire graisser de gras non salé.

Tamiser ou mélanger ensemble
1 tasse de farine de pommes de terre
2 c. à thé de poudre à pâte
¾ c. à thé de sel

Fouetter jusqu'à consistance ferme
2 blancs d'oeufs

Battre jusqu'à consistance épaisse
2 oeufs entiers

Y mélanger
1 tasse de crème épaisse
Y brasser les ingrédients secs et battre jusqu'à ce que le mélange épaississe.

Incorporer les blancs d'oeufs en neige. Utiliser 1½ tasse de la détrempe pour chaque gaufre de 9 pouces carrés. Cuire jusqu'à ce qu'il n'y ait plus de vapeur qui s'échappe du gaufrier.

Laisser sécher au four de 30 à 40 minutes. Lorsque refroidies, entreposer dans une boîte hermétiquement fermée. On peut garder ces gaufres 1 mois et les réchauffer au grille-pain au besoin.

Donne de 8 à 10 gaufres.

Gaufres à la citrouille

Les Indiens nous ont appris à tirer parti de la citrouille en adaptant des recettes anciennes ou en créant de nouveaux plats. La cannelle et la muscade rehaussent à la perfection la saveur de citrouille. Servez ces gaufres très chaudes, couvertes de généreuses portions de beurre et de sirop d'érable canadien.

Chauffer le gaufrier. Si nécessaire graisser de gras non salé.

Tamiser ou mélanger ensemble
2 tasses de farine tout-usage
3½ c. à thé de poudre à pâte
1 c. à thé de sel
¾ c. à thé de cannelle
¼ c. à thé de muscade

Battre ensemble avec un batteur à oeufs
3 jaunes d'oeufs
1¾ tasse de lait
⅓ tasse d'huile végétale

Y mélanger
½ tasse de citrouille en boîte

Incorporer les ingrédients secs et battre jusqu'à consistance presque lisse.

Fouetter jusqu'à consistance ferme et les incorporer en pliant
3 blancs d'oeufs

Verser sur le gaufrier 1½ tasse de la détrempe pour chaque gaufre de 9 pouces carrés.

Saupoudrer de
pacanes ou de noix hachées

Cuire jusqu'à ce qu'il n'y ait plus de vapeur qui s'échappe du gaufrier. Servir chaudes avec du beurre et du sirop d'érable.

Donne de 8 à 10 gaufres.

Viande

Les Canadiens ont une préférence marquée pour le boeuf et le porc, attribuable peut-être à l'excellente qualité de la viande qu'ils produisent.

La plus grande partie de la viande vendue au Canada est inspectée par le Gouvernement fédéral pour vérifier si elle provient d'animaux sains. Elle est revêtue de l'estampille des services gouvernementaux, après inspection et classification par catégories. Ces catégories sont au nombre de quatre, portant chacune un sceau de couleur différente: "Canada de choix", marque rouge; "Canada bonne", marque bleue; "Canada régulière", marque brune; et "Canada commerciale". La maîtresse de maison avisée recherche ce sceau qui lui indique la méthode qu'il est préférable de suivre pour accommoder les coupes, surtout lorsqu'elles sont de tendreté moyenne. (Voir notre tableau de cuisson.) En effet, alors que les viandes tendres devraient être rôties, grillées, sautées ou cuites à la broche, il est préférable de cuire les coupes moins tendres, moins coûteuses, mais tout aussi nutritives, avec l'addition d'un liquide: viandes braisées, en ragoût ou même bouillies.

Le porc frais et fumé provient, au Canada, de l'élevage scientifique d'animaux sélectionnés pour l'excellente qualité de leur viande. Une alimentation rationnelle assure une graisse plus stabilisée. Aussi le porc canadien frais ou fumé peut-il être gardé congelé plus de 2 mois, alors que la viande de porcs élevés aux Etats-Unis est de conservation plus courte, les animaux y étant généralement nourris au maïs. L'agneau et le veau représentent une partie beaucoup plus faible de la viande consommée dans notre pays, nous n'avons inclus que quelques recettes.

Tableau de cuisson pour le boeuf

Coupes tendres	Grosseur
Biftecks	**Epaisseur en pouces**
De surlonge	½ - ¾ 1 - 1¼
De gros ou de petit filet	½ - ¾ 1 - 1¼
D'aloyau ou "Club"	½ - ¾ 1 - 1¼
Filet	1 - 1¼

Rôtis	Poids en livr
Côte	7 - 8
Côte, roulé	6 - 8
Croupe (ronde)	5 - 7
Surlonge	5 - 6
Gros filet et aloyau	5 - 6
Ronde (haute qualité)	5 - 6

Coupes médium et moins tendres	Poids en livres
Epaule	5 - 6
Haut de côtes	5 - 6
Paleron	5 - 6
Paleron roulé	5 - 6
Croupe	5 - 6
Poitrine	4 - 5
Bifteck suisse	1½ - 2
Petites côtes	2½ - 3
Bifteck de ronde	2
Poitrine	2
Cou désossé	1½ - 2
Viande de jarret	1½ - 2
Boeuf à ragoût	1½ - 2
Poitrine	1½ - 2
Flanc	1½

| Durée de la cuisson | | Méthodes de cuisson |
Saignant	Médium	
Minutes		**GRILLER:** Fendre le gras pour l'empêcher de rouler. Placer la viande sur un gril froid, 4 - 5 pouces sous la source de chaleur, dans un four préchauffé à 325° F. Griller environ la moitié du temps indiqué. Assaisonner de sel et de poivre. En se servant de pinces tourner la viande et griller de l'autre côté jusqu'à satisfaction.
10 - 12	14 - 16	
15 - 20	20 - 25	
9 - 10	12 - 15	
14 - 16	18 - 20	
5	6 - 7	**GRILLER A LA POELE:** Fendre le gras de la viande pour l'empêcher de rouler. Graisser légèrement une poêle épaisse et placer sur un feu modéré. Placer la viande dans la poêle et cuire en tournant fréquemment pour une cuisson égale. Verser l'excès de gras au fur et à mesure qu'il s'accumule.
9 - 10	12	
9 - 10	12	
Min. par lb.		**ROTIR:** Placer la viande, le côté gras sur le dessus, sur un gril dans une rôtissoire ouverte. Cuire à découvert dans un four lent, 300° F. Ne pas dessécher la viande ni ajouter d'eau. Cuire jusqu'à ce que le thermomètre à viande marque les températures internes suivantes:
18 - 20	22 - 24	
32 - 34	36 - 38	
20 - 22	25 - 30	
20 - 22	25 - 30	
18 - 20	22 - 24	Saignant — 140° F.
20 - 22	25 - 30	Médium — 160° F.
		Bien cuit — 170° F.
Durée de cuisson minutes par lb.		**Méthodes de cuisson**
30 - 35 min. par lb.		**ROTIR A COUVERT:** Enrober la viande de farine bien assaisonnée. Brunir dans une poêle épaisse ou une marmite avec une petite quantité de gras. Ajouter 1 tasse d'eau, de jus de tomate, de bouillon de soupe ou d'autre liquide. Couvrir hermétiquement et cuire lentement, à 300° F. au four ou sur le poêle, jusqu'à ce que tendre. Ajouter plus de liquide si nécessaire.
min. additionnelles par lb. pour les coupes roulées		
2 - 2½ heures (temps total)		**BRAISER:** Enrober la viande dans de la farine bien assaisonnée. Brunir des deux côtés dans une poêle épaisse, avec un peu de gras. Ajouter ½ tasse d'eau, de jus de tomate, de bouillon de soupe ou d'autre liquide. Couvrir hermétiquement et cuire lentement, à 300° F., au four ou sur le poêle, jusqu'à ce que tendre. Ajouter plus de liquide si nécessaire.
3 heures (temps total)		**RAGOUT:** Couper en petits morceaux. Enrober dans de la farine assaisonnée et brunir rapidement dans du gras. Couvrir la viande d'eau chaude. Laisser mijoter doucement. Ne pas bouillir. Compter le temps à partir du moment où l'eau commence à mijoter. Ajouter les légumes et l'assaisonnement environ 30 minutes avant la fin de la cuisson. La sauce peut être épaissie avec de la farine si désiré.

Coupes de Boeuf

Coupes tendres

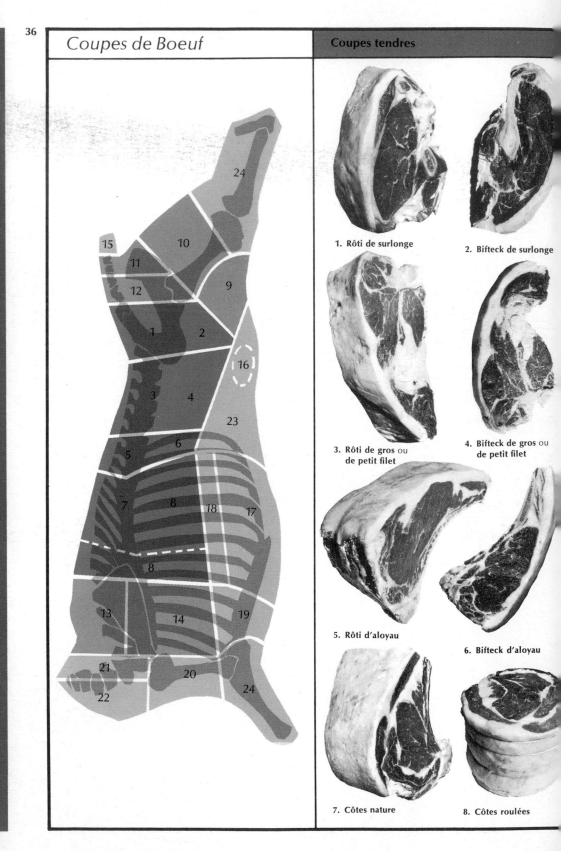

1. Rôti de surlonge

2. Bifteck de surlonge

3. Rôti de gros ou
de petit filet

4. Bifteck de gros ou
de petit filet

5. Rôti d'aloyau

6. Bifteck d'aloyau

7. Côtes nature

8. Côtes roulées

Coupes Médium	Coupes Moins Tendres

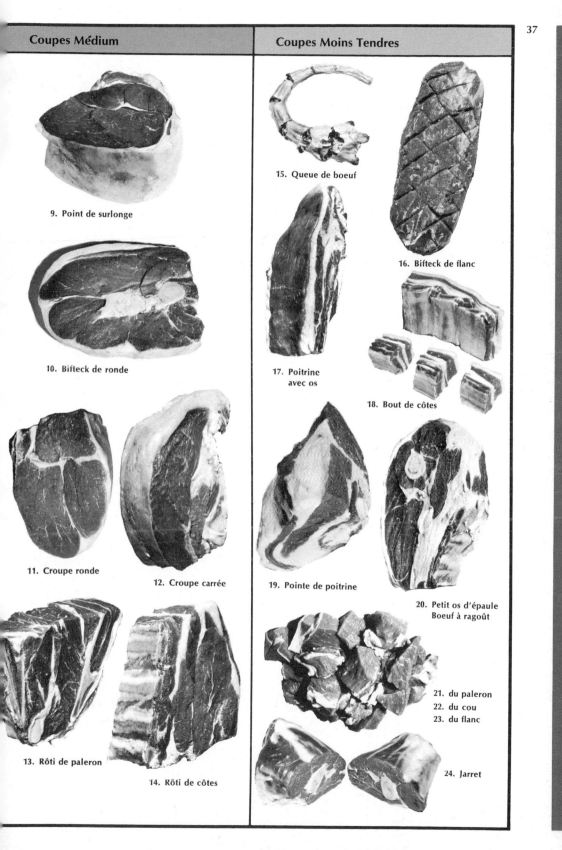

9. Point de surlonge

15. Queue de boeuf

16. Bifteck de flanc

10. Bifteck de ronde

17. Poitrine
avec os

18. Bout de côtes

11. Croupe ronde

12. Croupe carrée

19. Pointe de poitrine

20. Petit os d'épaule
Boeuf à ragoût

21. du paleron
22. du cou
23. du flanc

13. Rôti de paleron

14. Rôti de côtes

24. Jarret

Tableau de cuisson pour viandes fumées	
Variété	**Poids en livres**
Jambon ordinaire (avec l'os)	14 - 16
"Dinner Style" (avec l'os)	14 - 16
Jambon désossé (non cuit)	10 - 12 5 - 6 2 - 3
Epaule (picnic)	5 - 7
"Cottage Roll"	4 - 6
"Midget Roll" (longe)	2 - 3
Jambon prêt à servir (avec l'os)	13 - 15 4 - 6
Prêt à servir désossé	9 - 11 4 - 5
"Buffet Style" (avec l'os)	10 - 14
"Buffet Style" désossé	8 - 11
"Picnic" prêt à servir	3 - 5
Gros bout d'épaule prêt à servir	3 - 5
"Picnic Buffet"	3 - 5
Gros bout d'épaule type "Buffet"	3 - 5

Durée de la cuisson minutes par lb.	Méthodes de cuisson
15 - 18 min. jambon entier 22 min. demi-jambon	**(1) POUR CUIRE AU FOUR** — Température - 325° F. Déposer dans une rôtissoire découverte. Ne pas ajouter d'eau. Ne pas couvrir. Si un thermomètre à viande est utilisé, la température interne de la viande devrait atteindre 160° F. - 170° F.
15 - 18 min. jambon entier 22 min. demi-jambon 18 min. 25 min. 30 - 35 min.	**(2) POUR CUIRE DANS L'EAU** — Déposer dans de l'eau bouillante. Réduire la température pour permettre de mijoter seulement. Cuire d'après le tableau ci-contre. Retirer le demi ou le jambon entier de son enveloppe. Pour les morceaux plus petits, seulement desserrer les extrémités de l'enveloppe. Pour cuire au four ou dans l'eau, suivre les directives données ci-haut et le tableau de temps ci-contre.
	(3) POUR GRILLER — Couper des tranches de ¾ '' à 1'' d'épaisseur. Déposer sur un gril froid à 4'' ou 5'' de la source de chaleur. Lorsque doré, tourner, couvrir d'un mélange de cassonade et de moutarde. Continuer à griller jusqu'à ce que cuit.
25 - 30 min. 4 lb. - 40 min. par lb. 5 - 6 lb. - 30 min. par lb. 40 min. par lb.	**POUR CUIRE AU FOUR** — Suivre les indications (1) ci-haut mais utiliser le tableau de cuisson ci-contre. Si un thermomètre est utilisé, la température interne devrait atteindre 170° F. **POUR CUIRE DANS L'EAU** — Suivre les indications (2) ci-haut mais utiliser le tableau de cuisson ci-contre.
Servir froid ou réchauffer 10 min. par lb. jambon entier 17 - 22 min. demi-jambon 12 min. par lb. jambon entier 16 - 18 min. demi-jambon	Prêt à servir tel quel, ou peut être réchauffé. **(4) POUR SERVIR CHAUD** — Température 325° F. Déposer dans une rôtissoire découverte. Ne pas ajouter d'eau. Ne pas couvrir. Si un thermomètre à viande est utilisé, la température interne devrait marquer 130° F.
Servir froid	Prêt à servir, seulement trancher et servir.
Servir froid ou réchauffer 15 min. par lb.	Prêt à servir, seulement trancher et servir.
Servir froid	Prêt à servir ou peut être servi chaud. Pour servir chaud suivre les directives (4) ci-haut, mais utiliser le tableau de cuisson ci-contre.

Tableau de cuisson pour l'agneau, le porc et le veau

Coupes tendres			Poids—livres
AGNEAU	**PORC**	**VEAU**	
Fesse Rôti de longe Rôti en couronne Devant roulé Devant avec l'os Rôti d'épaule	Rôti de longe Rôti en couronne Fesse Soc Filet (farci) Epaule roulée	Rôti de fesse (filet) Rôti de longe Rôti de croupe	4 - 7
Côtelettes de côtes Côtelettes de longe Tranches d'épaule	Côtelettes de longe Côtelettes de côtes Filet (à la française) Côtelettes de soc Côtes levées (pour braiser)	Bifteck de surlonge Côtelettes de longe Côtelettes de côtes	**Agneau —** ½" - ¾" d'épaisseur **Porc —** ½" - ¾" d'épaisseur **Veau —** ½" - ¾" d'épaisseur

Coupes moins tendres			Poids—livres
AGNEAU	**PORC**	**VEAU**	
		Devant (roulé)	3 - 6
Cou Flanc Poitrine Epaule Jarret		Cou Jarret Flanc Poitrine	

Durée de la cuisson	Méthodes de cuisson
Agneau 30 - 35 min. par lb. 45 min. par lb. (coupes roulées) **Porc** 40 - 45 min. par lb. **Veau** 35 - 40 min. par lb. 45 min. par lb. (coupes roulées)	**ROTI:** Placer la viande, le côté gras sur le dessus, sur un gril dans une casserole ouverte. Cuire non couvert, dans un four à 325° F. Ne pas dessécher la viande ni ajouter d'eau. Cuire jusqu'à ce que le thermomètre à viande enregistre une température interne de **AGNEAU** — 180° F. **PORC** — 185° F. **VEAU** — 180° F.
10 - 12 min. (temps total) 20 - 25 min. (temps total) 15 - 20 min. (temps total)	**GRILLE** — Voir tableau pour le boeuf. Page 35. **GRILLE A LA POELE** — Fendre le côté gras de la viande pour l'empêcher de rouler. Graisser légèrement une poêle épaisse et placer sur un feu modéré. Tourner fréquemment pour assurer une cuisson égale. Verser l'excès de gras au fur et à mesure qu'il s'accumule. **BRAISE** — Dorer la viande rapidement dans du gras chaud. Baisser le feu et cuire lentement, couvert, jusqu'à ce que tendre. Une petite quantité d'eau ou de jus de légumes peut être ajoutée pour garder la viande juteuse.

Durée de la cuisson	Méthodes de cuisson
40 - 45 min. par lb.	**ROTI** — Comme les coupes tendres. **BRAISE** — Dorer la viande des deux côtés dans un poêlon épais, avec une petite quantité de gras. Ajouter ½ tasse d'eau. Bien couvrir et cuire lentement dans un four à 325° F. ou sur le dessus du poêle jusqu'à ce que tendre. Une quantité additionnelle de liquide devrait être ajoutée au besoin.
2½ - 3½ heures (temps total)	**RAGOUT** — Couper la viande en petits morceaux. Plonger dans de la farine assaisonnée et dorer dans du gras chaud. Couvrir d'eau chaude et mijoter lentement jusqu'à ce que tendre. Ne pas bouillir. Ajouter les légumes et les assaisonnements environ 30 minutes avant la fin de la cuisson. La sauce peut être épaissie avec de la farine si désiré. **SOUPE** — Cuire la viande avec les os dans de l'eau mijotant lentement. Des feuilles de céleri, des tranches d'oignons et du persil peuvent être ajoutés 30 minutes avant la fin de la cuisson. Bien assaisonner avant de servir.

Pâté au boeuf et aux rognons

C'est de Calgary, Alberta, au coeur même de cette grande région d'élevage, que nous vient une savoureuse variante de ce traditionnel mets anglais.

Faire tremper pendant 1 heure
1 à 1¼ livre de rognons de boeuf
dans
4 tasses d'eau froide
1 c. à table de sel

Fendre les rognons en deux. En retirer la membrane blanche, le gras, les lobes et les tubes.

Les couper en tranches de ¼ ou ½ pouce d'épaisseur.

Couper en cubes de ½ à 1 pouce
1 à 1¼ livre de boeuf pour ragoût, de flanc ou de paleron

Faire revenir le boeuf dans
3 à 4 c. à table de graisse

Ajouter les rognons et
⅓ tasse d'oignon haché

Faire dorer.
Saupoudrer de
2 c. à thé de sel
¼ c. à thé de poivre

Envelopper dans du coton à fromage, et ajouter
3 clous de girofle entiers
½ c. à thé d'épices à marinade

Incorporer
½ tasse de farine

Ajouter graduellement, en remuant pour incorporer
3½ à 4 tasses d'eau chaude

Couvrir. Laisser mijoter pendant 1½ à 2 heures.
Retirer le sac d'épices.

Mettre la viande dans une cocotte graissée de 2 pintes. Garnir le dessus de pâte à tarte ou de pâte à biscuits (voir page 29). Inciser la pâte et la badigeonner avec un oeuf battu, si désiré. Cuire à 425° F., de 35 à 40 minutes, ou jusqu'à ce que la garniture bouillonne et que la pâte soit dorée.

Donne 6 portions.

Boeuf Stroganoff de Winnipeg

Adopté d'emblée par les restaurants canadiens, le boeuf Stroganoff fait si bien partie de nos plats nationaux que nous en avons oublié jusqu'à son origine russe. Il n'est pas nécessaire de battre la viande pour l'attendrir pour préparer cette version moderne du boeuf Stroganoff. Il suffit de se fier à l'incomparable tendreté de nos viandes.

Couper en lanières de 1 pouce x ¼ pouce
1½ livre de surlonge

Les enrober dans
1½ c. à table de farine tout-usage

Dans une poêle à frire, faire fondre
¼ tasse de beurre

Y ajouter la viande farinée et faire sauter en tournant pour dorer uniformément.

Ajouter et faire cuire, jusqu'à ce qu'il soit tendre
1 oignon moyen émincé

Retirer la viande et l'oignon de la poêle et mettre de côté.

Incorporer dans la poêle
2 c. à table de farine tout-usage
1 boîte (10 onces) de bouillon de boeuf concentré
2 c. à table de pâte de tomate
1 c. à table de sauce Worcestershire
1 c. à thé de sel
½ c. à thé de moutarde en poudre

Faire cuire et remuer constamment, jusqu'à épaississement.

Y incorporer la viande, l'oignon et
1 tasse de crème sure commerciale
1 boîte (5½ onces) de champignons tranchés, égouttés
3 c. à table de sherry

Faire bien chauffer, mais sans laisser bouillir.

Servir sur du riz léger, bien chaud.

Donne 4 ou 5 portions.

Côtes levées à la choucroute

Dans tout le pays, la coutume veut que la choucroute accompagne toujours les côtes levées ou la saucisse de campagne. Cette version classique d'un mets savoureux convient particulièrement à la choucroute faite à la maison que les cultivateurs vendent sur les marchés.

Chauffer le four à 350° F.

Placer dans une rôtissoire
4 livres de côtes levées

Cuire au four à 350°, ½ heure.

Retirer la viande et la remplacer par
3 livres de choucroute

Retourner les côtes et les placer sur la choucroute.

Cuire 1½ heure de plus.

Servir avec des pommes de terre en purée.

Donne 4 portions.

Boeuf salé au chou

Par les froides journées d'hiver, lorsque la neige confine la famille au foyer, rien n'a plus d'attrait qu'un bon plat longuement mijoté. Le boeuf mariné (conservé en barriques) bouillonne doucement dans l'âtre, avec un pouding au suif qui lui tient agréablement compagnie. Dans cette recette de boeuf salé au chou, les graines de céleri ajoutent à la saveur du mets un arôme délicat.

Dans une grande casserole, combiner
3 à 4 livres de poitrine de boeuf salé
1 oignon moyen, tranché
1 feuille de laurier
2 gousses d'ail
1 c. à thé de graines de céleri
6 grains de poivre

Amener à ébullition et faire mijoter pendant 3 heures ou jusqu'à ce que la viande soit tendre.

Couper en quartiers
1 tête de chou

L'ajouter à la viande et faire mijoter de 12 à 14 minutes de plus.

Donne de 6 à 8 portions.

43

Bifteck de flanc roulé

En passant en revue diverses recettes de l'Ontario et de l'Ouest, nous avons trouvé que le bifteck de flanc farci et cuit dans le bouillon de boeuf, à la mode d'Ottawa, avait une saveur incomparable.

Chauffer le four à 325° F.
Retirer le gras et la peau de
2 biftecks de flanc

Les entailler des deux côtés pour les attendrir et saupoudrer de
sel et de poivre

Faire frire à la poêle, pour attendrir
½ tasse d'oignon haché

dans
3 c. à table de beurre

Y incorporer en faisant cuire 3 à 4 minutes de plus
½ livre de champignons hachés

Combiner avec
½ livre de chair à saucisse
¾ tasse de chapelure fine
½ c. à thé de sel
1 pincée de thym
1 pincée de poivre

Etendre la farce sur un bifteck, recouvrir avec le second, puis les attacher ensemble avec une ficelle.

Dans une rôtissoire, sur le dessus du poêle, faire dorer le bifteck farci de tous les côtés dans
2 c. à table de shortening

Faire dissoudre
1 cube de bouillon de boeuf

dans
1 tasse d'eau bouillante

En arroser le bifteck, couvrir et cuire au four, à 325°, 2½ heures, ou jusqu'à ce que la viande soit tendre.

Retirer de la rôtissoire et conserver au chaud.

Epaissir le liquide dans la rôtissoire à l'aide de farine délayée dans de l'eau froide. Cuire en remuant constamment jusqu'à ce que la sauce soit épaisse. Assaisonner au goût.

Donne de 4 à 6 portions.

Hamburgers de l'Ouest

Cette recette nous vient d'une ménagère de Vancouver. Vous ne douterez plus de ses talents de cuisinière après avoir essayé ses hamburgers à la mode de l'Ouest.

Dans un grand bol, battre
1 oeuf

Y mélanger
**1 c. à thé de sarriette
½ c. à thé de glutamate monosodique
½ c. à thé de sucre
sel et poivre
poudre d'ail
¼ tasse de sherry
2 échalottes, hachées
1 c. à table de persil haché
1 livre de boeuf maigre haché
½ tasse de chapelure fine**

En former 4 grosses boulettes aplaties. Les faire frire dans la poêle, dans très peu de graisse, ou les faire griller au barbecue.

Donne 4 portions.

Ragoût de viande et de pommes de terre au four

C'est à Belleville, Ontario, au cours de l'assemblée régionale de l'Association canadienne des économistes ménagères qu'il a été décidé de rédiger ce livre de recettes. Voici une recette succulente qui ne demande pratiquement pas de surveillance, ce qui semble fort à propos.

*Chauffer le four à 325° F.
Graisser une cocotte de 1½ pinte.
Couper en cubes de 1 pouce*
1 livre de jarret de boeuf ou de boeuf pour ragoût

Rouler les cubes de viande dans un mélange de
**2 c. à table de farine
½ c. à thé d'herbes mélangées
½ c. à thé de sel
1 pincée de poivre**

Dans une petite poêle, fondre
2 c. à table de beurre

Y ajouter et faire cuire, jusqu'à ce qu'il soit tendre
½ oignon d'Espagne, émincé
OU
2 oignons ordinaires, moyens, tranchés

Peler et trancher

3 pommes de terre moyennes

Dans la cocotte déjà préparée, faire alterner les pommes de terre, la viande et l'oignon.

Mélanger ensemble et verser dans la cocotte
**¾ tasse de bouillon
2 c. à table de sherry ou de vin blanc
½ c. à thé de sauce Worcestershire**

Couvrir.
Cuire à 325°, 2½ heures, ou jusqu'à ce que la viande soit tendre.

Donne 4 portions.

Bifteck sur planche

Un véritable régal qui donne à notre bon boeuf canadien toute sa valeur. Longuement cuit, c'est un mets succulent et délicieusement tendre.

Chauffer le grilleur.
Sur une planche en bois, huilée, disposer
1 bifteck de surlonge de 2 pouces d'épaisseur

Saupoudrer légèrement le dessus de
farine
Faire griller 5 minutes ou jusqu'à ce que la viande soit légèrement dorée.
Sortir du four en plaçant le côté doré sur la planche.

Chauffer le four à 250° F.

A l'aide d'un tube à pâtisserie ou d'une cuillère, étendre sur les bords du bifteck une épaisse couche de

**pommes de terre en purée
(3 tasses env.)**

Cuire à 250° F., environ 2 heures ou jusqu'à ce que la viande soit tendre.
Garnir de légumes frais, cuits.
Servir immédiatement en découpant la viande en tranches verticales.

Donne 8 portions.

Agneau au cari

On a remplacé le traditionnel chutney par de la compote de pommes de nos vergers canadiens.

Dans une poêle à frire ou sur un réchaud de table, faire frire jusqu'à ce qu'elles soient croustillantes

3 tranches de bacon sans couenne (coupées en petits morceaux)

Y ajouter

**½ tasse de céleri tranché
1 oignon moyen, haché fin**

*Remuer et cuire sur feu moyen 5 minutes.
Retirer du feu.
Y mélanger*

**2 c. à table de farine
1 c. à table de poudre de cari
¾ c. à thé de sel
½ c. à thé de curcuma**

Ajouter en remuant

**½ tasse d'eau
1 tasse de lait**

Puis

2 cubes de bouillon de poulet

Cuire en remuant constamment, jusqu'à ce que le mélange épaississe.

Y ajouter

**⅓ tasse de compote de pommes sucrée
2 c. à thé de sucre
2 c. à thé de jus de citron
2 tasses d'agneau cuit en dés**

Couvrir et mijoter 10 minutes, en remuant de temps à autre.

Servir sur du riz chaud bien léger.

Servir les condiments à part et les parsemer sur le cari. Suggestions — arachides hachées, bananes tranchées, oeuf dur tranché, miettes de bacon croustillantes, échalotte ou ciboulette hachées, chutney, raisins secs et noix de coco.

Donne 4 portions.

Boeuf épicé de l'Ontario

Pour les non-initiés, une des expériences gastronomiques les plus agréables consiste à faire la découverte du boeuf épicé pour Noël.

Ce n'est cependant pas un plat qui se prépare rapidement, puisqu'il faut compter trois semaines pour épicer la viande. Pour ce faire, employez un récipient en terre cuite, ou tout au moins un récipient non métallique, une feuille de plastique et un couvercle pour recouvrir la viande. Conservez-le dans un endroit frais — à la cave ou au réfrigérateur. La viande prendra bientôt la teinte et l'aspect de vieux cuir, mais ne vous laissez surtout pas décourager, car elle n'en sera que plus tendre.

N'oubliez pas de commander d'avance les baies de genièvre chez le pharmacien.

Commander chez le boucher

1 rôti dans la ronde (8 à 10 livres)

Lui faire enlever complètement le gras et faire ficeler le rôti pour le fumer.

Frotter les surfaces coupées du boeuf avec environ

¾ tasse de cassonade légèrement pressée

Couvrir et laisser reposer un jour dans un endroit frais.

Dans le hachoir, passer

**1 once de baies de genièvre
½ once de salpêtre
½ tasse de sel
2 c. à table de poivre moulu
3 c. à table de quatre-épices moulue**

Le deuxième jour, frotter tout le rôti avec un peu du mélange épicé afin que les épices pénètrent bien dans la viande. Conserver le reste du mélange dans un pot couvert. Répéter l'opération pendant 3 semaines, en tournant le rôti chaque jour. Certains sucs de la viande s'écouleront du rôti pour être réabsorbés graduellement au fur et à mesure qu'avance l'opération.

Délayer

3 tasses de farine tout-usage

dans

1 tasse d'eau

Enrober entièrement la viande.

Cuire à 325° F., 3½ heures, ou jusqu'à ce que la viande soit tendre.

Laisser refroidir, puis enlever l'enveloppe de pâte.

En découpant, conserver les entames du rôti pour empêcher la viande de se dessécher. Servir froid.

"Haggis" canado-écossais

Les Ecossais qui vinrent s'établir au Canada s'efforcèrent de modifier leurs goûts et leurs coutumes pour s'adapter aux usages de leur pays d'adoption. Cette recette du Nouveau-Brunswick reflète le changement apporté au traditionnel "haggis" écossais, changement que les Ecossais nouvellement arrivés considèrent presque comme un sacrilège.

Graisser un moule à pain de 9 x 5 x 3 pouces.

Couper en dés et faire frire pour en enlever le gras
2½ livres de lard gras ou de lard salé

Verser la graisse liquide au fur et à mesure qu'elle s'accumule. Bien égoutter les fritons et refroidir.

Laver et mettre dans une grande marmite
1 foie de porc (environ 3 livres)

Couvrir d'eau bouillante et bouillir 1 heure, ou jusqu'à ce qu'une fourchette se pique facilement. Retirer le foie et refroidir. Réserver le liquide. Passer le foie refroidi et 2 tasses de fritons au hachoir. Bien mélanger.

Y incorporer
1½ tasse de flocons d'avoine
2 c. à thé de sel
½ c. à thé de poivre

Ajouter suffisamment du liquide de cuisson pour que le mélange tienne bien ensemble. Le presser dans le moule préparé et couvrir de papier ciré et de papier aluminium. Faire cuire à la vapeur 1 heure. Refroidir.

Pour servir, couper des tranches de ½ pouce d'épaisseur et les faire frire à la poêle jusqu'à ce qu'elles soient bien dorées des deux côtés. Servir très chaud.
Donne 8 portions.

Ragoût irlandais Rideau

Cette délicieuse recette du bon vieux temps s'est modernisée grâce aux pois congelés et aux cubes de bouillon qui évitent de faire dorer la viande. Cette nouvelle adaptation du ragoût irlandais en rehausse singulièrement le goût et la couleur.

Enlever l'excès de gras de
2 livres d'agneau pour ragoût

Dans une grande casserole, combiner la viande avec
2½ tasses d'eau
2 cubes de bouillon de boeuf
1¼ c. à thé de sel
¼ c. à thé de poivre
¼ c. à thé de thym
½ tasse de céleri tranché et de feuilles de céleri

Couvrir hermétiquement et laisser mijoter 1½ heure, en remuant de temps à autre.

Ajouter
3 carottes coupées en quartiers
⅓ tasse de piment vert en lanières
6 oignons moyens, émincés
6 pommes de terre moyennes, en cubes

Laisser mijoter, couvert, 1 heure de plus; pendant les 15 dernières minutes de cuisson, ajouter
1 tasse (1 paquet de 12 onces) de pois congelés
3 c. à table de persil haché

Egoutter le bouillon dans une petite casserole.

Délayer
3 c. à table de farine

dans
⅓ tasse d'eau
Incorporer au bouillon. Cuire sur feu moyen jusqu'à ce que la farine soit cuite et que la sauce épaississe tout en restant bien lisse. Verser sur la viande et les légumes.

Servir très chaud.

Donne 6 portions.

Biftecks au sel grillés

Presque toute notre viande de boeuf nous vient de l'Ouest et le seul fait de penser aux vastes fermes d'élevage, aux cowboys et aux rodéos rehausse encore la saveur de nos biftecks. C'est donc de Calgary, le pays du Stampede, le plus grand rodéo de l'Ouest canadien, que nous vient cette recette pour réussir des biftecks succulents au barbecue en plein air.

Sur un grand gril, ou sur un grille-viande à longs manches emboîtables, disposer

1 bifteck maigre (2 à 3 pouces d'épaisseur), désossé

Recouvrir le dessus avec ½ pouce de **gros sel bien humecté**

Placer une serviette en papier sur le sel.

Retourner le gril et procéder de la même façon pour l'autre côté du bifteck.

Fermer le gril et le déposer sur du charbon de bois très chaud, ou sur un feu de bois, puis laisser griller chaque côté de 15 à 20 minutes.

Pour servir, casser la croûte de sel qui recouvre le bifteck et couper la viande en travers du grain.

Donne 4 portions.

Jambon glacé

Au Canada, les jambons s'achètent précuits ou prêts à cuire. L'un comme l'autre conviennent à cette recette. Par ''jambon cuit'', nous entendons le jambon cuit au four, selon les indications données sur l'emballage.

Enlever la couenne (si nécessaire) de **1 jambon cuit**

et inciser la surface en losanges à l'aide d'un couteau bien tranchant

OU

Inciser
1 jambon précuit

Insérer des clous de girofle entiers à l'intersection des losanges.
Cuire à 325° F., 1 heure.

Retirer le jambon du four et porter la température à 450° F.

Glaçage pour jambon

Mélanger ensemble
3 tasses de cassonade légèrement pressée
3 c. à thé de moutarde en poudre
3 c. à table de sirop de maïs
3 c. à table de farine
¼ tasse de vinaigre (pour humecter)

Etendre sur la surface du jambon.

Cuire à 450° F., 30 minutes, ou jusqu'à ce que le glaçage forme des filaments autour d'une cuillère. Retirer du four. Continuer à arroser le jambon pendant que le glaçage refroidit et jusqu'à ce qu'il durcisse.

Goulash hongroise

Comme il fallait s'y attendre, c'est de la Saskatchewan que nous vient cette recette de goulash hongroise. En effet, avant l'émeute d'octobre 1956 en Hongrie, c'est dans la vallée de Qu'Appelle que se trouvait le plus fort pourcentage de Hongrois de la province.

Couper en cubes de 1 pouce
2 livres de boeuf pour ragoût, désossé
OU
1 livre de boeuf pour ragoût, désossé
ET
1 livre de veau pour ragoût, désossé

Faire bien dorer dans la graisse chaude. Saupoudrer de
5 à 6 c. à table de farine tout-usage

et faire dorer légèrement.
Ajouter en remuant
2 c. à thé de sel
1 c. à thé de paprika
1 c. à thé de graines de carvi
1 pincée de poivre
1 c. à table de sauce Worcestershire
1 oignon moyen, émincé
3½ tasses d'eau

Couvrir et mijoter 2 heures, ou jusqu'à ce que la viande soit tendre.

Au moment de servir, ajouter en remuant
½ tasse de crème sure commerciale

Servir avec des nouilles, ou avec des grands-pères à la hongroise (voir page 79), et garnir de persil.

Donne de 4 à 6 portions.

Escalope viennoise

C'est aux nombreux immigrants allemands que les Canadiens doivent de savoir apprécier l'escalope viennoise. En dépit des années, la recette est toujours la même. On remplace parfois l'oeuf dur par un oeuf poché ou frit pour en garnir le dessus.

Découper des escalopes dans
2 livres de veau

Battre la viande pour l'aplatir légèrement.

Faire refroidir la viande à fond.

La plonger dans un mélange de
1 oeuf, légèrement battu
1 c. à table de lait

Puis dans un mélange de
½ tasse de farine
¼ c. à thé de sel
1 pincée de poivre
1½ tasse de chapelure fine

Laisser sécher pendant ½ heure.

Faire frire jusqu'à coloration dorée dans du
beurre

Servir avec des rondelles de citron et un oeuf dur coupé en rondelles.

Donne de 6 à 8 portions.

Bacon de dos glacé

Cette spécialité canadienne a remporté la place d'honneur à un repas de gourmets à New-York, il y a quelques années. La qualité supérieure de notre bacon de dos est renommée au-delà de nos frontières, où on l'appelle d'ailleurs le bacon "canadien".

Mettre dans une grande casserole
1 morceau de bacon de dos à la marinade douce (1½ à 2½ livres)

Verser sur la viande
1½ tasse de jus de pommes

Couvrir. Amener à ébullition. Réduire la chaleur et mijoter de 25 à 30 minutes par livre, ou jusqu'à ce que la viande soit tendre.

Chauffer le four à 400° F.

Retirer le bacon du liquide. Le glacer avec le glaçage à jambon (⅓ de la recette de la page 47).

Cuire à 400° F., 30 minutes, ou jusqu'à ce que le glaçage forme des filaments autour d'une cuillère. Retirer du four.

Continuer à arroser la viande pendant que le glaçage refroidit et jusqu'à ce qu'il durcisse.

Trancher et servir chaud ou froid.

Jambon à la paysanne

Si vous êtes à la recherche d'une nouvelle façon de préparer un jambon roulé à la marinade douce, essayez donc cette recette. Elle est exquise.

Chauffer le four à 325° F.

Dans une rôtissoire à couvercle, placer
1 jambon roulé (5 livres environ)

Verser dessus
2 bouteilles de bière ou de ginger ale

Couvrir et cuire à 325° F., environ 3 heures ou jusqu'à ce que le jambon soit tendre.

Servir chaud ou froid.

Ragoût de pattes

Le traditionnel ragoût de pattes du Canada français est le mets typique de sa catégorie dans notre cuisine nationale.

Parer
3 pattes de cochon fendues en deux

Les placer dans une casserole et les recouvrir d'eau. Amener à ébullition. Ecumer.

Ajouter
1 oignon piqué de
2 clous de girofle
1 carotte
1 branche de céleri
1 feuille de laurier
1 c. à table de sel
¼ c. à thé de poivre

Mijoter 3 heures.

Entre-temps, combiner
1½ livre de porc haché
1 oignon haché fin
1 c. à thé de sel
1 pincée de poivre
1 pincée de muscade
½ tasse de biscuits soda émiettés

Y incorporer
1 oeuf battu

Former de petites boulettes. Les rouler dans de la farine dorée à la poêle. (Voir page 184).

Epaissir le bouillon des pattes avec un mélange de
farine dorée (environ 1¼ tasse)
eau froide

Cuire en remuant constamment, jusqu'à ce que le mélange épaississe.

Y plonger les boulettes de viande et cuire 30 minutes de plus.

Assaisonner au goût.

Servir avec des pommes de terre en purée.

Donne 6 portions.

Côtelettes de porc Charlevoix

Les côtelettes de porc du comté de Charlevoix, dans le Québec, se préparent, cela va sans dire, avec des pommes. Cependant, un soupçon de sirop d'érable leur conférera une note distinctive.

Faire saisir dans un peu de graisse fondue
6 côtelettes de porc (¾ pouce d'épaisseur)

Les saupoudrer de
sel
poivre

Puis d'un mélange de
6 c. à table de sucre d'érable
2 c. à table de farine tout-usage

Y ajouter
1 tasse de jus de pommes

Couvrir. Mijoter sur feu moyen 20 minutes.

Vider, couper en deux, mais ne pas peler
3 pommes

Placer une moitié de pomme sur chaque côtelette.

Couvrir et cuire 20 minutes de plus, ou jusqu'à ce que les pommes soient tendres et la sauce épaisse et lisse.

Donne 6 portions.

Pâté chinois

Voici une façon originale d'accommoder un reste de boeuf. Pour une note encore plus québécoise, étendre du blé d'Inde entre la viande et les pommes de terre.

Chauffer le four à 350° F.
Graisser une cocotte de 1 pinte.

Combiner
3 tasses de boeuf cuit, haché
1 c. à table d'oignon haché instantané
1 c. à thé de sauce à biftecks
⅔ tasse de sauce de viande
sel et poivre

Préparer
2 tasses de pommes de terre en purée

Placer le mélange à la viande dans la cocotte préparée.

Répartir les pommes de terre en purée sur le dessus.

Cuire à 350°, de 25 à 30 minutes, ou jusqu'à ce que le mélange fasse des bulles et que les pommes de terre soient légèrement dorées.

Donne 4 portions.

Côtelettes de porc braisées

Cette recette qui nous vient de Montréal rappelle de bien près celle du ragoût de pattes sauf qu'on remplace ces dernières par des côtelettes de porc. Un soupçon de cannelle, accompagné de quelques clous de girofle, rehausse la saveur de ce mets délicieux.

Dans une poêle à frire épaisse, dorer
½ tasse de farine

en remuant fréquemment.

Retirer la farine de la poêle et la délayer dans
⅓ tasse d'eau froide

Dans une poêle à frire, combiner
4 côtelettes de porc épaisses
3 tasses d'eau bouillante
1 petit oignon haché

Couvrir et mijoter 20 minutes.

Retirer les côtelettes de la poêle. Incorporer la farine délayée au bouillon et cuire en remuant constamment jusqu'à ce que le mélange épaississe.

Retourner les côtelettes dans la poêle avec
½ c. à thé de sel
1 pincée de poivre
1 pincée de clous de girofle broyés
1 pincée de cannelle

Couvrir et cuire environ 1½ heure ou jusqu'à ce que les côtelettes soient tendres.

Donne 4 portions.

Jambon à la sauce au cidre

La prédilection que nous gardons pour le porc fumé et salé est en quelque sorte une tradition qui remonte au temps des pionniers, lorsque le porc constituait la seule viande des menus d'hiver. Au cours des années, la qualité du porc s'est améliorée considérablement et le jambon et le bacon canadiens sont maintenant réputés dans le monde entier.

Chauffer le four à 400° F.

Frotter
2 c. à table de cassonade

sur les deux côtés de
2 tranches de jambon (1 pouce d'épaisseur env. 1 livre chacune)

Garnir le gras des bords de
clous de girofle entiers

Cuire dans un plat graissé à 400° F., 20 minutes.

Entre-temps, fondre dans une casserole
¼ tasse de beurre

Y ajouter en remuant
¼ tasse de farine

Incorporer
2½ tasses de cidre

Cuire sur feu moyen, en remuant constamment pour faire épaissir.

Incorporer à la sauce, en remuant
⅓ tasse de raisins secs

Laisser cuire jusqu'à ce que les raisins soient bien gonflés.

Verser la sauce sur les tranches de jambon et laisser cuire au four 30 minutes de plus.

Donne 6 portions.

❧❧❧

Côtes levées barbecue

Nos expériences culinaires ont accompli un cercle parfait, depuis les feux de camp des pionniers jusqu'aux poêles perfectionnés de nos cuisines modernes. La saison des barbecues en plein air battant son plein, il semble que nous soyons revenus à nos origines. Cependant, reconnaissons que la saveur de ce mets est sans égale.

Chauffer le four à 350° F.

Mijoter 10 minutes
1 tasse de sauce chili
1 tasse d'oignon haché fin

¾ tasse d'huile végétale
¼ tasse de jus de citron
¼ tasse de vinaigre
1 c. à table de cassonade
1 c. à thé de sel
1 c. à thé de moutarde en poudre
¼ c. à thé de piment de chili
2 gousses d'ail, hachées
2 gouttes de sauce Tabasco
1 feuille de laurier

Retirer la feuille de laurier.

Sur une grille placée dans un plat peu profond, mettre
4 livres de côtes levées

Bien badigeonner de la sauce et cuire à 350° F., 1 heure. Arroser fréquemment. OU placer les côtes sur un gril à charbon de bois, badigeonner de la sauce et faire rôtir lentement, en tournant et en badigeonnant avec la sauce aussi souvent que nécessaire. Au barbecue, le temps de cuisson varie de 30 à 45 minutes.

Donne 4 ou 5 portions.

❧❧❧

Côtes levées aigres-douces

En 1885, après en avoir terminé avec la construction du chemin de fer Canadien-Pacifique, de nombreux Chinois ouvrirent des restaurants, d'abord en Colombie-Britannique puis, progressivement dans tout le pays. Nous avons fini par adopter de nombreux mets chinois, en les adaptant à la mode canadienne, comme en témoigne cette recette de côtes levées aigres-douces.

Couper en morceaux et faire frire à la poêle, dans un peu de graisse, jusqu'à ce qu'elles soient bien dorées
2½ livres de côtes levées

Retirer de la poêle et enlever le gras.

Egoutter et mesurer le jus de
1 boîte (10 onces) d'ananas en morceaux

Mettre l'ananas de côté et ajouter au jus suffisamment d'eau pour faire 1 tasse.

Mélanger dans une poêle à frire
2 c. à table de fécule de maïs
2 c. à table de sucre
½ c. à thé de sel
⅓ tasse de vinaigre
3 c. à table de sauce soya

Y incorporer le jus d'ananas.

Cuire sur feu moyen en remuant constamment, jusqu'à ce que la sauce épaississe. Y ajouter les côtes dorées, couvrir et cuire doucement 1 heure.

Ajouter les morceaux d'ananas, retourner les côtes et cuire 15 minutes de plus, ou jusqu'à ce que la viande soit tendre et commence à se détacher des os.

Donne 4 ou 5 portions.

Fricandeau

En général, le fricandeau se prépare avec un morceau de croupe ou de longe de veau, mais notre recette qui nous vient du Québec accommode un pain de veau et de porc en gelée. Bien glacé et bien garni, notre fricandeau a meilleure allure qu'un simple pain de viande.

Chauffer le four à 325° F.

Passer au hachoir
- ¾ **livre de veau**
- ¾ **livre de porc frais**
- 1 **rognon de porc**
- ½ **livre de lard salé très gras**
- 1 **oignon rouge moyen**
- 16 **biscuits soda (simples)**

Y incorporer et bien mélanger
- 2 **oeufs battus**

Entourer de ce mélange
- 1 **longe de porc**

Presser le tout dans un moule à pain de 8½ x 4½ pouces et parsemer le dessus de
- **noisettes de beurre**

Disposer sur le dessus
- 2 **feuilles de laurier**

Placer le moule dans une casserole d'eau et cuire à 325° F., 2 heures.

Badigeonner d'eau pour conserver la surface moelleuse.

Lorsque refroidie, placer la viande dans un moule de 9 x 5 pouces. L'entourer d'une couche de gelée bien prise et disposer des oeufs durs tranchés dans le fond du moule.

Réfrigérer jusqu'à 30 minutes avant de servir.

Gelée

Faire gonfler
- 3 **enveloppes de gélatine neutre**

dans
- 1 **tasse d'eau froide**

Y incorporer
- 1 **c. à table de persil haché**
- 3 **tasses de bouillon de poulet**

Amener à ébullition puis refroidir jusqu'à ce que la gelée commence à prendre.
Donne 8 portions.

Jambon de la cabane à sucre

Cette spécialité québecoise a une saveur unique. Mais on peut également préparer un jambon succulent avec du jus de pommes.

Placer dans une grande casserole
- 1 **jambon (8 à 10 livres)**

Arroser de
- 3 **pintes (15 tasses) de sève d'érable OU de jus de pommes**

Couvrir et mijoter sur feu doux 2½ à 3 heures, ou jusqu'à ce que le jambon soit tendre. Retirer de la casserole en réservant le jus.

Dans un petit bol, couvrir
- 2 **tasses de raisins secs**

avec 2 tasses du liquide chaud.

Si nécessaire, retirer la couenne du jambon et couvrir le gras d'un mélange de
- 2 **tasses de sucre d'érable**
- 2 **c. à thé de moutarde en poudre**
- 1 **c. à thé de clous de girofle broyés**
- ¼ **tasse d'eau**

Placer le jambon dans une rôtissoire, l'entourer des raisins secs égouttés et de 1 tasse environ du jus des raisins secs.

Cuire à 300° F., 30 minutes de plus. Retirer le jambon et le garder au chaud.

Mélanger pour faire une pâte lisse
- 2 **c. à table de farine**
- ¼ **tasse d'eau froide**

La verser en remuant dans la rôtissoire et laisser mijoter, en remuant constamment, jusqu'à ce que le mélange épaississe. Servir la sauce sur le jambon chaud. Donne de 14 à 16 portions.

Pain de viande du Northumberland

Le comté de Northumberland est une des régions de l'Ontario où se fixèrent lès premiers colons de la Province. Le comté s'étend au nord du lac et s'enorgueillit de fins cordons bleus. Un Cobourgeois, propriétaire du restaurant Marie Dressler, nous envoie cette recette.

Chauffer le four à 350° F.

Tapisser le fond d'un moule à pain de 9 x 5 pouces ou d'un moule en couronne de

sauce chili

Mélanger ensemble
- **1 livre de boeuf haché**
- **½ livre de porc haché**
- **½ livre de veau haché**
- **1 c. à thé de sel**
- **1 c. à thé de sucre**
- **½ c. à thé de glutamate monosodique**
- **½ c. à thé de romarin**
- **½ c. à thé de sel de céleri**
- **½ c. à thé de poivre**
- **½ c. à thé de jus d'oignon**
- **¼ c. à thé de poudre d'ail**
- **¼ c. à thé de muscade**
- **2 oeufs**
- **1 tasse de chapelure imbibée de bière ou de vin de Bourgogne**

Mettre le mélange dans le moule préparé. Cuire à 350° F., de 65 à 75 minutes.

Donne 8 portions.

Coulibiac à la paysanne

Le coulibiac est un plat d'origine russe que l'on prépare soit avec du poisson, soit avec du poulet, enrobé dans une pâte à la levure. Cette adaptation canadienne du coulibiac a vu le jour dans l'Ouest mais elle nous a été envoyée de Montréal. Elle consiste en un pain de viande, entouré d'une pâte à biscuits feuilletée.

Chauffer le four à 350° F.

Combiner
- **1 livre de boeuf haché**
- **½ livre de porc haché**
- **½ livre de veau haché**

Y incorporer
- **1 tasse de fine chapelure de pain**
- **¾ tasse d'oignon, haché fin**
- **1 gousse d'ail, hachée fin**
- **2 oeufs**

- **2 c. à thé de sel**
- **¼ c. à thé de poivre noir**

Presser dans un moule à pain de 9 x 5 pouces. Cuire à 375° F., une heure.

Sortir du four et porter la température à 400° F.

Préparer la pâte de biscuits à la poudre à pâte (voir page 29).

Après l'avoir pétrie, l'abaisser en un rectangle de 20 x 9 pouces. En tapisser un moule à pain de 9 x 5 pouces, bien graissé. Déposer la viande dans le moule et recouvrir de pâte en scellant bien les bords.

Cuire à 400° F., de 20 à 25 minutes ou jusqu'à coloration dorée.

Retirer du moule, trancher et servir chaud accompagné d'une sauce aux champignons ou aux tomates. Délicieux également servi froid.

Langue braisée

Le plat préféré d'un des pères de la Confédération — Jonathan McCully, du Nouveau-Brunswick. Cette langue braisée, lentement mijotée dans une odorante sauce brune, fait le régal des gourmets, fussent-ils princes ou roturiers.

Couvrir d'eau bouillante et mijoter 2 heures
- **1 langue fraîche**

Retirer la langue de l'eau, en enlever la peau et les tendons, puis la mettre dans une cocotte ou dans un plat profond. L'entourer de
- **⅓ tasse de carottes en dés**
- **⅓ tasse d'oignon haché**
- **⅓ tasse de céleri en dés**
- **1 bouquet de persil**

Arroser de 4 tasses de sauce. Couvrir et cuire au four à 350° F., 2 heures, en tournant la langue après la première heure de cuisson.

Sauce

Dorer
- **¼ tasse de beurre**
- **½ tasse de farine tout-usage**

Y incorporer en remuant 4 tasses d'eau ou de liquide de cuisson. Assaisonner de

sel et poivre
sauce Worcestershire

Servir avec des pommes de terre au four et de la gelée épicée de pommettes.

Plats principaux

Ceux-ci vont des ragoûts nourrissants aux mets les plus raffinés, mais il faut bien convenir que les fèves au four de nos ancêtres n'ont rien perdu de leur popularité.

Fèves au four

Les fèves ont joué un grand rôle dans l'histoire de notre pays. Les premiers colons s'en nourrissaient presque exclusivement, nos explorateurs et nos trappeurs les considéraient comme une nécessité, nos armées en consommaient d'énormes quantités et, au moment de la ruée vers l'or du Klondike, elles se vendaient jusqu'à $1.50 la livre. Les fèves constituent réellement la base de notre cuisine nationale. Les fèves au four demandent à mijoter longuement pour en extraire toute la saveur. Cette recette plaira aussi bien aux amateurs de mélasse que de sirop d'érable, puisqu'on peut utiliser les deux à la fois pour flatter l'appétit des gourmets.

Laver
2 tasses de grosses ou de petites fèves (haricots secs)

Les faire tremper toute une nuit dans
12 tasses d'eau

Chauffer le four à 250° F.

Egoutter, recouvrir d'eau fraîche, amener à ébullition, et mijoter à dé-

couvert, jusqu'à ce que la peau se fende lorsqu'on souffle dessus.

Egoutter et mettre les fèves dans un pot en terre cuite ou dans une cocotte.

Au centre des fèves, enfouir
1 petit oignon pelé

Mélanger ensemble et verser sur les fèves

1½ c. à thé de moutarde en poudre
½ c. à thé de poivre noir
1 c. à table de sel
⅓ tasse de cassonade légèrement pressée
¼ tasse de mélasse
¼ tasse de sirop d'érable

Insérer, près de la surface

¼ livre de lard gras salé, tranché

Ajouter suffisamment
d'eau bouillante

pour couvrir les fèves.

Couvrir et cuire à 250° F., 8 heures, en ajoutant de temps à autre un peu d'eau bouillante pour éviter que les fèves ne se dessèchent. Enlever le couvercle pendant les 30 dernières minutes de cuisson.

Servir chaud avec du pain brun à la farine d'avoine (voir page 18).

Donne 6 portions.

Saucisses huskies

Les huskies sont les chiens esquimaux que l'on attelle aux traînes. Voici une recette qui vous tirera d'embarras lorsque vous aurez oublié d'acheter les pains à hot dogs.

Chauffer le four à 400° F.

Cuire partiellement
1 livre de saucisses
ou de saucisses fumées

Les disposer dans un plat de 8 pouces, peu profond, allant au four.

Battre ensemble
2 oeufs
1 tasse de lait

Y incorporer en remuant
½ tasse de farine tout-usage

Verser sur les saucisses.

Cuire à 400° F., 25 minutes.

Donne 4 ou 5 portions.

Ragoût du cowboy

Chaque été, à Calgary, durant la grande semaine du rodéo connu sous le nom de Stampede, les chapeaux blancs des cowboys fleurissent un peu partout et les restaurants servent le plat officiel, le ''White Hatter Stew'' que nous avons appelé ici ragoût du cowboy. La recette authentique a été réduite pour convenir à la table familiale.

Chauffer le four à 400° F.

Faire chauffer dans une cocotte
   2 c. à table d'huile végétale

jusqu'à ce qu'elle fume légèrement.

Y placer
   2½ livres de croupe de boeuf en dés

Cuire à 400° F., 15 minutes, en agitant la cocotte de temps en temps de façon que la viande dore de tous les côtés.

Ajouter
   2 gros oignons, hachés
   sel
   poivre
   ½ c. à thé de glutamate monosodique
   ¼ c. à thé de paprika

et saupoudrer de
   2 c. à table de farine

Continuer la cuisson 20 minutes de plus, en remuant de temps à autre.

Incorporer
   ⅔ tasse de petites tomates en boîte
   1 pinte (5 tasses) de bonne sauce brune
   ½ tasse de bière (facultatif)
   1 c. à thé de sauce Worcestershire

Envelopper dans un coton à fromage et ajouter
   2 feuilles de laurier
   quelques graines de poivre
   thym
   bouquet de persil

Couvrir la cocotte.

Réduire la température à 300° F. et continuer la cuisson jusqu'à ce que la viande soit tendre (environ 2 heures)

Entre-temps, préparer la croûte à biscuits suivante.

Tamiser ou mélanger ensemble
   3¾ tasses de farine tout-usage
   2½ c. à thé de poudre à pâte
   1 pincée de sel

Y couper avec un coupe-pâte
   ½ tasse de beurre

Battre ensemble
   1 oeuf
   1 tasse de lait

Les incorporer aux ingrédients secs. Mélanger le tout jusqu'à obtention d'une boule de pâte. La rouler sur une planche enfarinée à ¼ pouce d'épaisseur. Découper des couvercles de pâte de la dimension des cocottes. Quand le ragoût est cuit, enlever le sac d'épices et remplir les cocottes individuelles. Recouvrir des couvercles de pâte en les scellant hermétiquement pour conserver toute la saveur.

Badigeonner les couvercles de
   lait

et cuire à 425° F., 20 minutes ou jusqu'à coloration dorée.

Donne de 6 à 8 portions.

Varenyky

La recette de ces grands-pères farcis nous vient d'Ukraine et de Pologne. Chez les descendants des premiers colons de ces nations, elle est toujours en faveur, surtout dans les Prairies où ils se retrouvent en grand nombre.

Bouillir
   4 pommes de terre moyennes

Conserver l'eau de cuisson.

Piler les pommes de terre et les mélanger avec
   1 livre de fromage cottage sec
   ¼ livre de fromage cheddar râpé
   1½ c. à thé de sel
   ½ c. à thé de poivre
   ½ c. à thé de flocons de menthe séchée

Mélanger ensemble
   5 tasses de farine tout-usage
   2 c. à thé de sel
   2 jaunes d'oeufs
   1¾ tasse de l'eau des pommes de terre

Renverser la pâte sur une surface enfarinée et pétrir jusqu'à ce qu'elle soit lisse.

Laisser reposer, couverte, 10 minutes. Diviser la pâte en 10 ou 15 morceaux et les abaisser à ¼ de pouce d'épaisseur. Découper en ronds ou en carrés de 2½ à 3 pouces, à l'aide d'un emporte-pièce à biscuits. Abaisser chaque morceau de pâte à ⅛ de pouce d'épaisseur. Mettre 1 c. à thé de la garniture sur chaque rond ou sur chaque carré en prenant soin d'humecter les bords de la pâte. Replier la pâte sur la garniture en la pinçant pour sceller les bords. Faire pocher les ronds ou les carrés dans l'eau bouillante de 4 à 5 minutes ou jusqu'à ce qu'ils remontent à la surface. Egoutter et saupoudrer de chapelure beurrée, de beurre et d'oignon, ou de bacon finement haché avec de l'oignon.

Les repas ukrainiens sont toujours plantureux et cette recette vous permettra de conserver au réfrigérateur ce que vous n'aurez pas utilisé. Pour réchauffer, il suffit de plonger les varenyky dans de l'eau bouillante ou de les faire sauter à la poêle dans un peu de beurre jusqu'à coloration bien dorée.

Donne 10 portions.

Hamburgers à la Saskatchewan

Une maîtresse de maison ingénieuse de la Saskatchewan nous montre comment tirer parti d'une demi-livre de boeuf haché. Il va sans dire que la recette a dû voir le jour pendant les années de crise, lorsque la Saskatchewan a souffert la période de sécheresse la plus catastrophique de son histoire.

Chauffer un grilloir ou une poêle à frire épaisse.

Si nécessaire graisser avec du gras non salé.

Combiner
½ livre de boeuf haché
1 c. à table d'oignon haché
½ c. à thé de sel
¼ c. à thé de poudre à pâte

Y incorporer
3 jaunes d'oeufs

Battre jusqu'à consistance ferme et les incorporer
3 blancs d'oeufs

Verser le mélange, comme de la pâte à crêpes, sur le grilloir chaud.

Les retourner une fois.

Servir seuls ou nappés de sauce aux tomates ou aux champignons.

Donne 4 portions.

Rôties dorées

Les Canadiens d'origine anglaise appellent cela des "rôties à la française". Qu'importe le nom puisque nous raffolons tous de ces rôties croustillantes bien dorées que l'on sert avec du sirop d'érable.

Combiner
3 oeufs battus
½ tasse de lait
1 c. à thé de sucre
¼ c. à thé de sel

Tremper les tranches de pain dans le mélange et les dorer des deux côtés sur un grilloir bien beurré.

Servir avec du sirop d'érable.

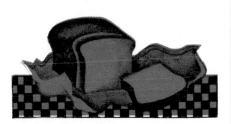

Oeufs écossais de Baddeck

Cette recette de l'île du Cap Breton simplifie la préparation de ce mets succulent en utilisant de la chair à saucisse.

Chauffer la grande friture à 375° F.

Refroidir et écaler
3 oeufs cuits dur

Piler
½ livre de saucisse sans peau ou de chair à saucisse

En entourer les oeufs pour les recouvrir complètement.

Les tremper dans

1 oeuf, légèrement battu
et les rouler dans de la
chapelure de pain

Frire dans la grande friture de 3 à 4 minutes ou jusqu'à ce que les oeufs enrobés soient d'un beau brun doré.

Couper en deux et saupoudrer de
persil haché

Servir chaud ou froid.

Donne 3 portions.

Quiche lorraine

Ce mets savoureux composé d'une cossetarde au fromage et au bacon est originaire de Lorraine, mais il n'a fait son apparition au Canada que depuis relativement peu de temps. Maintenant que nous fabriquons du fromage, genre fromage de Gruyère, et vu la qualité de notre bacon, la quiche lorraine devrait être plus souvent servie. C'est un mets incomparable.

Chauffer le four à 400° F.

Préparer suffisamment de pâte pour une croûte de tarte. En tapisser une assiette à tarte de 9 pouces.

Emietter sur la croûte
   6 tranches de bacon bien croustillantes

Recouvrir de
   3 onces de gruyère râpé

Battre ensemble
   4 oeufs
   1½ tasse de lait
   ½ c. à thé de sel
   1 pincée de poivre

Verser dans l'abaisse de tarte.

Cuire à 400° F., de 25 à 30 minutes, ou jusqu'à ce que le mélange soit pris.

Si désiré, garnir avec des lanières de bacon frit, bien croustillantes.

Servir immédiatement.

Donne 6 portions.

❧

Quiche maritimes

Ce mets qui se déguste en compagnie a été mis au point par les économistes ménagères du ministère des Pêcheries. Il diffère de la véritable quiche lorraine française en ce sens qu'on remplace le bacon par des filets de poisson fumé et la croûte par du riz.

Chauffer le four à 350° F.

Couper en six sections chacune
   2 tomates moyennes

Les enduire de
   vinaigrette
et les laisser mariner.

Couper en morceaux de 2 à 3 pouces de long
   1 livre de filets de poisson fumé

Disposer dans un plat peu profond allant au four. Y ajouter
   1 tasse de lait

Cuire à 350° F., environ 20 minutes, ou jusqu'à ce que le poisson s'effeuille facilement avec une fourchette.

Egoutter en réservant ¾ tasse du liquide.

Graisser une assiette à tarte de 9 pouces.

Faire la croûte au riz en combinant
   3 tasses de riz cuit
   2 c. à table de beurre, fondu
   1 oeuf battu

Verser dans l'assiette à tarte et presser fermement et uniformément sur le fond, les parois et le bord pour former la croûte.

Saupoudrer de
   ½ tasse de cheddar canadien, râpé

Disposer le poisson cuit sur le dessus et le saupoudrer de
   ½ tasse de cheddar canadien, râpé

Combiner le liquide qui a servi à pocher le poisson avec
   2 oeufs battus

Verser dans l'assiette à tarte.

Cuire à 350° F., 30 minutes.

Retirer du four et disposer les sections de tomate égouttées le long des bords de la garniture, la pelure dessus. Remettre le tout au four et cuire 10 minutes de plus ou jusqu'à ce que la cossetarde soit prise. Garnir de ciboulette finement hachée ou de tiges d'échalottes hachées.

Servir très chaud.

Donne 6 portions.

❧

Holubtse au chou

C'est le nom que les Ukrainiens donnent aux feuilles au chou farcies, mais littéralement cela signifie ''petits pigeons''. C'est un mets qui convient bien aux grandes familles, et à l'occasion des fêtes, comme Noël par exemple, on sert les ''holubtse'' avec une farce sans viande. Cette recette nous vient du Manitoba et c'est l'un des mets servis en 1965 aux étudiants de l'Ontario qui ont participé aux visites interprovinciales.

Dans une casserole, combiner
2 tasses d'eau bouillante
2 c. à thé de sel
2 tasses de riz non cuit

Amener à ébullition, couvrir, retirer du feu et laisser reposer jusqu'à ce que l'eau soit absorbée.

Dans une poêle à frire, fondre
¼ tasse de beurre

Y ajouter
1 oignon moyen, haché fin

Faire sauter l'oignon jusqu'à coloration dorée.

Le combiner au riz et assaisonner de
sel et poivre

Refroidir le mélange.

Enlever le coeur de
1 gros chou

Le mettre dans une marmite profonde et verser de l'eau bouillante au centre jusqu'à ce que le chou soit entièrement recouvert. Laisser tremper le chou jusqu'à ce que les feuilles soient bien ramollies. Egoutter et détacher soigneusement les feuilles. Enlever la côte du centre de la feuille et diviser chaque feuille en deux ou trois sections.

Chauffer le four à 350° F.

Graisser une grande cocotte à couvercle.

En garnir le fond avec le restant des feuilles de chou.

Déposer une cuillerée de farce sur chaque section de feuilles et rouler serré. Disposer par couches dans la cocotte en salant chaque couche.

Combiner
1 à 1½ tasse de jus de tomates
avec
2 c. à table de beurre, fondu
1 c. à thé de sel
1 pincée de poivre

Verser sur les "holubtse". Le liquide doit à peine paraître entre les feuilles. Pour éviter que le dessus ne brûle, le protéger avec une grande feuille de chou avant de couvrir hermétiquement la cocotte.

Cuire à 350° F., de 1½ à 2 heures, ou jusqu'à ce que le chou et la farce au riz soient cuits. Servir très chaud avec du bacon croustillant, de la crème sure ou toute autre sauce.

Donne environ 30 cigares au chou.

Fèves au four aux tomates

Les fèves, sans aucun doute, sont devenues notre plat national et voici de quoi satisfaire les amateurs de tomates.

Faire tremper toute une nuit, dans de l'eau
1 livre de grosses ou de petites fèves
Chauffer le four à 250° F.

Egoutter, recouvrir d'eau fraîche, amener à ébullition, et mijoter jusqu'à ce que la peau se fende quand on souffle dessus.

Egoutter et mettre dans un grand pot en terre cuite ou dans une cocotte de 1½ pinte.

Mélanger ensemble et verser sur les fèves
1 tasse d'oignon haché
¼ livre de lard salé, haché
⅔ tasse de mélasse
½ tasse de catsup
2 c. à thé de sauce Worcestershire
1 c. à thé de moutarde en poudre
2 c. à thé de sel
3 tasses d'eau bouillante

Couvrir et cuire à 250° F., 8 heures, en ajoutant de temps à autre un peu d'eau bouillante pour éviter que les fèves ne se dessèchent. Enlever le couvercle du récipient pendant les 30 dernières minutes de cuisson.

Donne de 6 à 8 portions.

Oeufs pochés dans le sirop d'érable

Pour le déjeuner du matin, notre vieille spécialité canadienne n'a pas besoin d'introduction.

Verser dans une poêle à frire environ 1½ pouce de
sirop d'érable

Chauffer juste au-dessous du point d'ébullition.

Dans une soucoupe, casser avec précaution, un à la fois
1 oeuf par portion
et le faire glisser doucement dans la poêle.

Laisser cuire jusqu'à ce que les oeufs soient pris, 3 à 5 minutes.

Retirer les oeufs de la poêle et les servir sur des rôties en les arrosant de sirop d'érable.

Soufflé au fromage de l'île Wolfe

Il est rare que les Canadiens servent le véritable soufflé de France, gonflé comme un nuage. Cependant, cette recette que nous avons fait nôtre, puisqu'elle utilise notre fromage cheddar, a été nommée d'après une île des Mille Iles du lac Ontario, l'île Wolfe précisément, où se trouve la fromagerie.

Chauffer le four à 300° F.

Dans une casserole, fondre
3 c. à table de beurre
3 c. à table de farine tout-usage
½ c. à thé de sel
1 pincée de moutarde en poudre
1 pincée de poivre

Y incorporer graduellement, en remuant
1 tasse de lait

Remuer et cuire sur feu moyen jusqu'à ce que le mélange épaississe.

Ajouter
1 tasse de cheddar canadien râpé

Remuer jusqu'à ce que le fromage fonde. Retirer du feu.

Battre jusqu'à consistance légère
3 jaunes d'oeufs

Incorporer à fond le mélange de fromage chaud aux jaunes d'oeufs. Refroidir.

Battre jusqu'à formation de pics fermes mais non secs
3 blancs d'oeufs

Incorporer en pliant le mélange de fromage dans les blancs d'oeufs.

Verser le tout dans une cocotte non graissée de 1½ pinte.

Cuire à 300° F., environ 60 minutes ou jusqu'à ce que le soufflé soit ferme, sec et légèrement doré.

Donne 4 ou 5 portions.

Oeufs Tuktoyaktuk pochés à la tomate

On a découvert une recette semblable dans un livre de cuisine canadien de 1889. Mais le mets dont nous vous donnons ici la recette nous vient de l'Ouest. Pour le déjeuner-lunch du dimanche, c'est une véritable trouvaille.

Dans une casserole, combiner
1 boîte (19 onces) de tomates hachées
½ c. à thé de sel
1 pincée de poivre noir

Amener à ébullition. Réduire la chaleur et mijoter 5 minutes.

Casser dans une soucoupe et laisser glisser doucement dans les tomates chaudes, un à la fois,
5 oeufs

Couvrir. Cuire lentement jusqu'à ce que les oeufs aient atteint la fermeté désirée.

Servir sur des
rôties chaudes beurrées

Garnir de
fromage râpé

Donne 5 portions.

Tourtière au porc

A l'origine, on préparait la tourtière avec des tourtes, d'où elle tire son nom. Cette race d'oiseaux est éteinte maintenant et la préparation des tourtières varie d'une région à l'autre dans la province de Québec.

Dans une casserole épaisse de 3 pintes, combiner
1½ livre de porc maigre haché
1 petit oignon, émincé
½ tasse d'eau bouillante
1 gousse d'ail, hachée
1 pincée de clous de girofle broyés
¼ c. à thé de sel de céleri
¼ c. à thé de sauge
1½ c. à thé de sel
½ c. à thé de poivre noir

Cuire sur feu doux et remuer constamment jusqu'à ce que la viande perde sa couleur rouge, et que la moitié du liquide se soit évaporée. Couvrir et cuire 45 minutes de plus.

Entre-temps, bouillir et mettre en purée
3 pommes de terre moyennes

Mélanger les pommes de terre à la viande cuite.

Refroidir.

Chauffer le four à 450° F.

Préparer suffisamment de pâte pour faire 2 croûtes de 9 pouces. En abaisser la moitié et tapisser une assiette à tarte profonde.

Remplir de la viande refroidie. Abaisser le restant de la pâte et en recouvrir la viande. Sceller et festonner les bords. Inciser la surface.

Cuire à 450° F., 10 minutes. Réduire la température du four à 350° F., et cuire de 30 à 40 minutes de plus.

Donne 6 ou 7 portions.

Tourtière de Gaspé

Voici une autre recette de tourtière qui vous donnera une idée des délicieuses variations que l'on peut improviser sur ce thème. La recette est calculée pour faire deux tourtières.

Couper en 4 à 6 morceaux
1 poule à bouillir (4 à 5 livres)

Dans une casserole, combiner la poule avec
1 oignon piqué d'un clou de girofle entier
1 branche de céleri
1 carotte tranchée
1 brin de persil
1 petite feuille de laurier
1 pincée de thym
1 pincée de marjolaine
1 c. à table de sel

Ajouter suffisamment d'eau pour couvrir la poule.

Couvrir la casserole et cuire sur feu doux jusqu'à ce que la poule soit tendre. Refroidir dans le bouillon 1 heure.

Entre-temps, frire dans une poêle graissée jusqu'à coloration dorée
2 livres de porc maigre haché

Y incorporer en remuant suffisamment de bouillon de poulet pour recouvrir à peine la viande.

Couvrir et cuire sur feu doux 2 heures.

Désosser la poule et couper la chair en dés. Bien mélanger au porc et assaisonner au goût. Refroidir.

Chauffer le four à 450° F.

Préparer suffisamment de pâte pour 2 tartes à croûte double. Diviser la pâte en quatre parties égales et les abaisser séparément. Employer 2 parties pour tapisser 2 assiettes à tarte profondes de 9 pouces. Répartir le mélange de viandes refroidies dans les deux assiettes. Garnir le dessus avec les deux autres abaisses. Sceller et festonner les bords. Inciser les surfaces.

Cuire à 450° F., 10 minutes. Réduire la température à 350° F., et cuire de 30 à 40 minutes de plus.

Donne 6 ou 7 portions par tarte.

Faux canard muk-luk

Edmonton est célèbre pour son "Mardi Gras Muk Luk", avec toute la pompe qui convient à l'occasion. Notre correspondant nous a fait parvenir cette délicieuse recette, mais sans nous donner d'explication sur l'origine de son nom. En dépit de sa bizarrerie, acceptons-le tel qu'on nous le donne, et dégustons ce plat succulent.

Retirer les artères de
- **1 coeur de boeuf**

Le recouvrir d'eau, amener à ébullition et mijoter de 1½ à 2 heures, ou jusqu'à ce que le coeur soit tendre.

Chauffer le four à 325° F.

Pour confectionner la farce, mélanger ensemble
- **1 tasse de chapelure de pain ou de biscuits soda**
- **2 c. à table d'oignon râpé**
- **2 c. à table de pâte de tomates**
- **1 c. à thé de sucre**
- **1 c. à thé de sel**
- **1 c. à thé d'épices à volaille**
- **¼ c. à thé de poivre**

Pour préparer la sauce, mélanger ensemble
- **1 c. à table de beurre**
- **2 tranches d'oignon**
- **1 tasse de tomates en conserve**
- **½ tasse de céleri haché**
- **1 pincée de cayenne**
- **sel de poivre**
- **1 pincée de glutamate monosodique**

Trancher la viande cuite. La mettre dans une cocotte en alternant avec la farce. Arroser de la sauce.

Cuire à 325° F., de 30 à 45 minutes.

Donne 8 portions.

Nalysnyki

Cette recette est originaire du nord-est de l'Alberta où se sont fixés de nombreux Ukrainiens. Même de nos jours, les gens y vivent simplement et les femmes sont d'excellents cordons bleus qui consacrent la majeure partie de leur temps à confectionner les mets traditionnels de leur pays d'origine. Les nalysnyki se servent comme plat principal, et sont accompagnés de viande, de pommes de terre, de feuilles de chou farcies, de légumes et de salade.

Préparer de la pâte à crêpes (voir page 30).

Chauffer le four à 300° F.

Mélanger à fond ensemble
- **½ livre de fromage cottage sec**
- **2 c. à table de sucre**
- **½ c. à thé de vanille**
- **1 oeuf**

Faire frire la pâte en faisant des crêpes de 2½ à 3 pouces de diamètre.

Garnir de farce et les rouler en cylindre.

Disposer d'une manière attrayante dans un plat allant au four.

Verser sur le dessus, environ
- **1 chopine (2½ tasses) de crème sure commerciale**

Cuire à 300° F., de 30 à 45 minutes, ou jusqu'à ce que le mélange fasse des bulles.

Donne environ 8 portions.

"Welsh Rarebit"

Doit-on dire "rarebit" ou "rabbit"? Qu'importe, puisque pour les Gallois, cela signifie "morceau de choix". C'est un mets simple à préparer, délicieux à savourer, qui convient parfaitement au souper du dimanche.

Dans une casserole, combiner
1 c. à table de beurre
¼ tasse de bière ou d'ale
½ livre de fromage fondu, râpé
½ c. à thé de moutarde en poudre
¼ c. à thé de sel
1 pincée de poivre de Cayenne

Fondre sur feu doux, en remuant jusqu'à ce qu'il forme une sauce lisse et bien homogène.

Ajouter graduellement à cette sauce au fromage
1 oeuf, légèrement battu

Verser le mélange sur
4 rôties chaudes beurrées

Griller légèrement sous le grilleur.

Servir immédiatement.

Donne 4 portions.

Pizza italo-canadienne

Le Canada comptant aujourd'hui plus de 350,000 personnes d'origine italienne, il va sans dire que la pizza a su trouver sa place parmi les mets les plus populaires, particulièrement dans l'Ontario et le Québec, où la majorité des immigrants italiens se sont installés.

Dissoudre

1 c. à thé de sucre

dans
1 tasse d'eau tiède (100° F.)

Y saupoudrer
1 enveloppe de levure active sèche

Laisser reposer 10 minutes, puis remuer vivement avec une fouchette.

Dans un bol, combiner avec la levure ramollie
¼ tasse d'huile végétale
1 c. à thé de sel
1¼ tasse de farine tout-usage

Battre jusqu'à consistance lisse.

Puis ajouter encore
1 à 1¼ tasse de farine tout-usage

Travailler la dernière partie de la farine d'un mouvement rotatif de la main. Renverser la pâte sur une surface enfarinée et pétrir de 8 à 10 minutes. Placer la boule de pâte dans un grand bol graissé, la retourner dans le bol pour en graisser la surface. Couvrir d'un linge humide et laisser doubler de volume, environ 45 minutes.

Entre-temps, mélanger
1 boîte (5½ onces) ou ⅔ tasse de pâte de tomates
½ tasse d'eau
1 c. à thé de sel
1 c. à thé d'orégano broyé
1 pincée de poivre

Lorsque la pâte a doublé de volume, la partager en deux. Former une boule avec chaque moitié et déposer sur une tôle à biscuits graissée. Aplatir les boules du plat de la main pour former une galette de 12 pouces de diamètre, en laissant les bords un peu plus épais que le centre.

Sur chaque galette de pâte, disposer
¼ livre de fromage mozzarella en tranches d'environ ⅛ pouce d'épaisseur
¼ livre de saucisses cuites tranchées
½ tasse de champignons tranchés, sautés
2 c. à table de piment vert haché

Garnir chaque galette avec la moitié du mélange aux tomates et les arroser de et parsemer de
2 c. à table d'huile végétale
2 c. à table de parmesan ou de cheddar fort râpé

Cuire à 400° F., environ 25 minutes.

Donne deux pizzas de 12 pouces de diamètre.

Gibier

Depuis l'époque de nos hardis pionniers, le gibier, à plume ou à poil, gros ou petit, a toujours fait partie de nos menus. Néanmoins, de nos jours, nous le considérons comme une viande de choix qu'on ne sert qu'en des occasions spéciales. Et quel est le citadin qui n'a jamais rêvé d'un bon canard sauvage, d'un steak de chevreuil, ou même d'un bon vieux civet de lapin.

Pâté de nageoires façon Terre-Neuve

Les nageoires, qui constituent les pattes antérieures du phoque, sont considérées comme un mets d'une grande finesse dans notre province la plus récente.

Dégraisser complètement
3 nageoires de phoque

Pour enlever tout l'excédent de gras, les laver dans un mélange composé de
1 tasse d'eau tiède
1 tasse de vinaigre

Faire frire, jusqu'à ce qu'elles soient bien croustillantes
8 à 10 tranches de lard salé

Faire dorer les nageoires dans le gras.

Ajouter un peu d'eau et
4 oignons, tranchés
2 c. à thé de sauce Worcestershire
1 c. à thé de sarriette

Mijoter jusqu'à consistance partiellement tendre.

Y ajouter
4 carottes, tranchées
1 petit navet en dés
1 pincée de sel
1 pincée de poivre
2 tasses de bouillon de boeuf ou de consommé

Cuire 25 minutes.

Ajouter
6 à 7 pommes de terre, tranchées

Cuire jusqu'à ce que les pommes de terre soient tendres, environ 20 minutes de plus. Égoutter et conserver le liquide.

Avec ce liquide, préparer une sauce brune en comptant 2 c. à table de farine pour chaque tasse de liquide. (On peut tout d'abord faire dorer la farine dans une poêle épaisse; il faut alors compter ¼ tasse par tasse de liquide).

Combiner les nageoires, les légumes et la sauce dans une cocotte. Assaisonner au goût.

Recouvrir avec votre pâte à tarte préférée, ou voir à la page 170.

Cuire à 400° F., environ 25 minutes ou jusqu'à ce que la pâte soit dorée et croustillante.

Donne 6 portions.

Steak arctique

Ce steak se prépare avec de la baleine congelée.

Cette viande rappelle quelque peu le boeuf, mais la chair en est plus ferme, plus foncée et d'une saveur plus accentuée. Pour la faire cuire, suivre le tableau de cuisson du boeuf.

Ragoût d'ours de la Terre de Rupert

On chasse encore l'ours dans l'Ouest, ainsi qu'en d'autres régions du Canada. Ce nom évoquant toujours le temps des trappeurs, nous avons voulu donner à ce ragoût le nom de la terre octroyée à la Compagnie de la Baie d'Hudson en 1670.

Laver à l'eau froide
3 livres de viande d'ours

Couper la viande en cubes en la débarrassant du gras.

Faire tremper pendant 15 minutes dans
1 gallon d'eau
1 tasse de vinaigre

Assécher avec un linge sec.

Frire dans un récipient profond avec
1 petit oignon, haché
1 piment vert, haché
3 branches de céleri, tranchées
1 gousse d'ail, hachée
sel et poivre

Cuire jusqu'à ce que la viande soit dorée et l'oignon transparent.

Ajouter et mijoter 2½ heures, ou jusqu'à consistance tendre
1 boîte (19 onces) de tomates entières
1 boîte (5½ onces) de pâte de tomates
½ c. à thé de sauce Tabasco

Donne environ 6 portions.

Croquettes de bison

De Fort Smith, dans les rudes Territoires du Nord-Ouest, nous vient cette recette de "Buffaloburgers". Si vous n'avez pas de viande de bison, vous pouvez utiliser du boeuf de ronde haché.

Chauffer le four à 375° F.

Mélanger ensemble
   1 livre de viande de bison hachée
   1 c. à thé de sel
   ½ c. à thé de poivre
   1 oeuf

En former quatre croquettes plates sur une planche enfarinée.

Combiner
   1 tasse de chapelure fine, sèche
   ½ tasse de céleri haché
   1 oignon en dés
   ½ tasse de carottes râpées
   ½ c. à thé de sauge
   1 oeuf

Placer un petit tas de farce sur chaque croquette et modeler la viande autour. Envelopper chaque boulette dans du papier aluminium.

Cuire à 375°, 45 minutes.

Ouvrir le papier aluminium. Continuer la cuisson encore 15 minutes.

Donne 4 portions.

Canard sauvage rôti

Une gastronome de Vancouver, célèbre pour ses spécialités de gibier, nous a envoyé une de ses recettes favorites de canard sauvage. L'oiseau est saisi à haute température, ce qui a pour effet de bien le dorer, et la lente cuisson qui suit lui assure une grande tendreté. Il faut être une cuisinière expérimentée pour être capable de déterminer l'âge d'un canard sauvage, mais cette recette vous évitera toutes les conjectures, car elle s'accommode d'un canard de n'importe quel âge.

Chauffer le four à 400° F.

Préparer les canards en enlevant tout le duvet.

Farce
(suffisante pour un canard)

Mélanger ensemble
   2 tasses de chapelure fine
   ½ tasse d'oignon haché fin
   1 c. à table de persil haché
   2 c. à thé de feuilles de sauge hachées
   sel
   poivre
   eau chaude pour mouiller

Remplir les canards avec la farce et les placer sur la grille de la rôtissoire. Cuire à 400° jusqu'à ce qu'ils soient bien dorés. Réduire la température à 250°. Couvrir la rôtissoire avec un couvercle ou du papier aluminium. Cuire de 2 à 2½ heures ou jusqu'à ce que les canards soient tendres.

Vider tout le gras avant de faire la sauce.

Ajouter de l'eau au résidu de la cuisson dans le plat.

Epaissir avec une pâte de
   farine
   eau froide
Assaisonner au goût de
   sel et poivre

Compter 1 canard pour 2 portions.

Ragoût de canard

Le mot "ragoût" est dérivé du mot "ragoûtant" qui signifie: qui plaît, qui est agréable au goût, et il semble bien s'appliquer tout particulièrement à cette spécialité de canard.

Nettoyer et enlever tout le duvet, puis couper en portions de service
   1 canard

Dan une poêle à frire, faire chauffer
   2 c. à table de beurre
   2 c. à table d'huile végétale

Y ajouter la viande.

Assaisonner de
   sel et poivre

Cuire la viande jusqu'à ce qu'elle soit légèrement dorée.

La retirer de la poêle.

Mettre dans la poêle et faire rissoler
   1 oignon coupé en dés
   1 gousse d'ail finement hachée
   1 brin de persil
   1 tasse de bouillon
   1 c. à table de vinaigre

Remettre la viande dans la poêle, couvrir et laisser mijoter lentement jusqu'à ce qu'elle soit tendre.

Donne environ 2 portions.

Faisan rôti

Notre faisan actuel ressemble à s'y méprendre au faisan à collier originaire de Chine, bien qu'étant toutefois un croisement de différentes espèces comprenant le faisan anglais à collier et le faisan mongol. Le mâle est un oiseau tapageur et arrogant qui pèse entre 2¾ et 5 livres. La femelle est trapue et ses couleurs sont ternes comparées à celles de son compagnon; elle pèse entre 2 et 3 livres. Tous deux sont excellents; leur poitrine donne des blancs savoureux et leurs cuisses une belle viande brune. On fait griller ou rôtir au four les jeunes faisans (ils ont des griffes courtes et arrondies) en les recouvrant généreusement de bacon et en les arrosant fréquemment. On fait braiser ou cuire en ragoût les oiseaux plus vieux (ils ont des griffes longues et acérées). On doit aussi essayer cette délicieuse recette de la Saskatchewan.

Chauffer le four à 350° F.

Vider et préparer
1 faisan

Assaisonner l'intérieur et l'extérieur de
sel et poivre

Farcir avec
4 pommes coupées en quartiers et vidées

Brider pour rôtir.

Placer dans la rôtissoire.

Couvrir avec un mélange composé de
**1 tasse de crème sure commerciale
sel et poivre**

Cuire à 350°, de 1½ à 2 heures ou jusqu'à consistance tendre.

Donne de 2 à 4 portions.

"Sukiyaki" de bison

Comme provision de viande pour leurs longues randonnées, nos voyageurs et nos trappeurs emportaient du "pemmican" qui n'était autre que de la viande de bison coupée en fines lamelles dans le sens des fibres et séchée au soleil ou sur un feu très doux. La viande était ensuite martelée, puis mélangée à du gras fondu. De nos jours, des lamelles de viande de bison fraîche, cuites à la façon japonaise, peuvent entrer dans la composition de cette recette des Territoires du Nord-Ouest. Vous pouvez substituer de la surlonge de boeuf à la viande de bison quand cette dernière vous fait défaut. Vous constaterez avec plaisir que cette recette utilise le liquide des champignons en boîte.

Chauffer dans une poêle à frire
2 c. à table d'huile végétale

Y faire dorer légèrement
1½ livre de surlonge de bison (coupé diagonalement en tranches de 2½ x ½ pouce).

Mélanger ensemble
**¾ tasse de sauce soya
¼ tasse de sucre
¼ tasse de bouillon de champignons**

Ajouter la moitié de ce mélange à la viande.

Incorporer et mijoter 10 minutes
**2 oignons moyens, finement tranchés
1 piment vert, finement tranché
1 tasse de céleri (coupé diagonalement en lamelles)**

Ajouter le reste du mélange de sauce soya avec
**1 boîte (10 onces) de champignons égouttés
1 boîte (10 onces) de pousses de bambou tranchées**

Cuire 4 minutes.

Ajouter et cuire 1 minute
1 tasse de tiges d'échalottes

Bien remuer et servir immédiatement sur du riz cuit, bien léger.

Donne 6 portions.

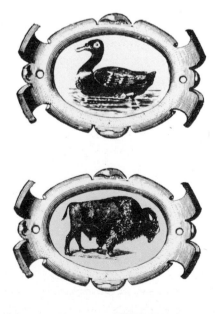

Oie sauvage rôtie

L'oie sauvage n'est pas aussi grasse que l'oie de basse-cour et elle a tendance à se dessécher pendant la cuisson. Une cuisinière avisée prendra donc la précaution de l'arroser pendant qu'elle cuit, comme le précise cette recette de l'Alberta. On peut, si l'on préfère, protéger l'oiseau avec une barde de porc salé ou des tranches de bacon.

Vider et préparer
1 oie

Mélanger ensemble et placer dans sa cavité
1 gros oignon, haché
1 pomme aigrelette
1 tasse de céleri haché

Placer l'oie dans une rôtissoire couverte et la laisser reposer toute la nuit dans un endroit frais.

Chauffer le four à 400° F.

Retirer les légumes et la pomme de l'intérieur de l'oie et les remplacer par une farce aux pommes et aux raisins secs (voir page 79).

Coudre l'oiseau.

Mélanger ensemble
1 c. à table de farine
1 c. à thé de sel
1 c. à thé de sauge
1 c. à thé de paprika
1 c. à thé de poivre

Bien frotter l'oiseau avec ce mélange.

Rôtir à découvert à 400°, jusqu'à ce qu'il soit légèrement doré. Réduire la température à 325° F. Arroser tous les quarts d'heure avec un mélange composé de
1 tasse de jus de pomme
1 tasse de jus de pamplemousse
½ tasse de jus de pruneaux

Compter 20 minutes de cuisson par livre.

Donne environ 6 portions.

Ragoût Klondike

Un mot d'avertissement concernant la viande d'orignal et par extension la viande de tous les animaux "portant bois". Il faut la dégraisser complètement, car le gras de cette viande a une saveur de gibier que de nombreuses personnes trouvent trop prononcée. On la fait ensuite cuire dans un liquide, comme dans ce ragoût Klondike où on remplace le gras en recouvrant la viande avec du bacon. Si on le désire, on peut la faire mariner dans un mélange composé à volume égal de sherry et d'eau.

Faire dorer
3 livres de viande d'orignal coupée en dés de 1 pouce

dans
¼ livre de beurre

Y incorporer
1 oignon, haché

Cuire jusqu'à ce que l'oignon soit tendre.

Y mélanger
2½ tasses d'eau
sel
poivre
1 feuille de laurier
½ c. à thé de thym

Mijoter 2 heures.

Couper et incorporer au ragoût
2 carottes
2 panais
1 petit navet
6 pommes de terre

Cuire une heure ou jusqu'à ce que les légumes soient tendres.

Pour faire une pâte, mélanger ensemble
½ tasse de farine tout-usage
½ tasse d'eau

Incorporer cette pâte au ragoût chaud.

Assaisonner au goût.
Laisser mijoter encore 5 minutes.

Donne 6 portions.

Perdrix braisées

Le mot perdrix crée souvent des confusions au Canada, car on l'applique parfois aussi bien à différentes sortes de cailles qu'au coq de bruyère et à la perdrix de Terre-Neuve ou perdrix des neiges. La perdrix moyenne pèse de 12 à 13 onces et donne une portion pour une personne. On fait rôtir ou griller les plus jeunes et on fait cuire en ragoût ou braiser les plus vieilles.

Préparer, pour les farcir
4 perdrix

Les saupoudrer à l'intérieur et à l'extérieur de
sel
poivre

Combiner
4 tasses de chou filamenté
4 tranches de bacon cuit, émietté

Avec une cuillère, remplir la cavité de chaque oiseau.

Envelopper chaque oiseau dans
4 feuilles de chou (16 au total)

Les attacher avec une ficelle.

Disposer les perdrix dans un grand poêlon, une poêle électrique ou une marmite.

Ajouter
2 c. à table de beurre
1 tasse de bouillon de poulet
4 carottes en rondelles
1 c. à thé de sel
¼ c. à thé de thym broyé
¼ c. à thé d'estragon broyé
¼ c. à thé de poivre

Couvrir et laisser mijoter sur feu doux de 25 à 30 minutes ou jusqu'à ce que les oiseaux soient tendres.

Enlever les feuilles de chou.

Servir les perdrix avec le jus du récipient où elles ont cuit.

Donne 4 portions.

Poulet des Prairies en casserole

Parmi le gibier à plumes du Manitoba, le poulet des Prairies constitue un mets de choix digne d'être servi dans les grandes occasions, accompagné d'une autre spécialité délicieuse du Manitoba — le riz sauvage.

Laver entièrement
les blancs et les cuisses
d'un poulet des Prairies

Les faire tremper dans de l'eau salée (environ ½ c. à table de sel par tasse d'eau) jusqu'au lendemain.

Bien rincer à l'eau froide.

Chauffer le four à 350° F.

Placer les blancs et les cuisses dans une cocotte.

Couvrir avec une couche d'
oignon tranché (1 moyen environ)

Ajouter
1 boîte (10 onces) de soupe crème de champignons condensée
1 boîte (5½ onces) de morceaux de champignons (liquide compris)

Ajouter suffisamment d'eau pour couvrir.

Couvrir la cocotte et cuire à 350°, de 1½ à 2 heures.

Servir avec du riz sauvage ou du riz frit.

Donne 3 ou 4 portions.

Poulet d'Acadie

Un de nos membres du Nouveau-Brunswick nous a fait parvenir cette recette dont se régalaient les premiers Acadiens. Son commentaire vaut la peine d'être cité: "La volaille était rare, mais le lapin abondant et on a souvent vu un petit lapin bien dodu constituer le plat de résistance de nos premiers colons. La première fois que j'ai dégusté du lapin rôti chez des descendants d'Acadiens des premiers jours, j'ai vraiment cru manger du canard rôti."

Chauffer le four à 350° F.

Laver et éponger
1 lapin, dépouillé et vidé

Le remplir avec
une farce au pain
(voir page 81)

Brocheter l'ouverture pratiquée dans le lapin.

Le placer dans une rôtissoire.

Couvrir le lapin avec
des lanières de bacon ou de porc gras

Cuire à 350° environ 1 heure, ou jusqu'à ce que la viande soit dorée et tendre.

Donne 2 ou 3 portions.

Casserole de lapin

En règle générale, le lapin de garenne doit être cuit avec un liquide à moins qu'il ne soit très jeune. Cet animal herbivore a été bien souvent la providence du chasseur à des époques où tout autre gibier semblait avoir disparu. Avec le lapin, on apprécie tout particulièrement la saveur des tomates.

Chauffer le four à 350° F.

Laver et couper en morceaux
1 lapin

Le saupoudrer avec un mélange de
1½ tasse de farine tout-usage
1 c. à thé de sel
½ c. à thé de poivre
1 c. à table de paprika

Faire frire
5 ou 6 tranches de bacon, hachées

dans de l'
huile végétale

Ajouter
1 oignon moyen, haché

Cuire jusqu'à ce que transparent.

Retirer le bacon haché et l'oignon. Dorer les morceaux de lapin dans le gras du bacon.

Placer dans une cocotte.

Parsemer avec le bacon et l'oignon.

Combiner dans l'ordre suivant
2 c. à table de farine tout-usage
1 boîte (19 onces) de jus de tomate
1 c. à thé de colorant à sauce
½ c. à thé de sel
1 pincée de thym
1 feuille de laurier

Verser ce mélange sur le lapin. Couvrir.

Cuire à 350°, 1½ heure.

Donne environ 3 portions.

Viande de phoque cuite au four

De Terre-Neuve nous vient une recette qui nous permet de préparer la viande de phoque d'une manière adaptée à nos goûts. Les Esquimaux ne s'embarrassent certainement pas de toutes les préparations préliminaires que nous indiquons ici, mais elles sont nécessaires pour éliminer la légère saveur de poisson. La viande de phoque est généralement coupée en lamelles ou en cubes avant d'être mise à mariner.

Enlever tout le gras d'environ
4 livres de viande de phoque

Mélanger ensemble
3 tasses d'eau chaude
1½ c. à thé de soda à pâte
¼ tasse de vinaigre

et verser sur la viande.

Laisser tremper 3 heures.

Egoutter. Placer la viande dans le réfrigérateur jusqu'au lendemain.

Chauffer le four à 300° F.

Rouler la viande dans un mélange de
1 tasse de farine
1 c. à thé de moutarde en poudre
1½ c. à thé de sel

La placer dans une rôtissoire avec
du gras ou du beurre

Verser sur la viande
le jus de 1 citron
¼ tasse de rhum

Rôtir la viande dans la rôtissoire couverte à 300°, 3 heures, en ajoutant de l'eau après la première heure de cuisson.
Epaissir la sauce avec une pâte de
farine
eau

Donne environ 8 portions.

Venaison barbecue

Au Canada, le terme venaison s'applique généralement à la chair du cerf qu'on peut faire cuire de la même façon que le boeuf, mais dont il ne faut pas trop prolonger la cuisson car elle a tendance à se dessécher plus que ce dernier. C'est pour cette raison que nous apprécions tout particulièrement cette recette de l'Alberta, qui indique de faire cuire les steaks de venaison dans une sauce barbecue.

Chauffer le four à 350° F.

Dégraisser
3 livres de venaison (steaks ou côtelettes)

Les saisir dans une poêle à frire avec **du lard salé tranché (ou autre gras)**

Dans une casserole, combiner
1 tasse de catsup
1 c. à table de sel
3 tranches de citron
2 c. à table de vinaigre à l'estragon (si désiré)
1 oignon, tranché
⅓ tasse de sauce à steak
1 c. à table de sauce chili

Amener à ébullition en remuant pour empêcher de coller.

Placer les morceaux de venaison dans une cocotte et couvrir de sauce.

Cuire à 350°, de 1½ à 2 heures, en retournant de temps en temps.

Donne 3 portions.

Rôti de venaison

De nombreuses personnes préfèrent faire mariner ou cuire la venaison dans du vin, et il va sans dire que ce procédé en améliore considérablement la saveur. Une personne de Toronto, née à Midland, Ontario, nous a soumis cette recette avec ce commentaire: ''L'arôme en est si délicieux et si prometteur que, dans une certaine occasion, nous avons attendu jusqu'à 11h. p.m. pour pouvoir y goûter!''

Chauffer le four à 500° F.

Parer, en enlevant toutes les petites parcelles de peau sèche et de gras
1 rôti de venaison

Essuyer avec un linge humide.

Placer dans une rôtissoire.

Saisir à 500°, de 5 à 10 minutes.

Réduire la température à 425° F.

Disposer sur le rôti
6 à 8 tranches de bacon

Rôtir à découvert à 425°, de 30 à 40 minutes. Retirer le bacon quand il est doré.

Combiner
1 tasse de bouillon de boeuf ou de consommé
1 tasse de vin rouge ou blanc ou de jus de fruits
¼ tasse de jus de citron
3 c. à table d'oignon haché
1 gousse d'ail, écrasée
1 c. à thé de sel
½ c. à thé de poivre
¼ c. à thé de thym

Verser sur le rôti.

Couvrir la viande avec du papier aluminium, sans serrer, et continuer la cuisson jusqu'à ce qu'elle soit tendre (environ 20 minutes par livre pour obtenir un rôti moyennement saignant). Arroser fréquemment au cours de la cuisson.

Rôti d'antilope

La saison de la chasse à l'antilope dépend de leur nombre estimé au cours d'inspections aériennes effectuées par le personnel des services canadiens de la faune; la chasse en est parfois interdite. La saveur de l'antilope rappelle celle de l'agneau.

Chauffer le four à 300° F.

Bien essuyer
1 gigot d'antilope

Le frotter avec
1 gousse d'ail, coupée en deux

L'enduire légèrement de
beurre

Saupoudrer de
sel
quelques grains de cayenne

Placer, la peau en dessous, dans le plat à rôtir.

Disposer sur le dessus
des tranches de bacon

Rôtir à 300° en comptant 35 à 40 minutes par livre.

Servir avec des tranches d'orange, de la sauce à l'orange (voir page 80) ou de la gelée de groseilles.

Donne environ 6 portions.

71

Volaille

Les temps ne sont pas si reculés où chaque fermière faisait l'élevage de quelques poules et en vendait les oeufs dont elle réservait l'argent à ses menues dépenses. Chaque printemps, il fallait éliminer quelques volailles. On pouvait alors se régaler de jeunes coqs rôtis ou en sauce, qui bien que quelque peu coriaces, n'en constituaient pas moins un changement apprécié. Quant aux dindes, elles ne faisaient leur apparition — et en quantité limitée — qu'au Jour de l'Action de Grâces, pour devenir de plus en plus nombreuses à l'approche de Noël et du Jour de l'An. On recherchait alors de très grosses volailles dont on pouvait tirer parti pour plusieurs repas. Les choses ont bien changé; et c'est maintenant au Canada que l'on consomme le plus de dinde par habitant. On peut évidemment se procurer maintenant des poulets tendres et bien en chair en toute saison. L'élevage des canards et des oies s'est aussi intensifié, et la réputation du canard du lac Brome n'est plus à faire.

Poulet au miel piquant

D'Ottawa nous avons reçu cette spécialité de poulet glacé. Ce mélange de miel, de citron et de gingembre est fort intéressant.

Dans une poêle épaisse, fondre
2 c. à table de beurre

Dorer rapidement de tous côtés
1 poulet de 2½ à 3 livres, divisé en portions de service

Combiner et verser sur le poulet doré
½ tasse de miel
½ tasse d'eau
¼ tasse de beurre, fondu
¼ tasse de jus de citron
1 c. à thé de gingembre moulu

Couvrir et cuire sur feu doux, en arrosant le poulet de temps à autre, de 35 à 40 minutes, ou jusqu'à ce que le poulet soit tendre.

Donne 5 ou 6 portions.

Pâté au poulet

Un pâté pour les repas de tous les jours, aussi bien que pour les grandes occasions. Un pâté de tradition anglaise . . . Superbe!

Dans une grande marmite, déposer
1 volaille éviscérée de 4½ livres
3 tasses d'eau
2 à 3 tranches d'oignon
1 petite carotte
2 c. à thé de sel
1 c. à thé de glutamate monosodique
1 feuille de laurier

Amener à ébullition. Réduire la chaleur, couvrir et laisser mijoter environ 2 heures ou jusqu'à ce que la viande soit tendre. Ajouter plus d'eau si nécessaire.

Si désiré, ajouter les légumes suivants 20 minutes avant la fin de la cuisson
6 petites pommes de terre
3 carottes tranchées
1 tasse de navet en dés
6 petits oignons
½ tasse de céleri tranché
¼ livre de champignons tranchés

Désosser le poulet.

Déposer les morceaux de poulet et les légumes dans une cocotte de 2 pintes.

Epaissir la sauce avec une pâte de
  farine
  eau froide

Verser sur le poulet.

Préparer les biscuits à la poudre à pâte (voir page 29).

Déposer sur le poulet.

Cuire à 425° F., de 10 à 15 minutes, ou jusqu'à ce que le dessus soit brun doré.

Donne 6 portions.

Fricassée au poulet

En France, on réserve le terme ''fricassée'' presque exclusivement au poulet en sauce blanche, tandis que nous l'appliquons à toutes sortes de préparations en sauce. Pour changer, vous pouvez remplacer la sauce au bouillon de poulet par 1½ tasse de crème sure.

Chauffer le four à 325° F.

Diviser en portions de service
  1 volaille de 4 livres

Badigeonner de
  3 c. à table de vinaigre

Mélanger ensemble dans un sac en papier
  ½ tasse de farine tout-usage
  1 c. à thé de sel
  1 pincée de poivre
  2 c. à thé de paprika

Y déposer quelques morceaux de poulet à la fois et bien secouer pour enduire uniformément.

Dorer le poulet de tous côtés dans
  ¼ à ½ pouce de gras chaud

Retirer le poulet et ne conserver dans la poêle que 2 c. à table du gras.

Y incorporer
  2 c. à table de farine

Puis y mélanger
  1½ tasse de bouillon de poulet
  (on peut utiliser les cubes de bouillon instantanés)

Remuer continuellement et cuire jusqu'à consistance épaisse.

Mettre le poulet et la sauce dans une cocotte de deux pintes.

Y ajouter
  ⅓ tasse d'oignon haché
  ¼ tasse de feuilles de céleri hachées

Cuire à 325°, de 1½ à 2 heures ou jusqu'à ce que le poulet soit tendre.

Donne de 4 à 6 portions.

Poulet barbecue

Certaines personnes arrosent le poulet de sauce barbecue durant la cuisson. Quant à nous, nous le préférons au naturel, doré et croustillant. Si la volaille a tendance à sécher, l'arroser avec un peu d'huile végétale.

Graisser le gril de
  beurre ou d'huile végétale

Badigeonner
  des quarts ou des demi-poulets

de
  beurre ou d'huile végétale

Saupoudrer de
  sel
  poivre
  paprika

Placer le côté de la peau sur le gril à environ 3 pouces du feu. Dorer pendant 3 minutes, tourner et dorer encore 3 minutes.

Eloigner le gril à environ 4 à 6 pouces du feu et continuer à cuire de 20 à 45 minutes ou jusqu'à ce que le poulet soit tendre.

Méthode rapide pour cuire la dinde

Bien envelopper l'oiseau prêt à cuire tout entier dans du papier aluminium. Rôtir comme suit à 450° F. environ

 8 - 10 lb...3   - 3¼ heures temps total
10 - 12 lb...3½ - 3¾ heures temps total
14 - 16 lb...3¾ - 4   heures temps total
18 - 20 lb...4   - 5¼ heures temps total
22 - 24 lb...5¼ - 6   heures temps total

Réduire la durée de cuisson de 45 minutes si l'oiseau n'est pas farci.

Tableau de cuisson pour la volaille

Prêt à mettre au four Poids en livres	Quantité par personne Nettoyé ou éviscéré
Poulet 2½ - 3½ 3½ - 4¾ 4¾ - et plus	½ - ¾ livre
Chapon 5 - 8	¾ livre
Dinde 4 - 6	¾ - 1 livre
6 - 8	
8 - 10 10 - 12 12 - 14 14 - 16 16 - 18 18 - 20 20 - 24	½ - ¾ livre
Poulet à griller ou "broiler"	½ poulet ou ½ - ¾ livre
Poulet à frire	½ poulet ou ½ - ¾ livre
Canard	½ - ¾ livre
Oie	½ - ¾ livre

Non nettoyé	Durée de la cuisson (heures)	Façon de cuire
¾ - 1 livre	1½ - 2 2¼ - 2½ 2¾ - 3	**RÔTI** — Essuyer l'intérieur avec un linge humide, et farcir au goût. Ramener la peau du cou à l'arrière, replier les ailes sur le dos de façon à ce que les extrémités se touche. Attacher les pattes ensemble.
1 livre	3 - 4	Placer l'oiseau sur une grille dans une rôtissoire découverte. Si désiré, couvrir l'oiseau de parchemin ou de papier aluminium. Utiliser un four à 325° F. et cuire jusqu'à ce que la température interne de la viande à l'intérieur de la cuisse atteigne 195°-200° F., ou jusqu'à ce que le pilon se meuve facilement.
1 - 1¼ livre ¾ - 1 livre	3 - 3¾ 3¾ - 4½ 4 - 4½ 4½ - 5 5 - 5¼ 5¼ - 6 6 - 6½ 6½ - 7½ 7½ - 9	
½ poulet ou ¾ - 1 livre	30 - 35 minutes	Placer les morceaux de poulet sur un gril froid, le côté de la peau en dessous, à 5 pouces de la source de chaleur, dans un four préalablement chauffé. Badigeonner de beurre. Rôtir de 18 à 20 minutes dans la première position. Tourner, badigeonner de nouveau avec du beurre, rôtir de 10 à 14 minutes.
½ poulet ou ¾ - 1 livre	35 - 40 minutes	Passer les morceaux dans de la farine assaisonnée. Dorer dans du gras chaud, réduire la chaleur, couvrir, cuire jusqu'à tendreté. Découvrir pour dorer rapidement et rendre croustillant.
1 livre	25 - 30 minutes par livre	Rôtir non couvert à 325° F. avec une petite quantité d'eau de 25 à 30 min. pour chaque livre de viande. Enlever l'excès de gras au fur et à mesure qu'il s'accumule.
1 livre	25 - 30 minutes par livre	Rôtir couvert à 450° F., 1 heure. Puis, enlever le gras qui s'est accumulé. Saupoudrer de farine assaisonnée. Ajouter 1 tasse d'eau et rôtir découvert à 325° F., 25 min. par livre.

Poulet cacciatore

Spécialité italienne par excellence dans laquelle nous avons pris la liberté de substituer à l'huile d'olive de l'huile végétale dont le goût moins prononcé plaira peut-être mieux aux Canadiens.

Diviser en portions de service
1 poulet de 3 livres

Le frire dans
¼ tasse d'huile végétale
jusqu'à coloration dorée.

Ajouter et dorer légèrement
½ tasse d'oignon haché fin
⅓ tasse de piment vert haché fin
1 ou 2 gousses d'ail émincées

Y mélanger
1¾ tasse de tomates en conserve
½ boîte (7½ onces) de sauce aux tomates
¼ tasse de vin rouge ou de vinaigre de vin
1 c. à thé de sel
¼ c. à thé de poivre
¼ c. à thé de thym séché ou d'orégano
½ feuille de laurier

Couvrir et laisser mijoter 1 heure, ou jusqu'à ce que le poulet soit tendre.

Verser la sauce sur le poulet au moment de servir.

Donne 3 ou 4 portions.

Ailes de poulet au piment

Un mets à la fois économique et savoureux, précieux pour balancer le budget tout en faisant les délices de la famille.

Avec un linge humide, essuyer
2 livres d'ailes de poulet

Dans un sac en papier de grandeur moyenne, combiner
1 tasse de farine tout-usage
2 c. à thé de sel
4 c. à thé de paprika
1 c. à thé de poudre chili
½ c. à thé de poivre

Enduire les ailes de poulet du mélange de farine en les secouant dans le sac quelques-unes à la fois.

Les faire dorer dans du gras dans une poêle épaisse.

Entre-temps, égoutter et faire passer a travers un tamis
8 piments rouges en conserve

Mélanger avec
1 tasse d'oignon haché fin
2 gousses d'ail hachées fin
2 tasses d'eau

Egoutter le surplus de gras de la poêle. Verser la sauce sur le poulet doré, couvrir et laisser mijoter ¾ à 1 heure ou jusqu'à consistance tendre. Ajouter plus d'eau si nécessaire.

Retirer les ailes de poulet et garder au chaud dans le plat de service. Délayer
¼ tasse de farine tout-usage
dans
de l'eau froide

Incorporer au liquide. Faire bouillir et remuer continuellement jusqu'à ce que la sauce devienne épaisse et lisse.

Verser sur le poulet.

Donne de 6 à 8 portions.

Poulet canuck

Recette moderne qui ravira tous vos convives, et qui nous a été transmise par l'Institut des Produits de Basse-Cour.

Graisser généreusement un plat allant au four.

Cuire dans de l'eau bouillante salée jusqu'à consistance tendre
4 pommes de terre moyennes
8 carottes moyennes

Entre-temps, dans une petite casserole, fondre
¼ tasse de beurre

Y mélanger
¼ tasse de farine tout-usage
¼ c. à thé de romarin
¼ c. à thé de marjolaine
¼ c. à thé d'orégano

Y incorporer graduellement
1 tasse de bouillon de poulet
OU
½ tasse de bouillon de poulet et
½ tasse de lait

Remuer continuellement et cuire jusqu'à consistance épaisse.

Ajouter
¼ tasse de crème (18%)

et la viande de
2 grosses poitrines de poulet cuites
OU
4 cuisses de poulet cuites
2 c. à table de piment rouge haché (facultatif)

Réchauffer.

Egoutter les légumes et les couper en tranches épaisses. Placer dans le plat graissé, couvrir du mélange de poulet chaud et parsemer de
noisettes de beurre

Saupoudrer de
⅓ tasse de cheddar râpé
1 pincée de paprika

Placer à 4 ou 5 pouces du grilleur et chauffer jusqu'à ce que le fromage fonde.

Servir accompagné de chou cuit filamenté.

Donne 6 portions.

Cipaille au poulet

Tantôt appelé cipâte, cipaille ou six pailles, ce plat fait la gloire des ménagères de la Gaspésie, surtout pendant la saison de la chasse qui leur apporte caribou, chevreuil, lièvre, et autre gibier de choix.

Le préfixe six ou ci indique les 6 étages qui composent le plat, dit-on.

Chauffer le four à 450° F.

Graisser généreusement une cocotte ou une terrine couverte de 2 pintes.

Tamiser ou mélanger ensemble
2 tasses de farine tout-usage
2 c. à thé de poudre à pâte
½ c. à thé de sel

Avec un coupe-pâte ou deux couteaux, y incorporer
⅓ tasse de shortening

et avec une fourchette, y remuer
¾ tasse d'eau

Ajouter suffisamment d'eau pour obtenir une pâte molle et légèrement collante.

Abaisser ⅓ de la pâte et en couvrir le fond de la cocotte.

Désosser et couper en portions individuelles
1 poulet de 3 livres

Mélanger ensemble
6 à 8 échalottes tranchées
2 c. à table de persil haché
2 c. à table de feuilles de céleri hachées

Disposer la moitié des morceaux de poulet sur la pâte et couvrir de la moitié du mélange à l'oignon.

Saupoudrer de
½ c. à thé de sel
1 pincée de poivre
1 pincée de sarriette
1 pincée de marjolaine
1 pincée de thym

Déposer une autre couche de pâte et couvrir à nouveau de poulet, de mélange à l'oignon et d'assaisonnements.

Terminer par le dernier ⅓ de la pâte et découper un cercle au centre. Verser de l'eau bouillante dans cette entaille jusqu'à ce qu'on puisse tout juste la voir. Couvrir et cuire à 450°, 25 minutes. Puis réduire la chaleur à 350° et continuer la cuisson 1 heure.

Verser à nouveau de l'eau bouillante par le centre jusqu'à ce qu'on la voie. Couvrir et cuire encore 1½ heure.

Découvrir et verser sur la croûte
1 tasse de lait

Continuer la cuisson à 350°, encore 30 minutes, retirant le couvercle pour les 20 dernières minutes.

Donne 6 portions.

Coq au vin

Inutile de faire la louange de cette célèbre recette, aussi chère au coeur des premiers colons français que de leurs descendants.

Diviser en portions de service
1 poulet de 4 livres

Assaisonner de
sel
poivre blanc

Dans une poêle épaisse, frire jusqu'à ce qu'il soit croustillant
½ tasse de bacon en dés
(3 ou 4 tranches)

Egoutter sur du papier absorbant.

Incorporer à la graisse de bacon dans la poêle
2 c. à table de beurre

Ajouter le poulet et le faire dorer de tous côtés. Retirer de la poêle et égoutter sur du papier absorbant.

Egoutter le surplus de gras en réservant environ 3 c. à table de graisse dans la poêle.

Ajouter
12 petits oignons
½ livre de champignons

Couvrir et cuire 5 minutes ou jusqu'à ce que les oignons commencent à dorer légèrement.

Enlever le couvercle. Ajouter
¼ tasse d'échalottes hachées
1 gousse d'ail, écrasée

Cuire 1 minute.

Incorporer et laisser dorer
3 c. à table de farine

Ajouter graduellement
½ tasse d'eau
2 tasses de vin rouge

Cuire en remuant constamment jusqu'à consistance lisse.

Remettre le poulet dans la poêle.

Envelopper dans un sac de coton à fromage et ajouter
2 branches de céleri
2 brins de persil
½ feuille de laurier
1 clou de girofle
¼ c. à thé de thym
3 grains de poivre entiers

Recouvrir du bacon cuit. Couvrir et amener à ébullition.
Réduire la chaleur et mijoter de 45 à 60 minutes ou jusqu'à ce que le poulet soit tendre.

Disposer le poulet et les légumes dans un plat de service.
Dégraisser la sauce et retirer le coton à fromage. Si la sauce est trop claire, la laisser bouillir sur feu vif de 3 à 4 minutes.

Verser la sauce sur le poulet. Garnir de persil haché.

Donne 4 portions.

Poitrines de poulet au sirop d'érable

Du Québec nous vient cette succulente recette montrant l'influence permanente de la cuisine française sur nos coutumes canadiennes.

Chauffer le four à 350° F.

Désosser
4 poitrines de poulet

Enrober chacune de
farine assaisonnée

Frire
3 gros champignons, hachés fin
½ tasse de jambon haché fin
½ c. à thé de ciboulette séchée

dans
2 c. à table de beurre

Cuire 2 à 3 minutes ou jusqu'à ce que les champignons soient tendres.

Faire une incision dans chaque portion épaisse des poitrines de poulet et y insérer une cuillerée de farce. Pincer les bords ensemble pour refermer.

Faire dorer les poitrines dans une poêle dans
¼ tasse de beurre

Enlever le poulet et ajouter à la poêle
1 tasse d'oignon émincé
et dorer légèrement.

Disposer les poitrines de poulet dans un plat allant au four. Déposer les oignons sur le dessus et saupoudrer de
1 pincée de sarriette

Sur chaque poitrine de poulet, verser
1 c. à table de sirop d'érable

Nettoyer le fond de la poêle à frire avec
½ tasse d'eau
et en arroser le poulet.

Ne pas couvrir.

Cuire à 350°, 30 minutes.

Donne 4 portions.

Poulet paprika à la hongroise

Depuis 1956, l'influence hongroise a pris beaucoup d'ampleur au Canada. Ses spécialités, tel le poulet paprika que voici, méritent une mention spéciale.

Dans une grande poêle, frire jusqu'à tendreté, mais ne pas brunir
½ tasse d'oignon haché fin

dans
¼ tasse de shortening

Combiner et mélanger aux oignons
1 c. à table de sel
1 c. à table de paprika
½ c. à thé de poivre noir

Diviser en portions de service et ajouter aux oignons
1 poulet de 3 à 4 livres

Frire jusqu'à ce que tous les côtés soient enduits de sauce.

Verser dans la poêle autour du poulet
1½ tasse d'eau

Couvrir et cuire sur feu doux 1½ heure ou jusqu'à ce que le poulet soit tendre.

Retirer le poulet de la poêle.

Incorporer graduellement à la sauce
1 tasse de crème sure commerciale

Réchauffer, mais ne pas laisser bouillir.

Servir avec le poulet et des grands-pères.

Donne 4 portions.

Grands-pères hongrois
Battre ensemble jusqu'à consistance lisse
3 oeufs bien battus
½ tasse d'eau
2 tasses de farine tout-usage
2 c. à thé de sel

Dans une casserole de 3 pintes, amener à ébullition
6 tasses d'eau
1 c. à thé de sel

Laisser tomber ¼ c. à thé à la fois dans l'eau bouillante. Couper la pâte avec le côté de la cuillère sur le bord du bol.

Bouillir à découvert 10 minutes. Egoutter et garder au chaud.

Poulet Orléans

Du ministère du Tourisme de Québec, une spécialité de l'Ile d'Orléans où des pommes tendres et juteuses se récoltent en abondance.

Chauffer le four à 350° F.

Nettoyer
2 poulets de 2 à 2½ livres

Badigeonner la cavité intérieure de
cognac

et saupoudrer de
sel
paprika

Mélanger ensemble
2 tasses de pain grillé, coupé en dés
½ tasse de céleri tranché
½ tasse de pommes tranchées (non pelées)
¼ tasse de raisins secs
3 c. à table de beurre fondu
1 pincée de thym
1 pincée de persil

Farcir et brider les poulets.

Les dorer dans du beurre.

Découper en tranches et dorer
6 pommes non pelées

En garnir le fond d'un plat allant au four. Placer les poulets dessus et les recouvrir de
2 tranches de bacon

Les entourer du reste des pommes.

Cuire à 350°, environ 1¾ heure.

Au moment de servir, les arroser de
½ chopine de crème (18%)
1½ once de cognac

Donne 6 portions.

⟞⟝

Farce aux pommes et aux raisins secs (pour oie rôtie)

Mélanger ensemble
4 tasses de mie de pain rassis
2 tasses de pommes hachées
1 tasse de raisins secs
⅓ tasse d'oignon haché fin
2 c. à thé de sel
1 c. à thé d'assaisonnement à volaille

Incorporer
½ tasse de beurre, fondu

Donne environ 6 tasses.

Dinde au cari

Conçue spécialement pour les amateurs de VRAI cari, cette recette permet de développer tout l'arôme et le piquant du cari en le cuisant avec l'oignon.

Dans une grande casserole, fondre
¼ tasse de beurre

Incorporer
¾ tasse de farine tout-usage

Ajouter
3½ tasses de bouillon de dinde ou de poulet

Cuire sur feu moyen en remuant constamment jusqu'à consistance épaisse.

Mijoter 20 minutes ou jusqu'à obtention de la consistance voulue. Assaisonner de
sel
1 c. à thé de jus de citron
¼ c. à thé de muscade

Dans une petite casserole, fondre
2 c. à table de beurre

Ajouter et cuire jusqu'à tendreté mais sans brunir
1 tasse d'oignon haché

Incorporer
2 feuilles de laurier
¼ c. à thé de thym
1 c. à table de poudre de cari
½ tasse de bouillon de dinde ou de poulet

Amener à ébullition et ajouter au premier mélange. Mijoter 15 minutes. Tamiser.

Au moment de servir, ajouter et chauffer
3 tasses de dinde cuite en dés
½ tasse de crème (18%)

Donne 4 ou 5 portions.

Caneton à l'orange du Lac Rice

Le nom seul laisse sous-entendre qu'on a engraissé le caneton juste à point avec le riz sauvage qui pousse sur le rivage de ce lac en Ontario.

Un plat de gourmet digne des plus grands honneurs.

Chauffer le four à 300° F.

Nettoyer
1 caneton de 5 livres

Badigeonner l'intérieur et l'extérieur de
gingembre moulu

Saupoudrer de
sel et poivre

Déposer dans la cavité
1 oignon de grosseur moyenne
1 pomme sure à cuisson

Rôtir à 300°, 2½ heures.

Sauce à l'orange

Enlever toute la graisse de la rôtissoire.

Y verser
½ tasse de jus d'orange
½ tasse de vin blanc

Mijoter et bien remuer afin de décoller le résidu.

Délayer
3 c. à table de farine

dans
⅓ tasse d'eau froide.

L'ajouter au liquide chaud et cuire en remuant constamment jusqu'à consistance épaisse. Passer au tamis.

Garnir le caneton de tranches d'oranges marinées (voir page 138).

Servir nappé de sauce à l'orange.

Donne 5 portions.

Poulet à l'ananas

Voici une spécialité chinoise fort populaire au Québec, en Ontario et en Colombie-Britannique. Merci à Vancouver d'avoir bien voulu partager avec nous cette succulente recette.

Poulet

Mélanger juste assez pour combiner
1 tasse de mélange à crêpes
1 tasse d'eau
un soupçon de poudre d'ail

Laisser reposer couvert au réfrigérateur environ 1 heure.

Tremper des cubes de poulet cuit d'un pouce dans la détrempe. Egoutter quelques secondes et frire dans de la graisse chaude peu profonde, jusqu'à coloration dorée, environ 5 minutes.

Servir nappé de la sauce suivante sur du riz cuit.

REMARQUE: Des cubes de poulet non cuit peuvent être employés. Préparer tel qu'indiqué ci-dessus, mais frire à grande friture à 325° F. jusqu'à consistance tendre, environ 10 minutes.

Sauce

Egoutter
1 boîte (19 onces) de cubes d'ananas

Mesurer (ajouter de l'eau au besoin)
1 tasse de jus égoutté

Dans une casserole, amener à ébullition le jus d'ananas ainsi que
1½ tasse de jus de tomates
1 tasse d'eau
1 tasse de vinaigre

Bien mélanger ensemble
⅓ tasse de sucre
¼ tasse de fécule de maïs
1 soupçon de poudre d'ail

Incorporer ces ingrédients secs graduellement au jus et remuer constamment jusqu'à consistance épaisse.

Ajouter l'ananas égoutté et
1 piment vert en lanières
½ tasse de chou grossièrement filamenté

Cuire jusqu'à ce que le chou devienne un peu transparent tout en conservant le piment vert croquant.

Assaisonner au goût de
sel et poivre

Si la sauce épaissit trop, ajouter un peu d'eau.

Donne 5 ou 6 portions.

Farce au pain

Frire jusqu'à ce que l'oignon soit transparent
½ tasse d'oignon haché fin
½ tasse de céleri haché
⅓ à ½ tasse de beurre, fondu

Mélanger complètement
7 tasses de mie de pain rassis (un pain de 24 onces)
1 c. à thé de sel
¼ c. à thé de poivre

2 c. à thé d'épices à volaille ou de mélange de sauge et de sarriette

Combiner tous les ingrédients et les mélanger légèrement, mais à fond.

Donne environ 6 tasses—suffisamment pour farcir un oiseau de 8 à 10 livres.

Farce à l'ancienne

Omettre le beurre et le céleri. Réduire la quantité d'oignon à ¼ tasse. Ajouter ¼ livre de chair à saucisse cuite.

Farce aux abats

Mijoter les abats dans de l'eau jusqu'à ce qu'ils soient tendres. Egoutter. Hacher et ajouter à la farce. Si désiré, ajouter un peu de bouillon à la farce.

Farce aux huîtres

Employer ¼ tasse de beurre et ajouter 1 chopine d'huîtres hachées, ¼ tasse de liquide des huîtres et 1 c. à table de jus de citron.

Farce au riz sauvage

A cause de la rareté du riz sauvage et par conséquent de son prix quelque peu exorbitant, certains préfèrent cuire la farce séparément et servir le canard sauvage ou la venaison sur un nid de riz sauvage pour mieux le montrer.

Laver et égoutter
1 tasse de riz sauvage

Dans une poêle, fondre
¼ tasse de beurre

Ajouter le riz et
½ livre de champignons frais, tranchés
¼ tasse d'oignon haché

Cuire jusqu'à ce que le riz commence à jaunir.

Retirer du feu et incorporer
1 boîte (10 onces) de consommé
1½ tasse d'eau
½ c. à thé de sarriette
¼ c. à thé de sel
¼ c. à thé de basilic
½ tasse de chapelure fine, sèche

Donne environ 4 tasses.

Poisson

La richesse du Grand Banc de Terre-Neuve a contribué à l'établissement de la première colonie au Canada. De l'Atlantique au Pacifique, chaque province abonde en d'innombrables lacs et rivières garnis de maintes variétés de poisson, situation dont les Canadiens ont su tirer avantage.

Langues de morue

A Terre-Neuve, le mot poisson s'identifie presque exclusivement à morue. Voici donc une spécialité de l'île, les langues de morue, cette même morue qui a si bien su attirer les colons blancs à s'établir sur ce continent.

Laver dans de l'eau salée
des langues de morue

Gratter légèrement pour nettoyer.
Enrober de
farine, de farine de maïs
OU
de farine d'avoine

Frire dans de la graisse de porc jusqu'à coloration dorée des deux côtés.

Les têtes, joues et vésicules aériennes s'apprêtent de la même façon.

Gratin de morue

Sur le marché on peut se procurer de la morue pesant de 2½ à 25 livres. A Terre-Neuve, la morue s'appelle aussi "boeuf marin".

Chauffer le four à 350° F.
Graisser 3 plats individuels.

Mijoter jusqu'à ce qu'ils s'effeuillent facilement
1 livre de filets de morue

dans
1½ tasse de lait

Eviter de bouillir le lait.

Egoutter et réserver le liquide de la cuisson. (Y ajouter du lait froid pour obtenir 1½ tasse.) Détailler la morue en bouchées et disposer dans les plats.

Dans une poêle, combiner et cuire sur feu moyen
3 c. à table de beurre, fondu
4 c. à table de farine
½ c. à thé de sel
1 pincée de poivre

Y incorporer graduellement le liquide de la cuisson.

Cuire et remuer continuellement jusqu'à ce que le mélange épaississe. Verser ½ tasse de sauce dans chaque plat.

Saupoudrer sur chacun
2 c. à table de fromage râpé

Placer les plats individuels dans une lèchefrite contenant ¼ pouce d'eau.

Cuire à 350°, de 15 à 20 minutes ou jusqu'à ce que le tout soit bien chaud et le fromage fondu.

Donne 3 portions.

Morue et pâté de pain

Plat communément connu en anglais sous le nom de "Fish and Brewis" et qui peut paraître étrange à plusieurs, mais les Terre-neuviens savent bien l'apprécier. On le sert surtout au déjeuner du dimanche matin. On substitue parfois au poisson du bacon ou du jambon.

Tremper dans de l'eau froide 12 heures
2 livres de morue salée

Tremper dans de l'eau froide 12 heures
1 livre de pain sec

Egoutter le poisson et couvrir d'eau froide fraîche. Amener à ébullition et cuire 30 minutes ou jusqu'à ce que le poisson soit tendre. Retirer de l'eau et égoutter.

Cuire le pain dur dans l'eau, à découvert, 5 minutes. Passer au tamis.

Servir un morceau de poisson accompagné d'une portion de pain couverte de fritons de lard salé.

Bouilli à la morue

Les recettes traditionnelles de la côte de l'Est utilisaient en principe les denrées pouvant se conserver pendant les longs et rigoureux hivers canadiens. Chaque famille s'approvisionnait de morue séchée et salée, de pommes de terre et bien sûr de lard gras salé. Voici une spécialité de ces pittoresques villages de pêche utilisant une combinaison de ces aliments.

Couvrir d'eau froide et tremper toute la nuit
1 livre de morue salée

Détailler en portions.

Peler et couper en 8 morceaux
4 pommes de terre moyennes

Mettre la morue et les pommes de terre dans une casserole, couvrir d'eau bouillante et mijoter jusqu'à ce que les pommes de terre soient tendres (environ 20 minutes). Egoutter et dresser sur un plat de service chaud. Pendant la cuisson du poisson et des pommes de terre, frire jusqu'à ce qu'il soit croustillant.
¼ livre de lard salé en dés

Retirer les fritons de la poêle. Ajouter à la poêle pour faire attendrir
2 oignons moyens émincés

Remettre les fritons dans la poêle avec

2 c. à table de vinaigre
¼ tasse de lait

Porter le liquide à ébullition et verser sur les pommes de terre et la morue.

Donne 4 portions.

Pâté de clams St-Andrews

Chaque année, en été, des millions de clams de la côte de l'Atlantique sont râtelées, pelletées ou même houées de leurs demeures sableuses pour aboutir sur une table entourée d'estomacs creux. Les ménagères des Maritimes connaissent maintes façons d'apprêter ces mollusques bivalves. Cette tarte aux clams plaira sans doute aux maris pendant leurs fins de semaine de chasse.

Chauffer le four à 325° F.

Graisser un moule de 13 x 9 pouces.

Egoutter et conserver le jus de
2 boîtes (5 onces chacune) de clams

Laver les clams avec soin.

Frire à la poêle jusqu'à ce qu'il soit croustillant
¼ livre de bacon en dés

Peler et émincer
5 pommes de terre moyennes

Disposer la moitié des pommes de terre dans le moule avec la moitié de
2 oignons émincés

Couvrir avec la moitié des clams.

Saupoudrer de
½ c. à thé de sel
¼ c. à thé de poivre

Disposer dans le même ordre le reste des pommes de terre, oignons, clams et assaisonner de nouveau.

Parsemer de fritons et de graisse de bacon.

Arroser le tout de
2 tasses de liquide (jus de clams plus eau)

Cuire à 325°, environ 1 heure.

Préparer suffisamment de pâte pour une tarte à croûte double.

Retirer le moule du four et couvrir d'une abaisse.

Piquer la pâte pour permettre à la vapeur de s'échapper.

Remettre au four à 450° F., 20 minutes ou jusqu'à coloration dorée de la pâte.

Donne 8 portions.

Homard bouilli

Il fut un temps où le homard se vendait à un sou la pièce dans les Maritimes. Aujourd'hui, il vaut souvent cent fois plus cher! La demande est considérable et la pêche du homard est sans contredit des plus précieuses pour l'économie de la côte est. Le poids du homard varie de ¾ de livre à 3 livres.

Remplir une marmite profonde d'une quantité suffisante d'eau pour couvrir les homards.

Pour chaque pinte d'eau incorporer
1 c. à table de sel

Porter à forte ébullition.

Saisir le homard vivant par le milieu du dos et le plonger dans l'eau, la tête la première.

Tenir le homard submergé à l'aide d'une cuillère de bois. Lorsque l'eau aura recommencé à bouillir, diminuer la chaleur et mijoter 15 minutes pour la première livre de homard, 5 minutes pour chaque livre additionnelle. Retirer le homard de l'eau et le laisser refroidir. Poser le homard sur le dos et avec un couteau bien tranchant, le fendre de la tête à la queue. Retirer le boyau qui longe le centre du corps. Couper la membrane, jeter le petit sac ou moulinet derrière la tête.

Servir chaud ou froid avec du citron ou un beurre blanc.

Homard grillé

Le homard le mieux connu au Canada est celui qu'on trouve sur les côtes de l'Amérique du Nord et d'Europe, dans les eaux froides de l'Océan Atlantique Nord. On peut facilement l'identifier par ses grosses pinces lourdes.

Plonger dans l'eau bouillante et laisser mijoter environ 5 minutes
4 homards vivants de 1 livre chacun

Retirer de l'eau.

Fendre dans le sens de la longueur et prélever ou retirer le boyau qui longe le centre du corps. Couper la membrane. Jeter le petit sac ou moulinet situé derrière la tête.

Ouvrir en écartant autant que possible. Placer sur un gril, côté de la carapace en dessous, ou sous un gril, côté de la carapace en dessus.

Griller au four ou sur le gril d'un barbecue à feu moyen, environ 15 minutes, en badigeonnant de
beurre fondu

Tourner les homards, griller 5 minutes de plus. Servir avec du beurre fondu, du sel, du poivre et du vinaigre.

Donne 4 portions.

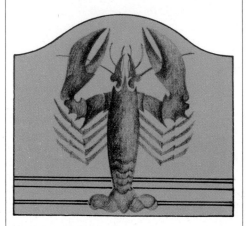

Ragoût au homard de Deer Island

Voici comment les pêcheurs de homard de la Baie de Fundy au Nouveau-Brunswick préparent un ragoût. Il porte le nom de l'île, près de St. Andrews, où se trouve un des parcs à homards des plus grands du monde.

Bouillir et laisser refroidir (voir ci-dessus "homard bouilli").
2 homards (1¼ lb chacun)

Retirer la chair de l'écaille et couper en morceaux.

OU

Utiliser 1 boîte (14 onces) de homard décongelée.

Dans une casserole, fondre
¼ tasse de beurre

Ajouter le homard et cuire jusqu'à coloration rosée.

Assaisonner de
½ c. à thé de sel
1 pincée de poivre

Dans une grande casserole, fondre
2 c. à table de beurre

Ajouter et frire jusqu'à ce que transparent
1 oignon moyen, haché fin

Incorporer
2 tasses de pommes de terre
crues en dés
1 c. à thé de sel
2 tasses d'eau bouillante

Mijoter sur feu moyen jusqu'à ce que les pommes de terre soient cuites (environ 5 minutes).

Incorporer le homard cuit et
2 tasses de lait chaud

Chauffer, mais ne pas bouillir.

Verser dans des bols de service contenant
des biscuits soda brisés

Donne 4 ou 5 portions.

Darnes de flétan farcies

On recommande d'utiliser des darnes d'au moins un pouce d'épaisseur, car les tranches plus minces ont tendance à sécher. Si vous avez en main des darnes minces, ne vous inquiétez pas; essayez d'en farcir deux à la fois comme vous le suggère cette recette de la Nouvelle-Ecosse.

Chauffer le four à 450° F.

Graisser un plat allant au four.

Dans une poêle à frire, fondre
¼ tasse de beurre

Ajouter et faire attendrir (environ 5 minutes)
¼ tasse d'oignon haché
¼ tasse de céleri en dés

Ajouter
½ c. à thé de sel
¼ c. à thé d'un mélange de
sarriette, thym, estragon, sauge,
menthe ou épices à volaille

Incorporer délicatement
2 tasses de cubes de pain

Ajouter
1 tomate hachée

Etendre la farce entre
2 darnes de flétan de ½ à ¾ pouce
d'épaisseur (environ 1 livre
chacune)

Disposer dans le plat préparé.

Badigeonner de
beurre fondu

Mesurer l'épaisseur totale des darnes et de la farce.

Cuire à 450°, en comptant 10 minutes de cuisson par pouce d'épaisseur pour du poisson frais et 20 minutes pour du poisson congelé.

Donne de 4 à 6 portions.

Perche grillée

La saveur tendre et délicate de la perche de nos lacs s'accommode bien de cette méthode de cuisson si simple.

Poser sur le gril bien graissé, côté de la peau en dessous si elle n'a pas été enlevée
2 livres de gros filets de perche

Saupoudrer de
½ c. à thé de sel

Badigeonner d'un mélange de
2 c. à table de beurre fondu
1 c. à thé de jus de citron
1 pincée de marjolaine

Déposer le poisson de 2 à 3 pouces de la source de chaleur et griller environ 5 minutes.

Donne 4 portions.

Aiglefin fumé

Nous n'hésitons pas à adopter le plat national de l'Ecosse puisqu'il met si bien en valeur notre propre aiglefin fumé. Nous le préférons servi au souper plutôt qu'au déjeuner.

Enlever la peau et détailler en morceaux
1 livre d'aiglefin fumé

Placer les morceaux dans une poêle épaisse avec
1 c. à table de beurre

Couvrir et cuire à la vapeur 5 minutes.
Délayer
1 c. à table de fécule de maïs

dans
¾ tasse de lait

Verser sur le poisson, porter à ébullition et bouillir 1 minute.

Servir le poisson nappé de sauce.

Donne 2 ou 3 portions.

Pâté au saumon du Québec

La meilleure façon d'éviter les longs visages à un souper du vendredi est de servir du pâté de saumon. On l'appréciera presque autant qu'une tourtière. Plat économique, et quel arôme.

Chauffer le four à 400° F.

Graisser des plats individuels ou une assiette à tarte de 9 pouces.

Egoutter, détailler en petites bouchées et écraser les arêtes de
1 boîte (15½ onces) de saumon

OU

détailler en bouchées du saumon frais, cuit pour obtenir
2 tasses de saumon détaillé

Mélanger
2½ à 3 tasses de pommes de terre en purée
½ tasse d'oignon haché fin
3 c. à table de beurre
½ c. à thé de sel
¼ c. à thé de sarriette
1 pincée de poivre

Etendre la moitié du mélange de pommes de terre dans les plats individuels. Couvrir de saumon. Y déposer le reste des pommes de terre. Préparer suffisamment de pâte à tarte pour recouvrir le dessus des plats ou de l'assiette à tarte.

Cuire à 400°, de 25 à 30 minutes ou jusqu'à coloration dorée de la croûte.

Donne 6 portions.

Soupe aux huîtres de Malpèque

L'abondance, la grosseur et l'excellence de nos huîtres ont vite fait d'impressionner les premiers visiteurs de notre pays. Cette soupe s'appelle baie Malpèque, I.P.E., en honneur de cet endroit réputé pour ses huîtres exceptionnelles.

Dans une poêle à frire, fondre
¼ tasse de beurre

Ajouter
1 chopine d'huîtres avec leur jus

Mijoter jusqu'à ce que les bords commencent à froncer (environ 3 minutes).

Faire frémir
1 pinte (5 tasses) de lait

Y incorporer les huîtres et
1½ c. à thé de sel
1 pincée de poivre
1 pincée de muscade

Servir immédiatement.

Donne 6 portions.

Pétoncles frits

Neuf sur dix des pétoncles du Canada proviennent de la région de Digby, en Nouvelle-Ecosse. Les pêcheurs prennent les pétoncles dans des dragues à mailles qu'ils traînent derrière leurs vaisseaux. On les qualifie souvent de ''filet mignon marin''.

Chauffer la grande friture à 375° F.

Essuyer avec un linge humide et couper si nécessaire
1 livre de pétoncles

Rouler dans un mélange de
¼ tasse de farine tout-usage
sel
poivre

Tremper dans un mélange de
1 oeuf
2 c. à table d'eau froide

Rouler dans
¾ tasse de fine chapelure de pain

Cuire en grande friture, 3 ou 4 minutes ou jusqu'à coloration dorée.

Servir avec une sauce tartare (voir page 93).

Donne 3 ou 4 portions.

Hareng ou maquereau mariné

Avant l'époque de la réfrigération, on marinait le poisson dans le but d'en assurer la conservation. Maintenant le poisson ainsi préparé est le délice favori des gourmets de la Nouvelle-Ecosse et de l'Ile-du-Prince-Edouard.

Chauffer le four à 350° F.

Fileter et enlever la peau de
2 livres de hareng ou maquereau frais

Détailler en portions.

Disposer les morceaux dans un plat allant au four et ajouter
1 tasse de vinaigre
½ tasse d'eau
1 c. à thé de sel
1 c. à table d'épices à marinade
2 minces tranches d'oignon

Couvrir et cuire à 350°, 15 minutes.
Retirer du four et laisser refroidir dans le liquide de cuisson.

Egoutter avant de servir.

Donne 3 ou 4 portions.

Filets de doré frits avec sauce tomate

Les sauces ajoutent incontestablement saveur, couleur et intérêt aux plats de poisson. Elles en valent certainement la peine et s'apprêtent en un rien de temps, telle notre sauce tomate.

Détailler en portions individuelles
2 à 3 livres de filets de doré

Mélanger
1 oeuf
2 c. à table de lait

Tremper le poisson dans le mélange de l'oeuf puis dans
de la farine

Dorer des deux côtés dans du
beurre fondu

Sauce tomate

Entre-temps, frire
¾ tasse d'oignon haché

dans
¼ tasse de beurre

Y incorporer
2 c. à table de farine

et y verser
1 boîte (10 onces) de soupe crème de tomates condensée
1¼ tasse d'eau

Porter à ébullition et mijoter 1 ou 2 minutes.

Verser sur les filets cuits et servir.

Donne de 4 à 6 portions.

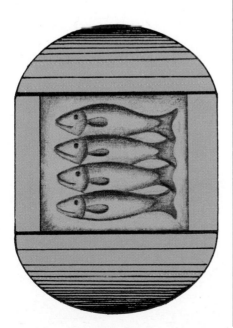

Achigan frit

Les ingrédients indispensables à un pêcheur sont de la farine de maïs et du citron ou du jus de citron. La recette suivante nous montre bien pourquoi.

Mélanger
1 tasse de farine de maïs
1 c. à thé de sel
poivre au goût

Dans une poêle, chauffer
¼ tasse de graisse de bacon (ou de beurre)

Enrober
2 ou 3 livres d'achigan habillé (nettoyé)

de farine de maïs et dorer dans la graisse chaude environ 6 min. de chaque côté ou jusqu'à ce que le poisson s'effeuille facilement à la fourchette.

Mélanger ensemble
1 c. à table de jus de citron
1 c. à thé de sauce Worcestershire

En arroser le poisson au moment de servir.

Donne de 4 à 6 portions.

Truite du pêcheur

A lire cette recette, plusieurs se rappelleront sans doute une expédition de pêche quelconque, un feu de camp sur le bord d'un lac, des estomacs creux, des ustensiles de bonne fortune et surtout des truites fraîches et appétissantes. Pourquoi ne pas les cuire tel que suggéré ici? L'expérience en vaut la peine.

Préparer un lit de charbons braisés.

Nettoyer de la
truite

Envelopper de feuilles de fougères. Recouvrir chacune d'une couche de boue de ½ à 1 pouce d'épaisseur.

Faire un puits au centre des charbons. Y déposer le poisson et couvrir de charbons.

Cuire de 45 à 60 minutes ou jusqu'à ce que la boue craque et se détache.

Si désiré, saupoudrer de
sel
poivre
jus de citron

Paupiettes de poisson

Les habitants des Maritimes aiment leur poisson nature, cuit simplement. Cependant, nous nous empressons d'ajouter que le goût de la morue, de l'aiglefin et de la sole étant si doux, nous pouvons nous permettre de les cuire différemment, et d'en rehausser la saveur par des sauces et des farces. En voici un exemple.

Chauffer le four à 350° F.

Etendre à plat (si les filets sont trop épais, les couper en tranches minces sur le sens de la longueur)
1 livre de filets frais (morue, aiglefin ou sole)

Mélanger
1½ tasse de cubes de pain frais
2 c. à table de beurre mou
1 c. à table d'oignon haché fin
1 c. à table de persil haché
1 c. à thé de sel
1 pincée de poivre
1 oeuf légèrement battu

Etaler la farce sur les filets. Enrouler autour de la farce et fixer les paupiettes avec des cure-dents.

Les enrober de
2 c. à table de farine assaisonnée (de sel et poivre)

Dorer dans une poêle dans
2 c. à table de shortening

Disposer les paupiettes dans un plat peu profond allant au four et verser par-dessus
1 boîte (10 onces) de soupe crème de champignons condensée

Saupoudrer d'un mélange de
1 c. à table de beurre
1 tasse de cubes de pain frais
1 pincée de sel

Cuire à 350°, 40 minutes ou jusqu'à ce que le poisson s'effeuille facilement à la fourchette.

Donne 4 portions.

Croquettes de poisson

On trouve plusieurs recettes de croquettes de poisson dans les provinces de l'Atlantique; les croquettes consistent principalement en un mélange de poisson et de pommes de terre en purée. Les quantités d'oignon cru ou cuit, d'oeufs, de beurre et d'assaisonnements varient selon les coutumes des différentes régions.

La recette suivante renferme un peu de persil, juste la quantité d'assaisonnements qu'il faut et une appétissante croûte dorée.

Couvrir d'eau froide et tremper toute la nuit
1 livre de morue salée, désossée

Egoutter.

Couvrir d'eau froide et porter lentement à douce ébullition.

Egoutter et détailler le poisson en bouchées.

OU

Mijoter
1 livre de morue ou d'aiglefin frais

Mélanger le poisson égoutté avec
2 tasses de pommes de terre en purée
1 petit oignon haché
2 c. à table de beurre, fondu
1 oeuf battu
quelques grains de poivre
du sel au goût
3 à 4 c. à table de persil haché

Façonner en croquettes (employer au besoin un peu de farine pour faciliter la manipulation). Si désiré, enrober les croquettes de
¼ tasse de chapelure

Frire dans du gras chaud jusqu'à coloration dorée. Retourner et dorer l'autre côté.

Servir avec une sauce tomate (voir page 89) ou une sauce chili chaude.

Donne de 4 à 6 portions.

Gibelotte sorelaise

Ce mets typiquement canadien-français fait les délices des familles demeurant dans la région de Sorel, province de Québec où la barbotte est abondante dès le début du printemps.

Enlever la peau et vider
2 livres de barbotte

Couvrir d'eau bouillante et mijoter sur feu doux environ 5 minutes. Egoutter et laisser refroidir. Enlever les arêtes.

Frire jusqu'à ce qu'il soit croustillant et doré
1 livre de lard salé en dés

Retirer les fritons de la poêle.

Dans la même poêle à frire, faire attendrir

1 oignon haché
1 livre de champignons frais, tranchés

Dans une marmite, mélanger les légumes frits avec

4 tasses de pommes de terres crues, tranchées
2 tasses de carottes crues, tranchées
1 boîte (10 onces) de pois verts
1 boîte (10 onces) de maïs en grains
1 boîte (28 onces) de tomates en conserve
1½ c. à thé de sel

Couvrir et mijoter environ 1 heure. Ajouter le poisson et les fritons. Si la gibelotte est trop épaisse, ajouter de l'eau bouillante ou du liquide de la cuisson du poisson pour obtenir une consistance plus claire.

Couvrir et mijoter sur feu doux 10 minutes de plus.

Donne 12 portions.

Laquaîche aux yeux d'or

Un poisson de couleur rosée lorsque fumé, la laquaîche aux yeux d'or fut découverte par un Ecossais demeurant à Winnipeg. La raison est qu'il s'ennuyait de son pays natal et de la saveur de son poisson favori, le hareng fumé. Le poisson qu'il fit fumer en espérant obtenir la saveur et la couleur du hareng fumé, est connu aujourd'hui sous le nom de laquaîche aux yeux d'or de Winnipeg.

La laquaîche peut être cuite avec ou sans la tête et la queue.

Poser
1 laquaîche par portion

sur une feuille de papier aluminium graissée. Ramener la feuille sur le poisson et fermer les bords libres avec des plis doubles pour rendre le paquet étanche.

Déposer le paquet dans de l'eau bouillante. Porter à nouveau à ébullition, couvrir et cuire 10 minutes (20 minutes pour du poisson congelé).

On peut aussi cuire ce poisson de 15 à 20 minutes dans une marmite à vapeur, ou le faire mijoter dans l'eau 10 minutes ou jusqu'à ce que la chair s'effeuille facilement.

Servir chaud avec des quartiers de citron.

NOTA: Pour conserver au saumon ou à tout autre poisson sa saveur délicate, on recommande de le pocher selon la méthode décrite ci-dessus.

Brochet farci de riz à l'orange

Le brochet se vend habillé ou fileté, aussi bien frais que congelé. Cuite, sa chair devient ferme et feuilletée.

Chauffer le four à 450° F.

Graisser un plat allant au four.

Vider, écailler et enlever les nageoires de
1 brochet de 3 à 4 livres

Si désiré, enlever la tête et la queue. Laver, assécher le poisson et saupoudrer l'intérieur de
sel

Pour faire la farce, fondre dans une poêle
¼ tasse de beurre

Y ajouter
1 tasse de céleri et de feuilles hachées
3 c. à table d'oignon haché
2 c. à table de zeste d'orange râpé

Cuire 5 minutes ou jusqu'à consistance tendre.

Incorporer
¾ tasse d'eau
½ tasse de jus d'orange
2 c. à table de jus de citron
½ c. à thé de sel

Porter à ébullition et ajouter
1 tasse de riz précuit (commercial)

Couvrir, retirer du feu et laisser reposer 5 minutes (l'excès d'humidité dans la farce sera absorbé durant la cuisson du poisson).

Farcir sans serrer. Fermer l'ouverture avec des petites brochettes ou des cure-dents entrelacés de ficelle. Déposer le poisson dans le plat et badigeonner de
beurre fondu

Mesurer le poisson farci dans sa partie la plus épaisse.

Cuire à 450°, en comptant 10 minutes de cuisson par pouce d'épaisseur du poisson farci.

Donne 4 ou 5 portions.

Filets de poisson blanc piquants

Le poisson blanc provient des lacs de l'intérieur du pays et se vend entier ou fileté. Cette recette permet d'apprêter des filets à saveur piquante, lesquels peuvent être frais ou congelés.

Chauffer le four à 450° F.

Graisser généreusement un plat peu profond, allant au four.

Couvrir le fond du plat de
½ tasse de chapelure de pain

Y disposer
2 livres de filets de poisson blanc

Mêler jusqu'à consistance lisse
½ tasse de beurre, fondu
1 c. à table de vinaigre
1 c. à table de sauce Worcestershire
1 c. à table de jus de citron
1 c. à thé de sel
1 c. à thé de moutarde préparée
1 pincée de poivre

En arroser le poisson et s'assurer que le mélange couvre chaque filet.

Saupoudrer de
paprika

Cuire à 450°, en comptant 10 minutes de cuisson par pouce d'épaisseur pour le poisson frais et 20 minutes pour le poisson congelé.

Arroser une ou deux fois au besoin durant la cuisson.

Donne 6 portions.

Fruits de mer Newburg à la mode de Brandon

Un plat à la Newburg contient habituellement du homard, mais cette version suggère un assortiment plus économique de fruits de mer. On l'a nommé Brandon, en l'honneur d'une cité sur les rives de la rivière Assiniboine au Manitoba.

Chauffer le four à 400° F.

Graisser légèrement une cocotte de 2 pintes, allant au four.

Dans une poêle, fondre
¼ tasse de beurre

Y incorporer jusqu'à consistance lisse
¼ tasse de farine

Verser graduellement
2 tasses de lait

Cuire sur feu moyen en remuant constamment jusqu'à ce que la sauce épaississe.

Incorporer
½ tasse d'oignon haché
OU
2 c. à table de flocons d'oignons séchés
1 c. à thé de moutarde en poudre
2 c. à thé de persil séché
2 c. à table de jus de citron
½ tasse de sherry (facultatif)
2 c. à thé de sauce Worcestershire

Ajouter et mélanger légèrement
½ tasse de piment rouge doux haché
2 boîtes (7 onces chacune) de thon, détaillé en bouchées, avec son huile
2 boîtes (4½ onces chacune) de crevettes, égouttées
2 boîtes (6 onces chacune) de chair de crabe, égouttée

Disposer dans la cocotte.

Mélanger ensemble et garnir le dessus de
6 c. à table de beurre, fondu
1⅓ tasse de chapelure de flocons de maïs

Cuire à 400°, 20 minutes ou jusqu'à ce que le tout bouillonne. Garnir de tranches de tomates.

Donne 12 portions.

Poisson blanc au four — sauce tartare

Que le poisson blanc soit capturé dans le lac Wabamum en Alberta ou dans le Grand Lac des Esclaves dans les Territoires du Nord-Ouest, cette farce au riz et au citron en rehausse la saveur délicate. Pour faciliter le service à table, le poisson peut être apprêté et la farce placée entre les filets.

Chauffer le four à 450° F.

Tapisser le fond d'un plat peu profond de papier parchemin ou aluminium.

Couvrir d'un coton à fromage (le poisson peut ainsi être soulevé plus facilement du plat).

Vider, laver et bien assécher
1 poisson blanc de 6 livres

Farcir sans serrer en comptant ¾ tasse

de farce au riz et au citron pour chaque livre de poisson habillé.

Badigeonner
d'huile végétale

Saupoudrer de
farine
paprika
sel

Envelopper de
4 ou 5 tranches de bacon

Disposer dans le plat préparé. Cuire à 450°, en comptant 10 minutes de cuisson par pouce d'épaisseur.

Garnir de tomates ou de citron et de petits fritons de lard salé enrobés de farine de maïs (lard salé en dés frit et roulé dans de la farine de maïs). Servir accompagné d'une sauce tartare. Donne 8 portions.

Farce au riz et au citron

Attendrir (environ 5 minutes)
1 tasse de céleri, en petits dés
⅓ tasse d'oignon haché fin

dans
⅓ tasse de beurre

Incorporer et porter à ébullition
1½ tasse d'eau
¼ tasse de jus de citron
1 c. à table de zeste de citron râpé
1 c. à thé de sel
¼ c. à thé de thym
1 pincée de poivre noir

Ajouter et remuer pour mouiller seulement
1½ tasse de riz précuit (commercial)

Couvrir. Retirer du feu et laisser reposer 5 minutes.

Sauce tartare

Combiner dans un petit bol
1 c. à thé de sucre à glacer
1 c. à thé de moutarde en poudre.
¼ c. à thé de sel
1 pincée de poivre
1 pincée d'oignon en poudre
2 jaunes d'oeufs

Battre à grande vitesse du malaxeur électrique.

Incorporer graduellement
½ tasse d'huile végétale

alternativement avec
3 c. à table de vinaigre

Quand la sauce est épaisse, ajouter
1 c. à table d'olives hachées
1 c. à table de câpres
1 c. à table de cornichons hachés
1 c. à table de persil haché

Eperlans du lac Erié

On considère la pêche à l'éperlan comme une activité de famille à laquelle les membres de tous les âges peuvent participer. Nos lacs canadiens produisent de ces poissons en abondance. Essayez cette préparation avec du fromage parmesan qui rehausse la saveur délicate de l'éperlan.

Vider et enlever les arêtes de
2 livres d'éperlans

Enrober d'un mélange de
½ tasse de farine
½ c. à thé de sel
1 pincée de poivre

Tremper dans un mélange de
1 oeuf battu
1 c. à table de jus de citron

Enrober d'un mélange de
½ tasse de chapelure de craquelins
⅓ tasse de parmesan râpé

Frire à la poêle dans ¼ de pouce de gras chaud jusqu'à coloration dorée des deux côtés.

Donne 6 portions.

Pain de saumon

Le saumon se présente aussi bien dans les occasions spéciales, pressé dans un moule de fantaisie ou comme plat économique de tous les jours, pressé dans un moule à pain. La cuisson à la vapeur empêche le mélange de trop sécher.

Mélanger ensemble
1 boîte (15½ onces) de saumon en conserve
1 tasse de pommes de terre en purée
½ tasse de lait
1½ tasse de chapelure de craquelins
2 oeufs
2 c. à table de jus de citron
1 c. à table de beurre
½ c. à thé de sel
¼ c. à thé de poivre

Presser dans un moule ou un plat bien graissé.

Couvrir de papier ciré et de papier aluminium. Bien attacher.

Cuire à la vapeur environ 1½ heure.

Servir chaud avec une sauce au citron ou aux oeufs ou froid avec de la mayonnaise.

Donne 8 portions.

Darnes d'omble de l'Arctique

Darnes d'omble de l'Arctique ou ilkalupik, nom que donnent les Esquimaux à ce poisson à chair rosée, devenu un plat de gourmet dans les restaurants et les hôtels du sud du Canada. La famille entière collabore à la pêche de ces poissons, d'abord pris au piège dans des barrages de pierres, puis percés d'un coup de lance.

Sur un gril graissé, déposer
2 livres de darnes d'omble de l'Arctique

Mélanger ensemble
1 c. à table d'oignon haché
2 c. à table de jus de citron
1 c. à thé de sel
1 pincée de poivre
¼ c. à thé d'estragon
¼ tasse de beurre, fondu

Badigeonner la moitié de la sauce sur les darnes, puis griller en plaçant de 2 à 4 pouces de la source de chaleur pour du poisson frais (de 6 à 8 pouces pour du poisson congelé). Lorsque doré, tourner et badigeonner du reste de la sauce.

Griller en comptant 10 minutes par pouce de poisson frais (20 minutes par pouce pour du poisson congelé). Saupoudrer de paprika, garnir de persil.

Donne 4 portions.

Huîtres frites

Quoique les huîtres recueillies dans les Iles du Golfe et sur la côte est de l'Ile de Vancouver atteignent une grosseur remarquable, elles demeurent cependant tendres et succulentes. Les touristes qui parcourent les fameux territoires de pêche de la rivière Campbell s'étonnent de voir des morceaux d'écailles d'huîtres gisant entre la route et le bord de la mer. En saison, les cafés se spécialisent dans la préparation d'huîtres frites et de ragoût aux huîtres.

Battre ensemble légèrement
1 oeuf
1 c. à table d'eau froide ou de jus des huîtres

Chauffer la poêle à frire sur feu moyen ou à 375° F.

Ajouter
⅓ tasse d'huile végétale

Enrober
1 douzaine (½ chopine) d'huîtres

d'un mélange de
1 tasse de chapelure de pain
sel
poivre

Les tremper dans l'oeuf et les enrober à nouveau de chapelure.

Frire jusqu'à coloration dorée. Egoutter sur du papier absorbant.

Servir avec
des tranches de bacon frit

Garnir de
tranches de citron
bouquet de persil

Donne 2 portions.

Saumon de la rivière Fraser, farci

Cette recette de Vancouver nous suggère une façon pratique de farcir des filets de saumon pour faciliter le service à table.

Vider et fileter
1 saumon ou flétan de 6 à 7 livres

Chauffer le four à 450° F.

Egoutter et hacher grossièrement
1 petite boîte de homard
ou de crevettes

Y mélanger
5 tasses de cubes de pain frais
1 tasse de céleri haché fin
3 c. à table d'oignon haché fin
2 c. à table de piment vert haché fin
1 c. à table de zeste de citron râpé
1 c. à table de jus de citron
1½ c. à thé de persil haché
1 c. à thé de sel
¼ c. à thé de poivre
⅓ tasse de beurre, fondu
½ tasse d'eau

Beurrer une feuille de papier aluminium assez grande pour envelopper le saumon. Y déposer un filet de saumon. Tasser la farce sur le filet et couvrir de l'autre filet. Replier le papier aluminium et bien sceller. Déposer sur une tôle à biscuits. Cuire à 450°, en comptant 10 minutes de cuisson par pouce d'épaisseur.

Donne 10 portions.

Saumon de la rivière Campbell, cuit au four

En saison, on peut se procurer le saumon de la Colombie dans la plupart des cités et des villes à travers le pays. Cependant, certains pêcheurs passionnés se rendent à des endroits aussi réputés que la rivière Campbell au nord de l'Ile de Vancouver, pour tenter leur chance. Le poisson doit naturellement être apprêté tel que l'indique cette recette de Vancouver.

Chauffer le four à 450° F.

Vider, laver et assécher
1 saumon de 6 livres

Déposer sur une feuille de papier aluminium assez grande pour envelopper le poisson, et le placer sur une tôle à biscuits.

Saupoudrer l'intérieur du poisson de
sel

Farcir sans serrer en comptant ¾ tasse de farce pour chaque livre de poisson habillé. Fermer l'ouverture avec des brochettes entrelacées de ficelle ou coudre avec du gros fil.

Badigeonner l'extérieur du poisson de
¼ tasse de beurre mou

Combiner
¼ tasse de vin blanc
¼ tasse de vinaigre blanc
1 c. à table de vinaigre d'estragon

En verser quelques cuillerées sur le poisson. Relever les bouts et les côtés du papier aluminium en laissant le centre libre. Cuire à 450°, en comptant 10 minutes de cuisson par pouce d'épaisseur.

Badigeonner de temps à autre avec le reste du liquide.

Farce au pain et à l'oignon

Attendrir (environ 5 minutes)
⅓ tasse d'oignon haché
⅓ tasse de céleri en dés

dans
3 c. à table de beurre

Y ajouter et mêler légèrement
1 c. à thé de sel
½ c. à thé d'assaisonnements (épices à volaille, sarriette, thym, sauge, etc.)
1 pincée de poivre
3 tasses de cubes de pain frais

Quantité suffisante pour farcir un poisson de 6 livres.

Donne 10 portions.

Morue charbonnière de l'Alaska

La morue charbonnière de l'Alaska ne s'apparente aucunement à la morue de l'Atlantique; cependant une fois fumée, elle est considérée comme un mets savoureux par les gastronomes canadiens du long de la côte ouest.

Déposer dans une grande poêle à frire ou une casserole
2 livres de morue charbonnière de l'Alaska

Submerger le poisson dans de l'eau froide. Couvrir et laisser mijoter sur feux doux environ 1 minute. Egoutter. Répéter l'opération une ou deux fois selon la quantité de sel contenue dans le poisson. Mijoter dans la dernière eau jusqu'à ce que le poisson s'effeuille facilement à la fourchette — compter 10 minutes de cuisson par pouce d'épaisseur. Egoutter.

Servir avec une sauce au beurre ou au citron.

Si désiré, déposer le poisson cuit dans un plat graissé, allant au four, ajouter du lait et cuire à 350° F., 10 minutes ou jusqu'à ce que le lait soit chaud.

Donne 6 portions.

Oeufs brouillés au saumon fumé

Le saumon, de renommée internationale, fait l'orgueil de la côte nord-ouest du Pacifique. Environ les trois quarts des prises considérables de la côte ouest sont destinées aux conserveries; cependant, les gourmets aimeront toujours à se régaler de saumon salé ou fumé.

Détailler en petites bouchées
¼ livre de saumon fumé
OU
1 boîte (3½ onces) de saumon fumé

Battre légèrement
6 oeufs

Y incorporer le saumon et
¼ tasse de lait

Verser dans une poêle à frire chaude contenant
1 c. à table de beurre

Remuer lentement sur feu doux jusqu'à ce que le tout soit bien cuit. Garnir de persil haché.

Donne 3 ou 4 portions.

Gâteaux

Avant l'introduction sur le marché de la poudre à pâte, nos aïeules n'utilisaient que des oeufs et parfois aussi de la levure pour faire lever les gâteaux. Certains livres de cuisine anciens donnaient des conseils pour préparer la poudre à pâte à la maison, ou encore suggéraient l'emploi de soda à pâte avec un ingrédient acide.

Toutes les recettes qui suivent ont été modernisées. Certaines datent de bien des années; d'autres, tels les gâteaux chiffon, sont des plus modernes; mais toutes donnent des gâteaux légers et savoureux. Nous vous suggérons aussi quelques garnitures et glaçages pour une présentation élégante.

Gâteau crémeux au moka

Notre section de recettes de gâteaux serait incomplète sans cette recette de la Belle Province. Bien qu'elle ne soit pas d'origine québécoise, elle démontre certes les talents culinaires des ménagères canadiennes-françaises.

Chauffer le four à 350° F.

Graisser généreusement un moule en couronne à bords cannelés de 2 pintes.

Saupoudrer légèrement de farine.

Tamiser ou mélanger ensemble
2¼ tasses de farine à pâtisserie
½ c. à thé de sel
2½ c. à thé de poudre à pâte

Crémer
¾ tasse de shortening

Y incorporer graduellement
1½ tasse de sucre
3 oeufs
1 c. à thé de vanille
3 c. à table de cognac

Battre jusqu'à consistance légère et duveteuse.

Ajouter les ingrédients secs au mélange crémé alternativement avec un mélange de
½ tasse de lait
½ tasse de crème (10%)

Combiner légèrement après chaque addition.

Verser dans le moule préparé.

Cuire à 350°, de 45 à 50 minutes, ou jusqu'à ce que le gâteau reprenne sa forme lorsque légèrement pressé.

Démouler et laisser refroidir.

Pour servir, asperger le gâteau de quelques gouttes de cognac et glacer avec de la crème fouettée sucrée aromatisée au café instantané.

Gâteau à la compote de pommes de Rougemont

Un gâteau à la compote de pommes, de par sa nature, est beaucoup plus moite; celui-ci, qui nous vient de Rougemont à l'est de Montréal, a un goût et un arôme délicatement épicés.

Chauffer le four à 350° F.

Graisser un moule à gâteau carré de 9 pouces.

Tapisser le fond de papier ciré ou saupoudrer légèrement de farine.

Tamiser ensemble
1¾ tasse de farine à pâtisserie
2 c. à thé de poudre à pâte
½ c. à thé de sel
1½ c. à thé de cannelle
½ c. à thé de muscade

Crémer
½ tasse de shortening

Y incorporer graduellement
1 tasse de cassonade légèrement pressée
2 oeufs
½ c. à thé de vanille

Battre jusqu'à consistance légère et duveteuse.

Ajouter les ingrédients secs au mélange crémé alternativement avec
1 tasse de compote de pommes

Faire 3 additions sèches et 2 liquides et mélanger légèrement après chaque addition.

Verser dans le moule préparé.

Cuire à 350°, de 40 à 45 minutes ou jusqu'à ce que le gâteau reprenne sa forme lorsque légèrement pressé.

Laisser refroidir 5 minutes sur une grille, démouler et refroidir complètement.

Bûche de Noël

Dessert traditionnel du réveillon de Noël dans presque chaque famille canadienne. C'est aussi un attrayant centre de table.

Préparer le gâteau roulé (voir page 103).

Dissoudre
1 c. à thé de café instantané

dans
1 c. à table d'eau bouillante

Laisser refroidir.

Faire fondre et mettre de côté
4 carrés de chocolat non sucré

Battre ensemble jusqu'à consistance légère
¼ tasse de beurre
1¼ tasse de sucre à glacer tamisé
2 jaunes d'oeufs
1 c. à thé de vanille

Y incorporer 1 c. à table du chocolat fondu et le café refroidi.

Utiliser ¾ de tasse de ce mélange comme garniture du gâteau roulé.

Combiner le reste du chocolat fondu avec le reste de la garniture et en décorer la bûche tout autour.

Gâteau aux épices

C'est avec une tasse de café que l'on apprécie le plus ce gâteau qui doit être servi chaud.

Chauffer le four à 350° F.

Graisser un moule carré profond de 8 pouces de côté.

Tapisser le fond de papier ciré ou le saupoudrer légèrement de farine.

Mélanger ensemble
1⅔ tasse de farine tout-usage
1¼ tasse de cassonade légèrement pressée

Y couper jusqu'à consistance granuleuse
½ tasse de shortening

Mettre de côté 1 tasse de ce mélange. Combiner avec le reste du mélange
¼ tasse de cassonade légèrement pressée
1 c. à thé de poudre à pâte
½ c. à thé de soda à pâte
½ c. à thé de sel
½ c. à thé de muscade
1¼ c. à thé de cannelle
1 pincée de clou de girofle

Ajouter
½ tasse de lait de beurre ou de lait sur

Battre deux minutes à vitesse moyenne du malaxeur ou 300 coups à la main.

Ajouter
¼ tasse de lait de beurre ou de lait sur
1 oeuf

Battre encore deux minutes. Verser dans le moule préparé. Saupoudrer du mélange mis de côté.

Cuire à 350°, de 40 à 45 minutes, ou jusqu'à ce que le gâteau commence à se décoller des bords du moule.

Gâteau aux épices et aux noix

Autrefois, on ne préparait ce gâteau que pour "la visite" et on le servait sur un joli plat sans aucune autre garniture que du sucre fin saupoudré sur la surface.

Chauffer le four à 350° F.

Graisser généreusement un moule à gâteau tubulaire de 9 pouces, régulier ou cannelé.

Saupoudrer uniformément le fond et la moitié des côtés de
½ tasse de noix longues, de pacanes ou de noix de Grenoble, finement hachées

Tamiser ensemble
2 tasses de farine à pâtisserie
1 c. à thé de soda à pâte
1 c. à thé de cannelle
½ c. à thé de quatre-épices
½ c. à thé de muscade
½ c. à thé de sel

Crémer
⅔ tasse de beurre

Y incorporer graduellement
1⅓ tasse de cassonade légèrement pressée
2 oeufs

Battre jusqu'à consistance légère et duveteuse.

Ajouter les ingrédients secs au mélange crémé alternativement avec
1 tasse de lait de beurre ou de lait sur

Faire 3 additions sèches et 2 liquides et mélanger légèrement après chaque addition.

Y mélanger
½ tasse de noix longues, de pacanes ou de noix de Grenoble finement hachées

Verser délicatement dans le moule préparé. Cuire à 350°, de 45 à 50 minutes ou jusqu'à ce que le gâteau reprenne sa forme lorsque légèrement pressé. Laisser refroidir 10 minutes dans le moule.

Démouler sur une grille et laisser refroidir complètement.

Laisser le gâteau renversé et le saupoudrer de sucre à glacer avant de servir.

Gâteau de Noël

Il faut préparer ce riche gâteau aux fruits en octobre ou novembre pour qu'il ait développé sa pleine saveur à Noël. De la pâte d'amande lui donnera un véritable air de fête.

Chauffer le four à 275° F.

Graisser un moule à gâteau de 8 x 8 x 3 pouces, le tapisser complètement de papier brun et le graisser à nouveau.

Combiner et laisser reposer 2 heures ou jusqu'au lendemain
- **2 paquets (2 onces chacun) d'amandes blanchies juliennes**
- **2 paquets (8 onces chacun) de cerises confites**
- **1 paquet (8 onces) de mélange de pelures confites hachées**
- **2 tasses de raisins secs**
- **1 tasse de raisins de Corinthe**
- **1 tasse de dattes hachées**
- **½ tasse de brandy**

Enduire les fruits de
- **½ tasse de farine tout-usage**

Tamiser ou mélanger ensemble
- **2 tasses de farine tout-usage**
- **½ c. à thé de soda à pâte**
- **1 c. à thé de clou de girofle**
- **1 c. à thé de cannelle**
- **1 c. à thé de quatre-épices**
- **½ c. à thé de sel**

Crémer
- **1 tasse de beurre**

Y incorporer graduellement
- **2 tasses de cassonade légèrement pressée**
- **6 oeufs**

Battre jusqu'à consistance légère et duveteuse.

Mélanger ensemble
- **¾ tasse de mélasse**
- **¾ tasse de jus de pomme**

Ajouter les ingrédients secs au mélange crémé alternativement avec le liquide.

Faire 4 additions sèches et 3 liquides et mélanger légèrement après chaque addition.

Y plier le mélange de fruits.

Verser dans le moule préparé.

Cuire à 275°, de 3 à 3½ heures ou jusqu'à ce que rien n'adhère à un cure-dents inséré au centre.

Laisser refroidir 10 minutes sur une grille, démouler, enlever le papier brun et laisser refroidir complètement. Puis envelopper le gâteau de papier ciré, sans serrer, et le placer dans une boîte métallique hermétiquement fermée.

Gâteau à la citrouille

Ce gâteau moelleux est un témoignage de l'ingéniosité de nos ancêtres qui apprirent vite à adapter leurs recettes pour utiliser la citrouille si abondante dans leur nouveau pays.

Chauffer le four à 350° F.

Graisser un moule à gâteau carré de 8 pouces.

Tapisser le fond de papier ciré ou saupoudrer légèrement de farine.

Tamiser ensemble dans le grand bol du malaxeur
- **1⅔ tasse de farine tout-usage**
- **1 c. à thé de poudre à pâte**
- **¾ c. à thé de soda à pâte**
- **½ c. à thé de sel**
- **1¼ tasse de sucre**
- **1 c. à thé de cannelle**
- **½ c. à thé de quatre-épices**

Ajouter
- **½ tasse de shortening**
- **½ tasse de lait de beurre ou de lait sur**

Battre 2 minutes à vitesse moyenne du malaxeur ou 300 coups à la main.

Ajouter
- **¼ tasse de lait de beurre ou de lait sur**
- **2 oeufs**
- **1 c. à thé de vanille**
- **⅓ tasse de citrouille en conserve**

Battre encore 2 minutes. Verser dans le moule préparé.

Cuire à 350°, de 45 à 50 minutes, ou jusqu'à ce que le gâteau reprenne sa forme lorsque légèrement pressé.

Laisser refroidir 5 minutes et démouler.

Gâteau glacé à l'érable

Rien de meilleur que du bon sirop ou de la tire d'érable sur la neige, dégustés à la cabane à sucre même. Rien, si ce n'était de ce gâteau glacé à l'érable.

Chauffer le four à 350° F.

Graisser un moule tubulaire de 10 pouces et le saupoudrer légèrement de farine.

Tamiser ou mélanger ensemble
3 tasses de farine à pâtisserie
2½ c. à thé de poudre à pâte
½ c. à thé de sel

Crémer
1 tasse de beurre

Y incorporer graduellement et battre jusqu'à consistance légère et duveteuse
2 tasses de sucre
2 c. à thé d'essence d'érable

Ajouter, un à la fois, en battant bien après chaque addition
5 oeufs

Ajouter les ingrédients secs au mélange crémé alternativement avec
¾ tasse de lait

Faire 3 additions sèches et 2 liquides et mélanger légèrement après chaque addition.

Verser dans le moule préparé.

Cuire à 350°, de 60 à 65 minutes ou jusqu'à ce que le gâteau reprenne sa forme lorsque légèrement pressé.

Laisser refroidir 5 minutes sur une grille et démouler.

Amener à ébullition et laisser mijoter jusqu'à 232° F. sur un thermomètre à bonbons
1 tasse de sirop d'érable

Badigeonner la surface du gâteau chaud avec le sirop.

Laisser refroidir.

Gâteau au gingembre

Qui pourrait résister à l'odeur et au goût d'un morceau de gâteau au gingembre servi chaud enfoui sous notre bonne sauce au citron chaude ou encore sous de la crème fouettée?

Chauffer le four à 350° F.

Graisser un moule à gâteau carré de 8 pouces.

Tapisser le fond de papier ciré ou le saupoudrer légèrement de farine.

Tamiser ensemble dans le grand bol du malaxeur
2 tasses de farine tout-usage
1½ c. à thé de soda à pâte
½ c. à thé de sel
½ tasse de sucre
1 c. à thé de gingembre
1 c. à thé de cannelle

Ajouter
½ tasse de shortening
¾ tasse de mélasse
1 oeuf

Battre deux minutes à vitesse moyenne du malaxeur ou 300 coups à la main.

Ajouter
1 tasse d'eau bouillante

Battre encore deux minutes. Verser dans le moule préparé.

Cuire à 350°, de 50 à 55 minutes, ou jusqu'à ce que le gâteau reprenne sa forme lorsque légèrement pressé.

Gâteau cossetarde au chocolat

Un splendide gâteau au chocolat aussi léger que l'air, mais riche et moelleux à souhait.

Chauffer le four à 350° F.

Graisser deux moules à gâteau ronds de 8 pouces.

Tapisser les fonds de papier ciré ou les saupoudrer légèrement de farine.

Dans une casserole, combiner
3 carrés de chocolat non sucré
½ tasse de lait
⅔ tasse de cassonade légèrement pressée
2 jaunes d'oeufs

Cuire sur feu doux et remuer constamment, jusqu'à consistance épaisse et lisse. Laisser refroidir.

Tamiser ou mélanger ensemble
1¾ tasse de farine à pâtisserie
1 c. à thé de poudre à pâte
1 c. à thé de soda à pâte
½ c. à thé de sel

Crémer
½ tasse de beurre

Y incorporer graduellement
⅔ tasse de sucre

Battre jusqu'à consistance légère et duveteuse.

Mélanger ensemble
¾ tasse de lait
1 c. à thé de vanille

Ajouter les ingrédients secs au mélange crémé alternativement avec le liquide. Faire 3 additions sèches et 2 liquides et mélanger légèrement après chaque addition.

Y incorporer la cossetarde refroidie.

Battre jusqu'à formation de pics fermes mais non secs
2 blancs d'oeufs

Les plier dans la détrempe et battre à la main 1 minute.

Verser dans les moules préparés.

Cuire à 350°, de 25 à 30 minutes ou jusqu'à ce que le gâteau reprenne sa forme lorsque légèrement pressé.

Laisser refroidir 5 minutes sur une grille, puis démouler.

Gâteau éponge à la mélasse

Ce gâteau éponge des jours anciens, aussi léger qu'une plume, mérite d'être de nouveau à la mode, surtout avec cette saveur de mélasse rehaussée d'un soupçon de citron.

Chauffer le four à 350° F.

Fouetter jusqu'à formation de pics fermes mais non secs
5 blancs d'oeufs

Y incorporer graduellement et continuer à fouetter
¼ tasse de sucre
½ c. à thé de sel

Battre ensemble jusqu'à consistance très ferme et apparence lustrée.

Battre ensemble jusqu'à consistance légère et duveteuse
5 jaunes d'oeufs
¼ tasse de sucre

Y incorporer
½ tasse de mélasse
2 c. à thé de jus de citron
1 c. à thé de zeste de citron râpé

Tamiser (en quatre portions) sur le mélange des jaunes d'oeufs
¾ tasse de farine à pâtisserie

Incorporer en pliant délicatement après chaque addition le mélange des jaunes d'oeufs dans la meringue.

Verser dans un moule tubulaire de 9 pouces non graissé. Couper délicatement avec un couteau dans la détrempe pour faire sortir les bulles d'air.

Cuire à 350°, 45 minutes. Au sortir du four, renverser sur une grille et laisser refroidir dans le moule. Lorsque refroidi, décoller les bords et démouler.

Gâteau roulé

Pour la saison des Fêtes, décoré en bûche de Noël ou comme dessert de tous les jours, fourré de gelée, de confiture, ou de garniture au citron (voir page 107), ce gâteau roulé fera toujours honneur à votre table.

Chauffer le four à 400° F.

Graisser légèrement un moule à gâteau roulé de 15 x 10 x 1 pouces.

Tapisser de papier ciré et graisser à nouveau.

Tamiser ou mélanger ensemble
1 tasse de farine à pâtisserie
1 c. à thé de poudre à pâte
¼ c. à thé de sel

Battre jusqu'à consistance épaisse et couleur citron
4 oeufs
¼ tasse d'eau

Ajouter
1 c. à thé de jus de citron

Incorporer graduellement
1 tasse de sucre

Battre jusqu'à consistance très épaisse.

Tamiser en quatre portions les ingrédients secs sur le mélange des oeufs.

Incorporer en pliant délicatement après chaque addition.

Verser dans le moule préparé.

Cuire à 400°, de 10 à 12 minutes ou jusqu'à ce que le gâteau reprenne sa forme lorsque légèrement pressé. Au sortir du four, renverser immédiatement sur une serviette de ratine, saupoudrée de sucre à glacer.

Enlever le papier ciré et enrouler le gâteau dans la serviette.

Laisser refroidir complètement.

Dérouler le gâteau, étendre de la gelée, de la confiture ou une garniture quelconque et rouler à nouveau.

Gâteau aux fruits élégant

La saison des fêtes est arrivée et vous aimeriez bien servir un délicieux gâteau aux fruits fait à la maison. N'hésitez pas. Voici une recette conçue spécialement pour vous. Beau à voir, facile à trancher et bon à manger, vous serez fière de le servir à tous vos invités de la Noël.

Chauffer le four à 300° F. Placer un contenant d'eau dans le four.

Graisser généreusement, tapisser de papier brun épais et graisser à nouveau une série de trois moules profonds, ayant respectivement 9, 7 et 5 pouces.

Dans un grand bol, combiner
2 tasses d'amandes moulues (commerciales)
2 paquets (8 onces chacun) de cerises confites rouges
8 onces de cerises confites vertes
1 paquet (8 onces) de pelures de cédrat confites en dés
2 livres de raisins secs blanchis
1 paquet (8 onces) d'ananas confit en dés
1 tasse de farine tout-usage

Crémer ensemble
1 tasse de beurre
1 tasse de shortening

Y incorporer graduellement
2⅔ tasses de sucre

Puis ajouter
8 jaunes d'oeufs
4 c. à thé d'essence d'amande

Battre jusqu'à consistance légère et duveteuse.

Mélanger ensemble
⅔ tasse de brandy
⅔ tasse de lait

Ajouter ce liquide au mélange crémé alternativement avec
4½ tasses de farine tout-usage

Faire 3 additions sèches et 2 liquides et mélanger légèrement après chaque addition.

Battre ensemble jusqu'à formation de pics fermes mais non secs
8 blancs d'oeufs
1½ c. à thé de crème de tartre

Les plier dans la détrempe, puis ajouter les fruits enfarinés.

Verser dans les moules préparés.

Cuire à 300°, de 2½ à 3½ heures ou jusqu'à ce que rien n'adhère à un cure-dents inséré au centre.

Le temps de cuisson dépendra de la grandeur des moules.

Laisser refroidir 5 minutes sur une grille, démouler, enlever le papier brun et refroidir complètement.

Gâteau au gingembre et à l'érable

La recette de ce gâteau a déjà été donnée au cours d'une démonstration culinaire organisée par le poste de télévision de Sidney en Nouvelle-Ecosse. Elle a toujours été une spécialité des Maritimes et de la Nouvelle-Angeleterre. Sa fine texture et son goût d'érable épicé sont fort appréciés des palais les plus délicats.

Chauffer le four à 350° F.

Graisser deux moules ronds de 8 pouces.

Tapisser les fonds de papier ciré ou les saupoudrer légèrement de farine.

Tamiser ensemble dans le grand bol du malaxeur
2 tasses de farine à pâtisserie
1 c. à thé de poudre à pâte
1 c. à thé de soda à pâte
¼ c. à thé de sel
3 c. à thé de gingembre
2 c. à thé de cannelle
½ c. à thé de clou de girofle
½ c. à thé de muscade

Ajouter
½ tasse de shortening
⅔ tasse de cassonade légèrement pressée
1 tasse de sirop d'érable
⅔ tasse de crème sure commerciale

Battre deux minutes à vitesse moyenne du malaxeur ou 300 coups à la main.

Ajouter
⅓ tasse de crème sure commerciale
2 oeufs

Battre encore deux minutes. Verser dans les moules préparés.

Cuire à 350°, de 30 à 35 minutes, ou jusqu'à ce que le gâteau reprenne sa forme lorsque légèrement pressé.

Laisser refroidir 5 minutes sur une grille, démouler et refroidir.

Gâteau chiffon aux pommes de Penticton

Cette récente addition aux innombrables recettes de gâteaux à la compote de pommes possède une légèreté et un goût tout particuliers. Le sud du Québec ainsi que l'Ontario, le Nouveau-Brunswick, la Nouvelle-Ecosse et la Colombie-Britannique sont renommés pour la haute qualité de leur pommes. Les variétés les mieux connues sont les McIntosh, les Délicieuses et les "Northern Spy".

Chauffer le four à 350° F.

Fouetter jusqu'à formation de pics fermes, mais non secs
- **6 blancs d'oeufs**
- **½ c. à thé de crème de tartre**

Incorporer graduellement et continuer à fouetter
- **¾ tasse de sucre**

Battre jusqu'à ce que la meringue soit fermes, mais non secs

Tamiser ensemble dans le petit bol du malaxeur
- **1¾ tasse de farine à pâtisserie**
- **3 c. à thé de poudre à pâte**
- **1 c. à thé de sel**
- **1 c. à thé de cannelle**

Y mélanger
- **½ tasse de cassonade légèrement pressée**

Ajouter et battre jusqu'à consistance lisse (½ minute au malaxeur)
- **½ tasse d'huile végétale**
- **6 jaunes d'oeufs**
- **1 tasse de compote de pommes sucrée**

Incorporer en pliant le mélange des jaunes d'oeufs dans la meringue.

Verser dans un moule tubulaire de 10 pouces non graissé. Couper délicatement avec un couteau dans la détrempe pour faire sortir les bulles d'air.

Cuire à 350°, de 55 à 65 minutes. Au sortir du four, tourner sur une grille et laisser refroidir dans le moule. Lorsque refroidi, décoller les bords et démouler.

Gâteau au beurre

Gâteau classique dont beaucoup de ménagères canadiennes connaissent la recette par coeur et qu'elles préparent en un tour de main. La variation très simple utilise les beaux bleuets du comté de Cumberland en Nouvelle-Ecosse. Ce gâteau est excellent servi chaud.

Chauffer le four à 350° F.

Graisser un moule à gâteau carré de 8 pouces.

Tapisser le fond de papier ciré ou le saupoudrer légèrement de farine.

Tamiser ou mélanger ensemble
- **1½ tasse de farine tout-usage**
- **2 c. à thé de poudre à pâte**
- **½ c. à thé de sel**

Crémer
- **½ tasse de beurre**

Y incorporer graduellement
- **1 tasse de sucre**
- **2 oeufs**
- **1 c. à thé de vanille**

Battre jusqu'à consistance légère et duveteuse.

Ajouter les ingrédients secs au mélange crémé alternativement avec
- **¾ tasse de lait**

Faire 3 additions sèches et 2 liquides et mélanger légèrement après chaque addition.

Verser dans le moule préparé.

Cuire à 350°, de 50 à 55 minutes ou jusqu'à ce que le gâteau reprenne sa forme lorsque légèrement pressé.

Laisser refroidir 5 minutes sur une grille, démouler et refroidir complètement.

Gâteau aux bleuets de Cumberland

Ajouter ¼ c. à thé de muscade aux ingrédients secs et incorporer en pliant 1 tasse de bleuets frais dans la détempe avant la cuisson. Couper en carrés et servir renversé, nappé de sauce chaude au miel et au beurre (voir page 121).

Glace de confiseurs

Glace fort simple utilisée principalement pour décorer les pains sucrés de fantaisie.

Mélanger ensemble
- **¾ tasse de sucre à glacer tamisé**
- **1 c. à table de lait**
- **¼ c. à thé d'essence d'amande**

Etendre sur des pains à la levure chauds.

Glaçage fondant au chocolat

Un gâteau au chocolat sans garniture au chocolat ne semble pas complet. Les enfants l'adorent, surtout s'ils peuvent lécher le bol.

Dans une casserole, combiner
¾ tasse de sucre
½ tasse d'eau froide
1 c. à table de sirop de maïs

Couvrir et amener à ébullition. Découvrir et continuer à cuire jusqu'à ce qu'une goutte forme une boule molle dans de l'eau froide (232° F. au thermomètre à bonbons).

Tiédir sans remuer.

Y incorporer
2 carrés de chocolat non sucré, fondus
2 c. à table de beurre
1½ c. à thé de vanille

Battre jusqu'à consistance assez épaisse pour étendre.

Donne de quoi garnir le dessus et les côtés d'un gâteau carré de 8 ou 9 pouces.

Doubler la recette pour un gâteau étagé.

Garniture au sucre d'érable

A saveur irrésistible ''du bon vieux temps''.

Chauffer ensemble jusqu'à ce que le sucre fonde
1 tasse de sucre d'érable
½ tasse de crème (18%)

        OU

chauffer
1½ tasse de sirop d'érable

Laisser bouillir à découvert jusqu'à ce qu'une goutte forme une boule molle dans de l'eau froide (232° F. au thermomètre à bonbons).

Tiédir à 110° F. sans remuer.

Battre jusqu'à consistance assez épaisse pour étendre.

Si désiré, y incorporer
½ tasse de noix hachées

Si le mélange devient trop ferme pour étendre, incorporer quelques gouttes de lait ou de crème.

Donne de quoi garnir le dessus et les côtés d'un gâteau carré de 8 ou 9 pouces.

Garniture à la crème

Une vieille recette digne de confiance et des plus versatiles pour garnir un gâteau ou des tartelettes et qui peut aussi être servie telle quelle: un délicieux pouding.

Faire frémir
1 tasse de lait

Dans une casserole, combiner
1½ c. à table de fécule de maïs
¼ tasse de sucre

Ajouter graduellement le lait chaud. Cuire sur feu moyen en remuant continuellement jusqu'à consistance épaisse.

Réduire la chaleur, couvrir et continuer la cuisson 2 minutes; remuer occasionnellement.

Incorporer quelques cuillerées de ce mélange chaud à
1 oeuf, légèrement battu OU
2 jaunes d'oeufs

et ajouter au reste du mélange chaud. Cuire 1 minute de plus en remuant continuellement.

Retirer du feu et incorporer en remuant
1 c. à table de beurre
½ c. à thé de vanille

Refroidir.

Donne de quoi garnir un gâteau à 2 étages de 8 ou 9 pouces.

Garniture au chocolat

Augmenter le sucre à ½ tasse et ajouter 1 carré (1 once) de chocolat non sucré, brisé en morceaux, et incorporer au sucre.

Garniture au caramel

Substituer au sucre ½ tasse de cassonade foncée légèrement pressée.

Garniture à la noix de coco

Ajouter ⅓ tasse de noix de coco avec le beurre et la vanille.

Glaçage au beurre

Garnit si bien un gâteau et se prépare en un rien de temps.

Crémer
¼ tasse de beurre

Incorporer
2 tasses de sucre à glacer tamisé

alternativement avec
**1½ c. à table de lait ou de crème
1 c. à thé de vanille**

Donne de quoi garnir le dessus et les côtés d'un gâteau carré de 8 ou 9 pouces.

Doubler la recette pour un gâteau étagé.

Glaçage au chocolat

Fondre 1 carré de chocolat non sucré et le mélanger au beurre.

Glaçage au citron

Substituer au lait 1½ c. à table de jus de citron et 1 c. à thé de zeste de citron râpé.

Garniture grillée

Au cours des années, les Canadiens semblent avoir peu à peu adopté ce genre de garniture de gâteau. Elle compte maintenant parmi leurs préférées.

Mélanger ensemble
**¼ tasse de beurre mou
½ tasse de cassonade légèrement pressée
3 c. à table de crème ou de lait évaporé
½ tasse de noix de coco ou de noix hachées**

Etendre sur le dessus du gâteau chaud. Placer à 6 pouces du grilleur, 2 ou 3 minutes ou jusqu'à que la garniture bouillonne et devienne dorée.

Garniture au citron

Cette garniture onctueuse peut être utilisée pour enrober des gâteaux au chocolat, aux épices ou au beurre, ou, si vous préférez, pour préparer d'attrayantes tartelettes.

Dans une casserole, combiner
**2 c. à table de fécule de maïs
½ tasse de sucre
1 pincée de sel**

Incorporer graduellement
1 tasse d'eau bouillante

Cuire sur feu moyen en remuant continuellement jusqu'à consistance épaisse.

Réduire la chaleur, couvrir et continuer la cuisson 2 minutes; remuer occasionnellement.

Réchauffer avec quelques cuillerées de ce mélange chaud
1 oeuf légèrement battu

et ajouter au reste du mélange chaud.

Cuire 1 minute de plus, en remuant continuellement.

Retirer du feu et incorporer en remuant
**1 c. à table de beurre
1 c. à thé de zeste de citron râpé
3 c. à table de jus de citron**

Refroidir.

Donne de quoi garnir un gâteau étagé de 8 ou 9 pouces.

Garniture mousseuse à l'érable

Idéale pour un gâteau au gingembre et à l'érable (voir page 104).

Amener à ébullition
1¼ tasse de sirop d'érable

Battre jusqu'à formation de pics fermes mais pas secs
2 blancs d'oeufs

Battre en incorporant graduellement le sirop chaud. Continuer à battre jusqu'à consistance très ferme et apparence lustrée.

Si désiré, ajouter
¼ c. à thé d'essence d'érable

Donne de quoi fourrer ou garnir un gâteau à deux étages de 8 ou 9 pouces.

Desserts
et
Sauces

Desserts

Nos durs frimas, et peut-être aussi la présence de nos voisins anglais, ont contribué pour une grande part au merveilleux choix de recettes de desserts cuits au four que nous vous offrons, et qui, ajoutés aux délicieuses pâtisseries pour les grandes occasions et aux spécialités apportées par les nouveaux arrivants, constituent un assortiment de choix.

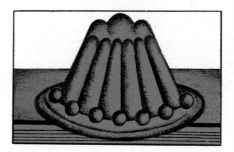

Pouding aux pommes d'Annapolis

Des pommes tendres enfouies sous une délicieuse couche de gâteau à la cannelle. Quoi de plus canadien?

Chauffer le four à 350° F.

Graisser un plat carré de 9 pouces allant au four.

Peler, trancher et disposer dans le plat
6 pommes sures de grosseur moyenne

Saupoudrer de
3 c. à table de sucre

Tamiser ou mélanger ensemble
1½ tasse de farine tout-usage
3 c. à thé de poudre à pâte
½ c. à thé de sel

Crémer ensemble
¼ tasse de shortening
¾ tasse de sucre

Y battre
1 oeuf

Ajouter les ingrédients secs au mélange crémé alternativement avec
¾ tasse de lait ou d'eau

Verser la détrempe sur les pommes. Saupoudrer d'un mélange de
1 c. à table de sucre
1 c. à thé de cannelle

Cuire à 350°, de 50 à 55 minutes, ou jusqu'à ce que le gâteau reprenne sa forme lorsque légèrement pressé.

Servir chaud avec la sauce chaude au beurre et au miel (voir page 121) ou de la crème.

Donne 9 portions.

Chaussons aux pommes du Lac St-Jean

Une recette aussi vieille, sinon plus, que nos colonies, mais qui continue à charmer les Canadiens français. Nos amis anglais préfèrent parfois utiliser une pâte à biscuits à la poudre à pâte (voir page 29).

Chauffer le four à 375° F.

Graisser légèrement un grand plat à fond large, allant au four.

Préparer la pâte feuilletée (voir page 170) et l'abaisser en un rectangle de 16 x 12 pouces et à ⅛ pouce d'épaisseur. Couper en 6 carrés.

Mélanger ensemble
3 c. à table de beurre
¾ c. à thé de cannelle
¾ c. à thé de quatre-épices
¾ c. à thé de muscade
¼ c. à thé de clou de girofle
⅓ tasse de cassonade légèrement pressée

Peler et vider
6 pommes moyennes

Recouvrir l'extérieur de chaque pomme du mélange épicé. Mettre une pomme sur chaque carré de pâte.

Dans le centre de chaque pomme mettre
1 c. à thé de gelée de pommettes

Réunir les coins de la pâte et sceller.

Mettre dans le plat graissé.

Cuire à 375°, 30 minutes.

Dans une casserole, combiner
1½ tasse d'eau bouillante
1½ tasse de sucre
3 c. à table de jus de pommes ou d'eau

Bouillir jusqu'à ce que le sucre fonde.

Verser sur les pommes et cuire 20 minutes de plus en les arrosant fréquemment.

Servir chaud.

Donne 6 portions.

Beignets aux pommes

Au moment d'expérimenter cette recette, nous n'avions coupé que quelques morceaux d'une pomme pour l'essayer; mais après la première bouchée, nous en avons bien vite préparé d'autres.

Chauffer une grande friture à 375° F.

Mélanger ensemble dans un bol pour obtenir une détrempe de consistance moyenne qui adhérera aux pommes
  1 tasse de farine à pâtisserie
    OU
  ⅞ tasse de farine tout-usage
  2 c. à thé de poudre à pâte
  ½ c. à thé de sel
  2 c. à table de sucre
  1 oeuf battu
  ½ tasse de lait (environ)
  1 c. à table d'huile ou de shortening fondu

Laver, vider, peler et couper en pointes de ½ pouce
  2 pommes sures de grosseur moyenne

Arroser de
  2 c. à table de jus de citron

A l'aide d'une fourchette, tremper chaque pointe dans la détrempe.

Frire à grande friture ou dans 2 pouces de graisse à 375° environ 3 minutes ou jusqu'à coloration dorée. Tourner pour dorer uniformément. Egoutter sur une grille recouverte de papier absorbant.

Servir avec du poulet rôti ou comme dessert, nappé de sauce aux fruits chaude, de sirop d'érable ou de crème fouettée.

Donne 4 portions.

Blanc-manger à la mousse irlandaise

Une spécialité des Maritimes qui nous vient de l'île du Prince-Edouard. Cette mousse irlandaise pousse sur les rochers tout au long de la côte. On s'en approvisionne à marée basse pour ensuite la faire sécher.

Bien laver et tremper pendant 15 minutes
  ¼ tasse de mousse irlandaise
dans
  1½ tasse d'eau froide
Egoutter.

Dans un bain-marie, combiner la mousse irlandaise avec
  1¾ tasse de lait
  1 pincée de sel

Cuire sur eau bouillante environ 20 minutes ou jusqu'à ce que le mélange épaississe lorsque versé sur une assiette froide.

Couler.

Y ajouter
  1 c. à thé de vanille

Verser dans des moules à gelée et refroidir jusqu'à consistance ferme.

Servir accompagné de crème et de sucre ou de fruits tranchés.

Donne 4 portions.

Grands-pères aux bleuets

Le Nouveau-Brunswick nous suggère ce dessert chaud pour le souper des fraîches journées de l'été. En anglais, ceci porte le nom de "Grunt", c'est-à-dire "grognement" causé par la vapeur faisant cogner le couvercle sur le chaudron.

Dans une casserole à couvercle hermétique, combiner
  ⅔ tasse de sucre
  1 c. à thé de fécule de maïs
  1 pincée de sel

Y incorporer
  1½ tasse de bleuets frais
  1 c. à thé de jus de citron (facultatif)

Amener à ébullition et bouillir ½ minute en remuant constamment. Garder chaud.

Tamiser ou mélanger ensemble
  2¼ tasses de farine tout-usage
  4 c. à thé de poudre à pâte
  1 c. à thé de sel

Avec un coupe-pâte ou 2 couteaux, y couper jusqu'à consistance granuleuse
  ½ tasse de shortening

Battre ensemble et y incorporer
  1 oeuf
  1 tasse de lait

Mélanger légèrement avec une fourchette pour former une pâte molle et collante. Laisser tomber par cuillerées à table dans le mélange chaud.

Couvrir hermétiquement et laisser mijoter de 20 à 25 minutes.

Servir très chaud avec la sauce.

Donne de 6 à 8 portions.

Pouding au riz

On a développé le pouding au riz alors que chaque cuisine possédait un bon vieux poêle à bois, gardé chaud continuellement, toujours prêt à produire de tels desserts crémeux et savoureux. Nous vous avons donné la version moderne, mais pour une variété à l'ancienne, combinez ¼ tasse de riz, ½ c. à thé de sel, ¼ tasse de sucre, 1 c. à table de beurre, 3 tasses de lait et ½ c. à thé de vanille.

Cuire à 275° F., 3 heures. Remuer souvent pendant la première heure.

Chauffer le four à 325° F.

Graisser légèrement une cocotte d'une pinte allant au four.

Battre ensemble
2 oeufs
2 tasses de lait

Incorporer à
1 tasse de riz cuit
½ tasse de cassonade légèrement pressée
⅓ tasse de raisins secs
½ c. à thé de sel
1 pincée de muscade

Verser dans la cocotte et mettre le tout dans un plat d'eau chaude.

Cuire à 325°, 1¼ heure ou jusqu'à ce que la cossetarde soit presque prise. Remuer une fois après 30 minutes de cuisson.

Donne 5 ou 6 portions.

Pouding de l'évêque

Pourquoi ce pouding de Pointe-Claire au Québec porte-t-il le nom d'Evêque? Il nous a été impossible de retourner aux sources. De toute façon, nous n'avons pu résister à la tentation d'inclure la recette de sauce dont la saveur semble faite pour accompagner celle du pouding.

Chauffer le four à 350° F.

Graisser un plat de 4 tasses, peu profond et allant au four.

Battre jusqu'à consistance mousseuse
3 oeufs

Y ajouter en battant
1 tasse de sucre

Incorporer
1 c. à thé de sel

1 tasse de dattes hachées
1 tasse de noix de Grenoble hachées

Etendre la détrempe dans le plat graissé.

Cuire à 350°, 45 minutes.

Sauce

Mijoter ensemble
6 c. à table de sucre
¼ tasse d'eau

Ajouter et laisser mijoter quelques minutes de plus
2 c. à table de vinaigre
¼ tasse de beurre

Servir le pouding chaud couvert de sauce chaude.

Donne 6 portions.

"Blintzes" au fromage

Un dessert juif préparé avec nos savoureuses crêpes minces et dentelées et une garniture semblable à celle des varenyky, plat ukrainien. Une combinaison cosmopolitaine des plus agréables.

Préparer la recette de crêpes (voir page 30). Elles devraient mesurer 8 pouces de diamètre.

Combiner jusqu'à consistance granuleuse
1 jaune d'oeuf
1 livre de fromage cottage
2 c. à table de sucre
½ c. à thé de cannelle

Déposer cette garniture par cuillerées à table combles au centre de chaque crêpe et la plier comme une enveloppe.

Réchauffer complètement au four ou frire dans du beurre sur feu doux jusqu'à coloration dorée.

Servir immédiatement avec de la crème sure (facultatif).

Donne 2 douzaines.

Gâteau tout-usage

Gâteau léger, nappé d'une sauce chaude au chocolat, au caramel ou au citron, voilà un dessert idéal de la saison froide. Pour une mode encore plus québecoise, pourquoi ne pas servir un pouding chômeur luxueux utilisant du sirop d'érable?

Chauffer le four à 350° F.

Graisser un moule à gâteau carré de 8 pouces. Tapisser le fond de papier ciré ou saupoudrer de farine.

Tamiser ou mélanger ensemble
1½ tasse de farine tout-usage
½ c. à thé de sel
2 c. à thé de poudre à pâte

Crémer
⅓ tasse de shortening

Y incorporer graduellement
1 tasse de sucre
2 oeufs
1 c. à thé de vanille

Battre jusqu'à consistance légère et duveteuse.

Ajouter les ingrédients secs au mélange crémé alternativement avec
¾ tasse de lait

Combiner légèrement après chaque addition. Verser dans le moule préparé.

Cuire à 350°, de 50 à 55 minutes ou jusqu'à ce que le gâteau reprenne sa forme lorsque légèrement pressé.

Servir chaud nappé de sauce.

Donne 9 portions.

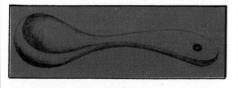

Pouding chômeur à l'érable

Graisser un moule à gâteau carré de 9 pouces.

Amener à ébullition
¾ tasse de sirop d'érable
¾ tasse d'eau

Verser dans le moule.

Laisser tomber par cuillerées la détrempe du gâteau préparée ci-dessus.

Cuire à 350°, de 55 à 60 minutes ou jusqu'à ce que le gâteau reprenne sa forme lorsque légèrement pressé.

Servir chaud nappé de sa propre sauce.

Pouding de Noël

C'est de Stratford, Ontario où se trouve le fameux théâtre qui porte ce nom, et où quelques Canadiens-français ont eu l'occasion de se distinguer, que nous vient ce dessert traditionnel. Il est servi à un dîner de Noël typiquement anglais, mais nous devons avouer que nos Français l'apprécient beaucoup également.

Graisser un moule à gelée de 2 pintes ou deux moules de 1 pinte.

Tamiser ou mélanger ensemble
2 tasses de farine à pâtisserie
2 c. à thé de soda à pâte
½ c. à thé de cannelle

Combiner
2 tasses de raisins secs
2 paquets (8 onces chacun) de cerises entières confites
2 paquets (8 onces chacun) de mélange de pelures confites hachées
1½ tasse de raisins de Corinthe

Enduire les fruits de ½ tasse du mélange de farine.

Battre ensemble
2 tasses (½ livre) de suif haché
2 tasses de cassonade légèrement pressée
2 oeufs
⅓ tasse de mélasse

Combiner le reste du mélange de farine avec
2 tasses de fine chapelure de pain

Ajouter les ingrédients secs au mélange de suif alternativement avec
2 tasses de lait de beurre ou de lait sur

Incorporer les fruits enfarinés ainsi que
½ tasse d'amandes blanchies à la julienne

Verser la détrempe dans le moule préparé, couvrir de papier ciré et de papier aluminium. Ficeler solidement.

Cuire à la vapeur de 3 à 4 heures. Démouler immédiatement et laisser refroidir.

Pour réchauffer avant de servir, remettre le pouding dans le moule, couvrir tel qu'indiqué ci-dessus et cuire à la vapeur 1½ heure.

Croustade à la rhubarbe

Certains préfèrent une croustade préparée avec des flocons d'avoine. A cet effet, mélanger ensemble ½ tasse de cassonade, ½ tasse de farine, ½ tasse de flocons d'avoine et 3 c. à table de beurre.

Chauffer le four à 350° F.

Graisser un plat carré de 8 pouces, peu profond, allant au four.

Disposer dans le plat
   3 tasses de rhubarbe fraîche ou congelée, coupée en dés

L'arroser de
   ⅓ tasse de sirop de maïs

Crémer ensemble
   ⅓ tasse de beurre
   1¼ tasse de cassonade légèrement pressée

Y mélanger jusqu'à consistance granuleuse
   ¾ tasse de farine à pâtisserie
   ¼ c. à thé de sel
   ¼ c. à thé de cannelle

Saupoudrer sur la rhubarbe.

Cuire à 350°, de 25 à 30 minutes ou jusqu'à ce que la rhubarbe soit tendre.

Servir avec de la crème fouettée, de la crème claire ou une sauce cossetarde.

Donne 5 ou 6 portions.

Croustade aux pommes

Substituer au mélange de rhubarbe et de sirop de maïs 6 pommes pelées et tranchées.

Croustade aux cerises

Substituer à la rhubarbe des cerises fraîches sures dénoyautées et employer la même quantité de sirop de maïs.

Croustade aux bleuets

Substituer au mélange de rhubarbe et de sirop de maïs 3¼ tasses de bleuets frais.

Pouding à la rhubarbe de Régina

Se prépare à travers tout le Canada au moment où la rhubarbe est tendre et rosée. Cette idée originale de recouvrir les fruits d'une détrempe genre gâteau nous vient de la Saskatchewan.

Chauffer le four à 350° F.

Graisser une cocotte de 1½ pinte.

Mélanger ensemble et déposer dans la cocotte

   4½ tasses de rhubarbe tranchée
   1 tasse de sucre

Tamiser ou mélanger ensemble
   1 tasse de farine tout-usage
   2 c. à thé de poudre à pâte
   ½ c. à thé de sel

Crémer ensemble
   2 c. à table de beurre
   2 c. à table de sucre

Incorporer les ingrédients secs alternativement avec ¼ à ½ tasse d'eau froide.

Ajouter suffisamment d'eau pour obtenir une pâte molle.

Laisser tomber par cuillerées sur la rhubarbe.

Saupoudrer de
   1 c. à table de sucre

Cuire à 350°, de 40 à 50 minutes ou jusqu'à ce que la rhubarbe soit bien tendre.

Donne 4 ou 5 portions.

Pouding au suif de Wascana

Dans les premiers temps des colonies, les ménagères préparaient ce pouding en grande quantité dès le mois de novembre, et le conservaient tout l'hiver dans les congélateurs du temps, c'est à dire enfoui sous la neige.

Graisser 2 moules de 5 tasses.

Tamiser ou mélanger ensemble
   3 tasses de farine tout-usage
   1 c. à thé de soda à pâte
   1 c. à thé de cannelle
   ½ c. à thé de sel
   ½ c. à thé de gingembre
   ½ c. à thé de clou de girofle
   ½ c. à thé de muscade
   ½ tasse de sucre

Combiner
   1 tasse de suif finement haché
   1 tasse de mélasse
   1 tasse de lait de beurre ou de lait sur

Y ajouter les ingrédients secs et bien mélanger.

Si désiré, ajouter
   1 tasse de raisins secs ou de raisins de Corinthe

Remplir les moules préparés aux ⅔, couvrir et cuire à la vapeur 3 heures. Servir nappé de sauce argentée (voir page 120).

Donne 16 portions.

Charlotte à l'érable

De l'ambassade canadienne à Moscou, nous avons reçu cette recette de charlotte à l'érable (adaptation de la charlotte russe) au moment même où nous entaillions nos érables, ici au Canada!

Mélanger ensemble
1 enveloppe de gélatine neutre
¼ tasse d'eau froide

L'ajouter à
1 tasse de sirop d'érable canadien chaud

Remuer et cuire à feu doux jusqu'à ce que la gélatine soit dissoute.

Refroidir et laisser prendre à demi.

Incorporer en pliant
1 chopine de crème épaisse, fouettée

Tapisser des plats de service individuels de
doigts de dames

Y verser le mélange sirop-crème. Réfrigérer à fond.

Donne de 6 à 8 portions.

Crème brûlée canadienne

Un dessert français par excellence adapté au goût des Canadiens pour le sucre d'érable.

Chauffer le four à 325° F.

Chauffer au bain-marie
3 tasses de crème (18%)

Battre ensemble
6 jaunes d'oeufs
4 c. à table de sucre

Ajouter graduellement en battant la crème chaude.

Y incorporer
1 c. à thé de vanille

Verser dans un plat de 2 pintes à fond plat, allant au four, et disposer dans un contenant d'eau chaude.

Cuire à découvert à 325°, de 45 à 50 minutes ou jusqu'à ce que pris.

Saupoudrer sur le dessus
⅓ tasse de sucre d'érable finement râpé

Mettre sous le grilleur de 1 à 2 minutes ou jusqu'à ce que le sucre fonde.

Refroidir et servir très froid.

Donne de 6 à 8 portions.

Cossetarde à l'érable

Pour être vraiment canadienne, une cossetarde se doit d'être nappée de sirop d'érable.

Chauffer le four à 350° F.

Graisser légèrement 6 moules à cossetarde ou petits plats de pyrex.

Fondre dans une poêle épaisse
½ tasse de sucre d'érable

Ajouter
½ tasse d'eau chaude
Cuire bien lentement à peu près jusqu'à ce que le sirop forme un fil (190° F. au thermomètre à bonbons).

Verser le sirop dans les moules préparés et en enrober les côtés.

Mélanger ensemble et faire frémir
2 tasses de lait
½ tasse de sucre

Battre légèrement
4 oeufs
OU
8 jaunes d'oeufs
Les ajouter graduellement au lait avec
½ c. à thé de vanille

Tamiser et verser dans les moules sur le sirop.

Mettre dans un plat d'eau chaude.

Cuire à 350°, de 35 à 40 minutes, ou jusqu'à ce qu'ils soient presque pris.

Démouler au moment de servir.

Donne 5 ou 6 portions.

Grands-pères à l'érable

Recette typiquement québecoise et qui nous vient d'ailleurs de Farnham Est, elle peut facilement s'adapter à la mode de Terre-Neuve en substituant au sirop d'érable leurs bleuets ou plaquebières et en augmentant l'eau à 1¾ tasse. Lorsque chaud, sucrer au goût. Ceci devrait plaire à tous les habitants des environs du St-Laurent, fleuve ou golfe.

Dans une large casserole, amener à ébullition
1 tasse d'eau
1¼ tasse de sirop d'érable

Entre-temps, tamiser ou mélanger ensemble
1½ tasse de farine à pâtisserie
1 c. à table de sucre
3 c. à thé de poudre à pâte
½ c. à thé de sel

Avec un coupe-pâte ou deux couteaux, y couper
¼ tasse de shortening

Avec une fourchette incorporer
½ tasse de lait

Remuer pour combiner seulement.

Laisser tomber par cuillerées dans le sirop bouillant.

Saupoudrer sur chaque cuillerée
des noix hachées

Couvrir et laisser mijoter de 15 à 20 minutes sans soulever le couvercle.

Servir immédiatement.

Donne 6 portions.

Soufflé à l'érable

Une spécialité canadienne à saveur délicate et texture aérée, qui ne devrait pas attendre les invités, mais vice versa . . .

Chauffer le four à 300° F.

Bouillir de 7 à 8 minutes ou jusqu'à consistance épaisse
1 tasse de sirop d'érable

Battre jusqu'à formation de pics mous
4 blancs d'oeufs

Incorporer graduellement en battant
½ tasse de sucre à glacer tamisé
2 c. à thé de poudre à pâte

Verser graduellement le sirop chaud sur les blancs d'oeufs et battre continuellement jusqu'à consistance ferme et apparence lustrée.

Verser dans une cocotte de 2 pintes allant au four.

Cuire à 300°, 50 minutes.

Servir immédiatement.

Donne de 6 à 8 portions

Pouding au pain suprême

Utilisés par nécessité aux temps des pionniers, les poudings au pain ont conservé de leur popularité jusqu'à aujourd'hui. Nous en rehaussons l'apparence et le goût avec de la confiture et une meringue.

Chauffer le four à 325° F.

Graisser un plat carré de 8 pouces allant au four.

Faire frémir
4 tasses de lait

Le verser sur
3 tasses de pain séché coupé en cubes

Y mélanger
¾ tasse de sucre
¼ c. à thé de sel
3 jaunes d'oeufs
1 oeuf
3 c. à table de beurre fondu
½ c. à thé de vanille

Verser le tout dans le plat préparé et déposer celui-ci dans un contenant d'eau chaude (environ 1 pouce).

Cuire à 325°, 45 minutes ou jusqu'à ce que le pouding soit pris.

Sur le pouding chaud, étendre
½ tasse de gelée ou de confiture

Battre jusqu'à obtention de pics mous
3 blancs d'oeufs

Y battre graduellement
½ tasse de sucre fin

Battre jusqu'à consistance ferme et apparence lustrée.

Etendre cette meringue en spirales sur la gelée.

Cuire à 325° environ 20 minutes ou jusqu'à coloration légère.

Donne de 8 à 10 portions.

Pouding aux fruits en sauce

Des Maritimes jusqu'aux provinces de l'Ouest, nous retrouvons mille et une recettes de pouding. Voici un genre de pouding éponge du Nouveau-Brunswick.

Chauffer le four à 375° F.

Graisser une cocotte de 6 tasses.
Tamiser ou mélanger ensemble
1 tasse de farine tout-usage
2 c. à thé de poudre à pâte
2 c. à thé de sucre
1 pincée de sel

Avec un coupe-pâte ou deux couteaux, y couper jusqu'à consistance granuleuse
2 c. à table de shortening

Ajouter
1 tasse de raisins secs OU
½ tasse de raisins secs et ½ tasse de sections d'orange

Avec une fourchette incorporer
½ tasse de lait ou de jus d'orange
1 c. à thé de vanille

Verser dans la cocotte.

Mélanger ensemble et verser sur la détrempe
1 tasse de cassonade légèrement pressée
2 c. à table de beurre
1¾ tasse d'eau bouillante

Cuire à 375°, de 25 à 30 minutes ou jusqu'à coloration dorée. La sauce se formera d'elle-même au fond de la cocotte.

Servir chaud nappé de sa propre sauce.

Donne 4 portions.

Vinarterta

Ce gâteau à plusieurs étages portait à l'origine le nom d'un opéra viennois, mais on l'appelle maintenant Wiener Torte, signifiant torte viennoise. Cette recette nous vient du Manitoba où se sont établis des Islandais qui avaient fait leurs études en Europe.

Chauffer le four à 375° F.

Graisser six moules à gâteau ronds de 9 pouces.

Tamiser ou mélanger ensemble
5 tasses de farine tout-usage
3 c. à thé de poudre à pâte

Crémer
1 tasse de beurre

Y incorporer graduellement
1½ tasse de sucre
3 oeufs

Ajouter les ingrédients secs au mélange crémé alternativement avec
½ tasse de crème (10%)
1 c. à thé de vanille
1 c. à thé d'essence d'amande

Diviser en 6 portions et abaisser chacune sur une surface légèrement enfarinée et les mettre dans chacun des moules préparés.

Cuire à 375°, de 12 à 15 minutes.

Refroidir et entasser avec une garniture de pruneaux entre les étages.

Garniture de pruneaux pour le vinarterta

Laisser mijoter ensemble jusqu'à ce que le liquide soit absorbé
2 livres de pruneaux
2 tasses d'eau

Dénoyauter et passer au hachoir-viande. Ajouter
2½ tasses de sucre
1 c. à thé de graines de cardamome, moulues finement

Cuire sur feu vif 5 minutes, en remuant constamment. Etendre ce mélange entre chaque étage du vinarterta.

Garnir d'un glaçage au beurre, en le laissant couler sur les côtés du gâteau.

Préparer au moins un jour à l'avance, puisque cela lui permet de s'amollir agréablement jusqu'au lendemain.

Bagatelle

Importation anglaise toujours aussi populaire, peut-être parce qu'elle nous suggère un dessert luxueux bien qu'utilisant tout simplement des restes de gâteau, du jus de fruits et des confitures.

Mélanger et faire frémir
2 tasses de lait
½ tasse de sucre

Battre jusqu'à consistance légère
3 oeufs
OU
6 jaunes d'oeufs

Y incorporer graduellement le mélange de lait.

Verser de nouveau dans la casserole et cuire sur feu doux, en remuant constamment, jusqu'à ce que la cossetarde adhère à une cuillère de métal.

Retirer du feu et y mélanger
  ½ c. à thé de vanille

Réfrigérer.

Disposer dans le fond d'un plat de service une couche de gâteau blanc ou de gâteau éponge, tranché en morceaux de ¾ pouce d'épaisseur.

Asperger de
  ⅓ tasse de sherry
  OU
  de jus de fruits

Enduire de
  confiture de framboises

Verser par cuillerées la cossetarde molle sur le gâteau.

Réfrigérer.

Servir garni de crème fouettée.

Donne de 6 à 8 portions.

Shortcake aux fraises de Jemseg

Dit de Jemseg, ville du Nouveau-Brunswick où l'on cultive les fraises, ce shortcake a fait ses preuves d'un bout à l'autre du pays. Pour ceux qui préfèrent une base de gâteau, référez-vous à la recette du gâteau au beurre (voir page 105).

Chauffer le four à 450° F.

Tamiser ou mélanger ensemble
  2¼ tasses de farine tout-usage
  4 c. à thé de poudre à pâte
  1 c. à thé de sel
  ¼ tasse de sucre

Avec un coupe-pâte ou deux couteaux y couper jusqu'à consistance granuleuse
  ½ tasse de beurre ou de shortening

Ajouter
  1 tasse de lait

Mélanger légèrement avec une fourchette pour obtenir une pâte molle et quelque peu collante.

Pétrir la pâte délicatement de 8 à 10 fois sur une surface légèrement enfarinée.

Rouler ou aplatir de la main à ½ pouce d'épaisseur. Découper en cercles de 3 pouces.

Cuire sur une tôle à biscuits non graissée à 450°, de 12 à 15 minutes ou jusqu'à coloration dorée.

Refroidir, briser en deux et beurrer.

Remplir de fraises fraîches écrasées (employer environ ⅓ tasse de sucre pour chaque tasse de fruits). Garnir de crème fouettée sucrée et de fraises entières.

Donne 12 portions.

Gâteau renversé à l'ananas

Lors du retour de leurs fils de la dernière guerre, plusieurs mères ont dû leur préparer un gâteau renversé à l'ananas ou une tarte aux pommes. Tous deux se classent en tête de la liste de nos desserts canadiens préférés.

Chauffer le four à 350° F.

Graisser un moule à gâteau carré de 9 pouces.

Fondre ensemble et verser dans le moule
  2 c. à table de beurre
  ¼ tasse de miel liquide

Disposer sur le miel
  9 tranches d'ananas en boîte
  9 cerises au marasquin

Tamiser ou mélanger ensemble
  1½ tasse de farine à pâtisserie
  ½ c. à thé de sel
  2 c. à thé de poudre à pâte

Crémer
  ⅔ tasse de beurre

Y incorporer graduellement
  ¾ tasse de sucre
  2 oeufs
  1 c. à thé de vanille

Battre jusqu'à consistance légère et duveteuse.

Ajouter les ingrédients secs au mélange crémé alternativement avec
  ⅔ tasse de lait

Mélanger légèrement après chaque addition.

Verser dans le moule préparé.

Cuire à 350°, de 40 à 45 minutes ou jusqu'à ce que le gâteau reprenne sa forme lorsque légèrement pressé.

Renverser sur un plat de service et laisser reposer 5 minutes. Démouler et refroidir.

Crème glacée aux fruits frais

Quiconque a déjà eu le plaisir de lécher la manivelle, comme récompense pour l'avoir tournée, proclamera les délices de cette crème glacée.

Chauffer au bain-marie ou dans une casserole épaisse jusqu'à ce qu'une pellicule se ride à la surface
1½ tasse de crème de table ou de lait évaporé non dilué

Y mélanger
½ tasse de sucre
¼ c. à thé de sel

Battre
4 jaunes d'oeufs

et y ajouter un peu de crème chaude; puis incorporer peu à peu ces jaunes d'oeufs à la crème. Cuire sur eau bouillante en remuant constamment jusqu'à ce que la cossetarde ait la consistance de sirop de maïs.

Y mélanger
1 c. à thé de vanille

Refroidir.

Incorporer en pliant
2 tasses de crème épaisse, fouettée
1½ tasse de baies ou de pêches écrasées.

Verser dans 2 tiroirs à glace et congeler environ 3 heures.

Donne 1 pinte.

Congélateur à manivelle
Doubler la recette, si désiré.
Placer la manivelle dans la sorbetière, y verser la préparation à crème glacée et couvrir hermétiquement. Entasser en dessous et autour de la sorbetière, dans le récipient de bois, un mélange réfrigérant de 8 parties de glace concassée et 1 partie de gros sel. Tourner la manivelle lentement pendant les 5 premières minutes, puis le plus vite possible jusqu'à ce que la crème glacée soit prise. Retirer l'axe. Fermer la sorbetière hermétiquement. Enlever l'eau formée pendant la congélation. Entasser à nouveau le mélange réfrigérant tout autour de et sur la sorbetière. Couvrir de papier journal et de couvertures et laisser reposer de 3 à 4 heures.

Sauce mousseuse

Légère comme un flocon de neige, idéale pour accompagner le pouding de Noël!

Battre jusqu'à formation de pics fermes mais non secs
2 blancs d'oeufs

Y battre graduellement
1 tasse de sucre à glacer tamisé

Incorporer
¼ tasse de lait chaud
1 c. à thé de vanille

Battre jusqu'à consistance épaisse et couleur citron
2 jaunes d'oeufs

Y ajouter en battant
¾ tasse de crème épaisse

Incorporer en pliant dans les blancs d'oeufs battus.

Servir sur un pouding à la vapeur.
Donne 2½ tasses.

Sauce au brandy

Une sauce toute simple pour napper du pouding au suif.

Dans une casserole, faire fondre
¼ tasse de beurre

Mélanger ensemble et incorporer
¼ tasse de farine
⅔ tasse de cassonade légèrement pressée

Incorporer graduellement
1½ tasse de lait

Cuire sur feu moyen et remuer continuellement jusqu'à ce que le mélange épaississe.

Ajouter en remuant
¼ tasse de brandy

Servir chaud sur un pouding au four ou un pouding à la vapeur.

Donne environ 2 tasses.

Sauce argentée

L'emploi de cassonade donne à cette sauce une texture légèrement granuleuse. Il doit en être ainsi.

Crémer
⅓ tasse de beurre

Incorporer graduellement
¾ tasse de cassonade légèrement pressée

Battre jusqu'à ce que le mélange soit lisse et duveteux.

Ajouter graduellement en battant
2 c. à table de crème épaisse
2 c. à thé de brandy

Réfrigérer.

Servir sur un pouding au four ou un pouding à la vapeur.

Donne environ 1 tasse.

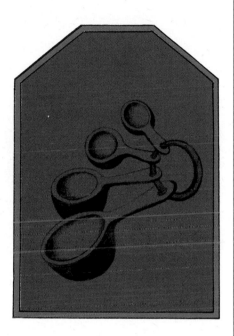

Sauce à l'américaine

"Hard Sauce" ou sauce dure, appellation américaine bien connue au Canada; la sauce fond sur le pouding de Noël d'une façon fort appétissante. Nos amis anglais l'appellent plutôt sauce au rhum ou au brandy.

Crémer
⅓ tasse de beurre

Ajouter graduellement
1 tasse de sucre à glacer tamisé

Battre jusqu'à consistance légère.

Incorporer
1 c. à thé de vanille

OU
1 c. à table de brandy, de sherry ou de rhum

Réfrigérer.

Servir froid sur un pouding au four ou un pouding à la vapeur.

Donne 1 tasse.

Sauce chaude au beurre et au miel

De l'Alberta, province du boeuf et du miel, nous vient cette délicieuse recette.

Dans une casserole, mélanger ensemble
½ tasse d'eau froide
1 c. à table de fécule de maïs

Y incorporer
½ tasse de miel
2 c. à table de beurre

Cuire à feu doux et remuer occasionnellement jusqu'à ce que la sauce commence à bouillir et soit épaisse et claire.

Ajouter
quelques gouttes d'essence de citron

Servir chaud sur un pouding chômeur, des grands-pères aux pommes, un pouding à la vapeur, des crêpes ou des gaufres.

Donne environ 1 tasse.

Sauce chaude au rhum

De Calgary, en Alberta, nous avons reçu cette recette d'une délicieuse sauce servie sur une portion de tarte aux pommes chaude dans la salle à manger du restaurant "Georgian Terrace", situé sur le célèbre "Macleod Trail".

Dans une casserole, mélanger ensemble
1¼ tasse de cassonade légèrement pressée
½ tasse de miel
1 pincée de sel
½ tasse de beurre
¼ tasse d'eau chaude

Amener à ébullition juste pour faire fondre le beurre.

Retirer du feu et ajouter
2 c. à table d'essence de rhum
OU
⅓ tasse de rhum

Verser par cuillerées sur les portions de tarte aux pommes.

Mettre sous le grilleur quelques secondes jusqu'à ce que la garniture bouillonne.

Servir immédiatement. Donne environ 1¼ tasse.

Biscuits

Nous avons essayé des recettes allant du petit biscuit à dentition du bon vieux temps aux préparations modernes "sans cuisson" et nous estimons que ce choix de biscuits illustre très bien les préférences canadiennes actuelles.

Délices grillés à l'abricot

Cette recette a remporté le premier prix d'un concours national et la popularité de ces biscuits depuis lors n'a cessé de grandir.

Dans une casserole, combiner
  1 tasse d'abricots secs, hachés
  ½ tasse d'eau

Couvrir et cuire ensemble jusqu'à ce qu'ils soient tendres (8 minutes).

Refroidir.

Chauffer le four à 375° F.

Graisser légèrement une tôle à biscuits.
Tamiser ou mélanger ensemble
  1¾ tasse de farine tout-usage
  2 c. à thé de poudre à pâte
  ½ c. à thé de sel

Crémer ensemble
  1 tasse de shortening
  ½ tasse de sucre
  ½ tasse de cassonade légèrement pressée
  1 c. à thé de vanille
  ¼ c. à thé d'essence d'amande

Y battre
  1 oeuf
Battre jusqu'à consistance légère et duveteuse.

Y mélanger les ingrédients secs et le mélange d'abricots refroidi.

Laisser tomber la pâte par cuillerées dans
  1½ tasse de noix de coco râpée

Façonner en boules. Placer à environ 1 pouce d'intervalle sur la tôle à biscuits graissée.

Garnir chaque biscuit de
  1 amande
Cuire à 375°, de 12 à 15 minutes ou jusqu'à ce que la noix de coco soit dorée.

Donne 6 douzaines.

Biscuits aux parcelles de chocolat

D'origine américaine, ces croustillants biscuits regorgeant de parcelles de chocolat ont bien vite été adoptés par les Canadiens et comptent aujourd'hui parmi leurs biscuits préférés.

Chauffer le four à 375° F.

Graisser légèrement une tôle à biscuits.

Tamiser ou mélanger ensemble
  1¼ tasse de farine à pâtisserie
  ½ c. à thé de sel
  ¼ c. à thé de soda à pâte

Crémer ensemble
  ½ tasse de shortening
  ½ tasse de sucre
  ¼ tasse de cassonade légèrement pressée
  1 c. à thé de vanille

Y battre
  1 oeuf

Battre jusqu'à consistance légère et duveteuse.

Y mélanger les ingrédients secs.

Ajouter en pliant
  ½ tasse de noix de Grenoble hachées
  1 paquet (6 onces) de parcelles de chocolat

Laisser tomber la pâte par cuillerées sur la tôle à biscuits graissée à environ 2 pouces d'intervalle.

Cuire à 375°, 8 minutes ou jusqu'à coloration dorée.

Donne 4 douzaines.

Biscuits au beurre d'arachide

A l'heure du goûter ou pour le dîner que l'on emporte à l'école, les biscuits au beurre d'arachide sont toujours les favoris des enfants. Ils se conserveront à merveille — si vous réussissez à les bien cacher!

Chauffer le four à 350° F.

Graisser légèrement une tôle à biscuits. Tamiser ou mélanger ensemble
- **1¼ tasse de farine tout-usage**
- **¼ c. à thé de soda à pâte**
- **¼ c. à thé de sel**

Crémer ensemble
- **½ tasse de beurre**
- **⅔ tasse de cassonade légèrement pressée**
- **½ tasse de sucre**
- **⅔ tasse de beurre d'arachide**

Y battre
- **1 oeuf**

Incorporer les ingrédients secs au mélange crémé.

Façonner en petites boules et les placer sur la tôle à biscuits graissée à environ 3 pouces d'intervalle.

Aplatir en pressant avec une fourchette enfarinée.

Cuire à 350°, de 12 à 15 minutes, ou jusqu'à coloration dorée.

Donne de 4 à 5 douzaines.

Bouchées aux fruits

Specialité des ménagères de Skidaddle Ridge dans le Nouveau-Brunswick, ces riches bouchées aux fruits font le régal des chasseurs de la région aux cours de leurs longues expéditions.

Chauffer le four à 350° F.

Graisser légèrement une tôle à biscuits.

Tamiser ou mélanger ensemble
- **3 tasses de farine tout-usage**
- **1 c. à thé de soda à pâte**
- **½ c. à thé de sel**

Crémer ensemble

- **¾ tasse de beurre**
- **1½ tasse de cassonade légèrement pressée**
- **1 c. à thé de vanille**

Y battre
- **1 oeuf**
- **1 tasse de salade aux fruits, bien égouttée**

Y mélanger les ingrédients secs.

Ajouter en pliant
- **½ tasse de noix de Grenoble hachées**

Laisser tomber la pâte par cuillerées à thé sur la tôle à biscuits graissée à environ 2 pouces d'intervalle.

Cuire à 350°, de 10 à 12 minutes ou jusqu'à coloration dorée.

Donne 6 douzaines.

Empreintes de pouce

Ce nom quelque peu original leur vient du fait que le pouce est le meilleur ustensile à utiliser pour faire le creux demandé dans la recette.

Chauffer le four à 325° F.

Graisser légèrement une tôle à biscuits.

Crémer ensemble
- **½ tasse de beurre**
- **⅓ tasse de sucre**

Y battre
- **1 jaune d'oeuf**
- **½ c. à thé d'essence d'amande**

Y mélanger
- **1 tasse de farine tout-usage**

Réfrigérer la pâte, si nécessaire.

Façonner en petites boules.

Tremper dans
- **1 blanc d'oeuf légèrement battu**

Rouler dans
- **1 tasse de noix hachées fin**

Placer sur la tôle à biscuits graissée, à environ 1 pouce d'intervalle. Faire un creux au centre de chacune.

Cuire à 325°, 5 minutes.

Accentuer le creux si nécessaire. Cuire de 8 à 10 minutes de plus, ou jusqu'à ce que les biscuits soient pris.

Laisser refroidir et remplir le creux avec de la
- **gelée ou confiture**

Donne de 3 à 4 douzaines.

Biscuits aux flocons d'avoine

Les flocons d'avoine, si chers au coeur de nos ancêtres écossais, figuraient aussi parmi les denrées de base de nos pionniers. Souvent de nos jours, nous réunissons deux de ces croustillantes gaufrettes en sandwich en les garnissant de la riche garniture aux dattes (voir page 128) — mais ceci n'est pas pour la cuisinière impatiente!

Chauffer le four à 375° F.

Graisser légèrement une tôle à biscuits.

Tamiser ou mélanger ensemble
   1¼ tasse de farine à pâtisserie
   ½ c. à thé de soda à pâte

Y incorporer
   1¼ tasse de flocons d'avoine

Crémer ensemble
   ¼ tasse de beurre
   ¼ tasse de saindoux
   ½ tasse de cassonade légèrement pressée

Y mélanger
   ¼ tasse d'eau chaude

Incorporer les ingrédients secs au mélange crémé.

Réfrigérer 1 heure.

Rouler la pâte très mince sur une surface légèrement enfarinée et tailler avec un emporte-pièce à biscuits.

Placer sur la tôle à biscuits graissée et garnir le centre de chaque biscuit d'une pincée de sucre coloré.

Cuire à 375°, de 5 à 8 minutes, ou jusqu'à coloration dorée.

Donne 6 douzaines de biscuits de 3 pouces.

Biscuits à la cuillère

Substituer au mélange de beurre et de saindoux ¾ tasse de beurre et augmenter la cassonade à ⅔ tasse.

Façonner en petites boules et aplatir avec une fourchette enfarinée pour bosseler la surface.

Cuire tel qu'indiqué ci-dessus.

Biscuits au sucre d'érable

Cette excellente recette date du temps de l'établissement des premiers colons dans le Haut-Canada (maintenant l'Ontario). Le sucre de canne y était alors plutôt rare, tandis que le sucre d'érable était une denrée courante. De nos jours, les produits de l'érable constituent surtout une spécialité de la province de Québec.

Chauffer le four à 350° F.

Graisser légèrement une tôle à biscuits.

Tamiser ou mélanger ensemble
   2 tasses de farine à pâtisserie
   1 c. à thé de poudre à pâte

Crémer ensemble
   1 tasse de beurre
   1 tasse de sucre d'érable
   ½ tasse de cassonade légèrement pressée

Y battre
   1 oeuf
   1 c. à table d'eau

Incorporer les ingrédients secs au mélange crémé.

Rouler la pâte sur une surface légèrement enfarinée, à ⅛ pouce d'épaisseur et découper avec un emporte-pièce à biscuits.

Placer sur la tôle à biscuits à environ 1 pouce d'intervalle.

Cuire à 350°, de 5 à 8 minutes, ou jusqu'à coloration dorée.

Donne 6 douzaines de biscuits de 3 pouces.

Biscuits au citron à l'ancienne

On a trouvé cette recette dans un vieux cahier contenant recettes, comptes, budgets et notes diverses telles que celle-ci: "Au Parlement du Dominion à Ottawa, la Chambre des Communes a trois partis — les Réformateurs, les Conservateurs et les Indépendants. Les Réformateurs sont présentement au pouvoir avec à leur tête Sir Wilfrid Laurier. Le chef Conservateur, R. L. Borden."

On peut se procurer de l'huile de citron dans les pharmacies.

Si vous préférez, remplacez-la par une même quantité d'essence de citron.

Chauffer le four à 375° F.

Graisser légèrement une tôle à biscuits.

Tamiser ou mélanger ensemble
   3¼ tasses de farine tout-usage
   ½ c. à thé de soda à pâte
   1 pincée de sel

Mélanger ensemble
¾ tasse de beurre, fondu
1¼ tasse de sucre
¼ c. à thé d'huile de citron

Y battre
2 oeufs

Incorporer les ingrédients secs.

Si nécessaire, ajouter un peu plus de farine pour obtenir une pâte ferme.

Rouler la pâte sur une surface légèrement enfarinée, à environ ⅛ pouce d'épaisseur.

Découper en carrés ou avec un emporte-pièce à biscuits et placer sur la tôle à biscuits graissée, à environ 1 pouce d'intervalle.

Saupoudrer de sucre granulé.

Cuire à 375°, de 10 à 12 minutes, ou jusqu'à coloration dorée.

Donne de 4 à 5 douzaines.

Bâtonnets de Nanaimo

Nanaimo, port bien connu de l'île de Vancouver, a commencé en 1849 par l'établissement d'un poste de traite de la Baie d'Hudson dirigé alors par une "association de tribus" ou "Sne-ny-no" en indien, c'est-à-dire Nanaimo.

Graisser un moule carré de 9 pouces.

Dans une casserole, mélanger
½ tasse de beurre
¼ tasse de sucre
5 c. à table de cacao
1 oeuf
1 c. à thé de vanille

Cuire sur feu moyen et remuer continuellement jusqu'à consistance lisse et légèrement épaissie.

Y incorporer
1⅔ tasse de fine chapelure de biscuits Graham
1 tasse de noix de coco desséchée
½ tasse de noix de Grenoble hachées

Etendre et presser de la main dans le moule préparé.

Crémer
¼ tasse de beurre

Y battre graduellement
2 tasses de sucre à glacer tamisé
1 oeuf

Etendre sur le mélange de chapelure et réfrigérer environ 15 minutes.

Faire fondre ensemble sur de l'eau chaude
4 carrés de chocolat semi-sucré
1 c. à table de beurre

Etendre sur le dessus. Réfrigérer. Couper en bâtonnets lorsque le mélange est bien pris.

Donne 20 bâtonnets.

Pyrizhky

Une excellente recette polonaise qui nous a été soumise d'Edmonton en Alberta, où de nombreux Polonais et Ukrainiens se sont établis.

Chauffer le four à 375° F.

Graisser généreusement une tôle à biscuits.

Crémer
1 tasse de beurre

Y incorporer
3 jaunes d'oeufs
2 c. à table de crème sure épaisse
1 c. à thé de vanille
¼ c. à thé de sel

Battre jusqu'à consistance legère et duveteuse.

Y remuer
2 tasses de farine tout-usage

Réfrigérer jusqu'à ce que la pâte soit assez ferme pour être roulée.

Mélanger ensemble
⅔ tasse de confiture de fraises épaisse
½ tasse de noix de Grenoble hachées

Combiner avec
⅓ tasse d'amandes hachées
½ tasse de noix de coco desséchée

Battre jusqu'à consistance mousseuse
3 blancs d'oeufs

Rouler la pâte froide sur une surface légèrement enfarinée. Découper avec un emporte-pièce de 2½ pouces. Déposer une cuillerée du mélange de confiture et de noix au centre, plier la pâte en deux et sceller les bords de façon à former un demi-cercle. Tremper dans les blancs d'oeufs et rouler dans le mélange amande et noix de coco. Placer sur la tôle à biscuits bien graissée.

Cuire à 375° jusqu'à coloration légèrement brune.

Donne 5 douzaines.

Carrés aux dattes

Ce genre de dessert porte le nom de "gâteau matrimonial" dans les provinces de l'Ouest. Des plus versatiles, il s'adapte aussi bien à l'heure du thé qu'au repas familial selon qu'on le coupe en bouchées ou en morceaux plus gros.

Chauffer le four à 350° F. Graisser un moule carré de 8 pouces.

Dans une casserole, mélanger
2 tasses de dattes hachées
¾ tasse de sirop de maïs
½ tasse d'eau
½ c. à thé de vanille
1 à 2 c. à table de jus de citron

Amener à ébullition et laisser mijoter jusqu'à consistance épaisse. Laisser refroidir.

Mélanger ensemble
1⅓ tasse de farine tout-usage
1⅓ tasse de cassonade légèrement pressée
½ c. à thé de soda à pâte
1⅓ tasse de flocons d'avoine

A l'aide d'une fourchette, y incorporer
⅔ tasse de beurre, fondu

Remuer jusqu'à consistance granuleuse. Presser la moitié du mélange granuleux dans le moule graissé. Y étendre le mélange aux dattes. Couvrir de l'autre moitié et presser légèrement de la main.

Cuire à 350°, de 30 à 35 minutes ou jusqu'à coloration dorée. Réfroidir et couper en carrés.

Donne 16 carrés.

Biscuits "shortbread"

En Ecosse, les recettes de shortbread se passent de mère en fille, de génération en génération. C'est une spécialité du temps des fêtes.

Chauffer le four à 300° F.

Crémer jusqu'à consistance très légère
1 tasse de beurre

Y incorporer
½ tasse de sucre à fruits
OU

⅔ tasse de cassonade légèrement pressée

Battre jusqu'à consistance légère et duveteuse.

Y mélanger graduellement
2¼ tasses de farine tout-usage

Bien pétrir la pâte pour incorporer toute la farine.

Réfrigérer ½ heure.

Rouler sur une surface légèrement enfarinée à ¼ de pouce d'épaisseur et découper en formes assorties ou rouler en deux cercles de ½ pouce d'épaisseur et les piquer avec une fourchette.

Cuire sur une tôle à biscuits non graissée, à 300°, de 18 à 20 minutes ou jusqu'à ce qu'ils soient pris mais non brunis. Les cercles prendront environ 1½ heure de cuisson.

Donne 3 à 4 douzaines de biscuits.

Biscuits écossais

Substituer au sucre ¼ tasse de sucre à glacer tamisé et ¼ tasse de cassonade et ajouter ½ c. à thé de vanille.

Rouler et découper en biscuits. Cuire tel qu'indiqué ci-dessus.

Carrés au chocolat d'Antigonish

Ce dessert irrésistible plaira sans aucun doute aux amateurs de chocolat et ils se délecteront d'une mince couche surprise de sauce au chocolat au centre.

Chauffer le four à 350° F.

Graisser généreusement un moule à gâteau carré de 8 pouces.

Dans une casserole, combiner
⅓ tasse de lait évaporé non dilué
⅓ tasse de sucre
2 c. à table d'eau
½ carré de chocolat non sucré

Cuire sur feu moyen et remuer continuellement jusqu'à consistance lisse.

Mettre de côté.

Crémer
½ tasse de shortening

Y incorporer graduellement
¾ tasse de sucre
2 oeufs
1 c. à thé de vanille
1½ carré de chocolat non sucré, fondu

Combiner et incorporer au mélange crémé
⅓ tasse de farine tout-usage
½ c. à thé de sel

Y ajouter
½ tasse de noix hachées

Verser la moitié de la pâte dans le moule graissé. Déposer par cuillerées sur le dessus, la moitié de la sauce au chocolat. Couvrir du reste de la pâte.

Cuire à 350°, de 25 à 30 minutes.

Etendre le restant de la sauce au chocolat sur la surface et garnir avec
½ tasse de noix hachées

Mettre sous le grilleur de 1 à 2 minutes ou jusqu'à ce que la garniture bouillonne.

Refroidir dans le moule et découper en carrés.

Donne 16 carrés.

Carrés au caramel et à la guimauve

Cette recette est une contribution d'un de nos membres d'Oshawa, mais il semblerait que la recette est originaire de Montréal.

Chauffer le four à 350° F.

Graisser un moule à gâteau carré de 8 pouces.

Dans une casserole, fondre
⅓ tasse de beurre

Y mélanger
1 tasse de cassonade légèrement pressée
1 oeuf
1 c. à thé de vanille

Tamiser ou mélanger ensemble
¾ tasse de farine tout-usage
1 c. à thé de poudre à pâte
¼ c. à thé de sel

Incorporer les ingrédients secs au mélange de beurre et ajouter
½ tasse de pacanes hachées

Etendre la pâte dans le moule préparé.

Cuire à 350°, 25 minutes.

Couper en deux, environ
20 guimauves

Placer les moitiés l'une près de l'autre sur les carrés sortant du four. Presser délicatement pour aplatir.

Dans une casserole, combiner
1½ tasse de cassonade légèrement pressée
¼ tasse de beurre
⅓ tasse de crème (18%)
1 pincée de sel

Couvrir et amener à ébullition.

Enlever le couvercle et continuer à cuire jusqu'à formation d'une boule molle dans de l'eau froide (238° au thermomètre à bonbons).

Refroidir 5 minutes sans remuer.
Y battre
1 c. à thé de vanille

Continuer à battre jusqu'à consistance lisse et ferme.

Etendre sur les guimauves. Refroidir et couper en carrés.

Donne 24 carrés.

Biscuits frigo au fromage

Un biscuit non sucré qui peut tout aussi bien se servir au début qu'à la fin d'un repas, selon votre fantaisie.

Chauffer le four à 400° F. Graisser légèrement une tôle à biscuits.

Tamiser ou mélanger ensemble
1 tasse de farine tout-usage
½ c. à thé de paprika
¼ c. à thé de moutarde en poudre
1 pincée de cayenne

Crémer
½ tasse de beurre

Y incorporer graduellement
2 tasses (½ livre) de cheddar canadien râpé

Ajouter en remuant à la main les ingrédients secs. Former en rouleaux de 1 pouce de diamètre. Envelopper chaque rouleau de papier ciré et réfrigérer. Découper en tranches de ¼ pouce d'épaisseur et les placer sur la tôle à biscuits à environ 1 pouce d'intervalle.

Badigeonner de
lait

Saupoudrer de
graines de pavot

Cuire à 400°, de 8 à 10 minutes ou jusqu'à coloration dorée.

Donne 4 douzaines.

Croustillants au gingembre

Selon la mode de Terre-Neuve, la pâte au gingembre doit être roulée le plus mince possible afin de donner au biscuit le croquant qui le caractérise.

Chauffer le four à 375° F.

Graisser légèrement une tôle à biscuits. Amener à ébullition
- **¼ tasse d'eau**
- **½ tasse de mélasse**
- **⅓ tasse de shortening**

Refroidir.

Tamiser ou mélanger ensemble
- **2 tasses de farine tout-usage**
- **⅔ tasse de sucre**
- **½ c. à thé de soda à pâte**
- **1 pincée de sel**
- **1 c. à table de gingembre**
- **½ c. à thé de muscade**
- **½ c. à thé de cannelle**

Incorporer les ingrédients secs au mélange de mélasse.

Réfrigérer 1 heure.

Rouler la pâte sur une surface légèrement enfarinée, à ⅛ pouce d'épaisseur. Découper avec un emporte-pièce à biscuits.

Cuire à 375°, de 5 à 8 minutes, ou jusqu'à coloration légère.

Donne 6 douzaines.

Gâteaux gallois

Les Gallois se font un point d'honneur de servir ces biscuits en souvenir de leur bon roi Alfred, le jour de la St-David, le 1er mars, leur fête nationale.

Chauffer une plaque chauffante ou une poêle épaisse. L'enduire de gras non salé.

Tamiser ou mélanger ensemble
- **2 tasses de farine tout-usage**
- **3 c. à table de sucre**
- **¼ c. à thé de poudre à pâte**

Avec un coupe-pâte ou deux couteaux, y couper jusqu'à consistance granuleuse
- **½ tasse de beurre**

Y mélanger
- **½ tasse de raisins de Corinthe**

Battre
- **2 oeufs**

Les ajouter aux autres ingrédients.

Remuer avec une fourchette jusqu'à obtention d'une pâte.

Renverser la pâte sur une surface légèrement enfarinée. Rouler à ½ pouce d'épaisseur. Découper avec un emporte-pièce enfariné. Cuire sur la plaque chaude graissée. Retourner lorsque dorés.

Laisser sécher légèrement sur la plaque pendant quelques minutes.

Saupoudrer de sucre alors qu'ils sont encore chauds.

Donne 3 douzaines.

Carrés au citron

Nous avons déniché, dans un livre préparé par les Dames auxiliaires d'une paroisse des cantons de l'Est dans la Belle Province, cette recette que nous avons modernisée légèrement. Vous aussi trouverez rafraîchissant ce goût aigrelet de citron.

Chauffer le four à 375° F.

Dans une casserole, mélanger
- **½ tasse de sucre**
- **2 jaunes d'oeufs**
- **1 c. à table de zeste de citron râpé**
- **3 c. à table de jus de citron**
- **2 c. à table de beurre**

Cuire en remuant fréquemment jusqu'à ce que le mélange épaississe. Refroidir.

Crémer
- **½ tasse de beurre**

Y incorporer
- **½ tasse de cassonade légèrement pressée**

Y mélanger jusqu'à consistance granuleuse
- **1½ tasse de farine à pâtisserie**

Presser au fond d'un moule carré de 9 pouces non graissé.

Cuire à 375°, de 14 à 16 minutes.

Au sortir du four, y étendre la garniture au citron.

Garniture

Battre jusqu'à formation de pics fermes mais non secs
2 blancs d'oeufs

Y incorporer graduellement
⅓ tasse de sucre

et battre jusqu'à formation de pics fermes et lustrés.

Ajouter en pliant
2 tasses de noix de coco râpée desséchée

Etendre cette meringue sur la garniture. Retourner au four 15 minutes ou jusqu'à coloration dorée. Refroidir et couper en carrés.

Donne 20 carrés.

"Speculaas" hollandais

Cette recette nous vient d'un groupe de colons hollandais établis près de Haney en Colombie-Britannique. Leur version demandait l'emploi d'une cuillerée à thé de clou de girofle; mais comme la saveur nous semblait un peu trop prononcée, nous nous sommes permis de la réduire.

Chauffer le four à 350° F. Graisser légèrement un moule à gâteau de 9 x 13 pouces.

Tamiser ou mélanger ensemble
3¼ tasses de farine tout-usage
1 c. à thé de soda à pâte
1 c. à thé de muscade
1 c. à thé de gingembre
1 c. à thé de quatre-épices
½ c. à thé de sel
¼ c. à thé de clou de girofle

Crémer ensemble
1 tasse de beurre
1 tasse de cassonade légèrement pressée
1 tasse de sucre

Y incorporer
2 oeufs

Battre jusqu'à consistance légère et duveteuse. Y mélanger à la main les ingrédients secs. Verser dans le moule graissé.

Parsemer de
½ tasse d'amandes blanchies tranchées

Cuire à 350°, de 25 à 30 minutes ou jusqu'à coloration dorée.

Donne 4 douzaines de bâtonnets.

Ailes de papillon de Hvorost

Même si vos invités ne reconnaissent pas la forme d'ailes de papillon, ils apprécieront sûrement la légèreté de ces biscuits qui fondent littéralement dans la bouche.

Chauffer la grande friture à 375° F.
Battre
3 jaunes d'oeufs

Y mélanger
⅓ tasse de sucre
½ tasse de crème (18%)
2 c. à thé de vanille
2 tasses de farine tout-usage

Diviser la pâte en 4 portions.

La rouler très mince.

Découper en losanges avec une roulette à découper ou un couteau.

Faire une incision au centre du losange et faire passer les coins au travers.

Laisser tomber dans le gras chauffé. Cuire jusqu'à coloration dorée.

Egoutter sur du papier absorbant.

Saupoudrer de
sucre à glacer

Mettre de côté lorsque refroidi.

Donne 4 douzaines.

Choisies pour la faveur qu'elles connaissent ici, ces recettes de bonbons se devaient de figurer dans notre livre. Les cuisinières modernes utilisent un thermomètre pour éliminer tous les tâtonnements dans la confection des bonbons, mais si vous n'en possédez pas, ce tableau constituera un guide excellent.

TEMPERATURES ET ESSAIS POUR LE SIROP ET LES BONBONS			
Température du sirop au niveau de la mer (indiquant la concentration désirée)			
Produit	Degrés F.	Essai	Description de l'essai
Sirop .... 230 à 234		Filament	Le sirop forme un filament de 2 pouces quand on le laisse tomber d'une cuillère ou d'une fourchette.
Fondant Fudge .... 234 à 240 Panocha		Boule molle	Le sirop, quand on le laisse tomber dans de l'eau très froide, forme une boulette molle qui s'aplatit quand on la retire de l'eau.
Caramels ...... 244 à 248		Boule ferme	Le sirop, quand on le laisse tomber dans de l'eau très froide, forme une boulette ferme qui ne s'aplatit pas quand on la retire de l'eau.
Divinités Guimauves .... 250 à 266 Boulettes de maïs soufflé		Boule dure	Le sirop, quand on le laisse tomber dans de l'eau très froide, forme une boulette assez dure pour garder sa forme, mais cependant malléable.
Beurre écossais Caramels mous 270 à 290		Cassé léger	Le sirop, quand on le laisse tomber dans de l'eau très froide, se sépare en filaments flexibles mais non cassants.
Croquant ...... 300 à 310 Glacé		Cassé dur	Le sirop, quand on le laisse tomber dans de l'eau très froide, se sépare en filaments durs et cassants.
Sucre d'orge 320		Liquide transparent	Le sucre se liquéfie.
Caramel 338		Liquide brun	Le liquide brunit.

Sucre à la crème du Québec

Les Indiens initièrent nos premiers colons français aux délices du sirop d'érable. Ils taillaient l'écorce d'un coup de tomahawk et recueillaient la sève à l'aide d'une bûche creusée.

Le sirop d'érable simplifie la préparation du sucre à la crème et le rend plus onctueux.

Graisser un moule carré de 8 pouces.

Dans une casserole, amener à ébullition
2 tasses de sirop d'érable

¾ tasse de crème douce
2 c. à table de beurre

Bouillir, à découvert, jusqu'à la phase de la boule molle dans de l'eau froide (236° à 238° F. au thermomètre à bonbons).

Laisser tiédir sans remuer jusqu'à 110° F.

Battre jusqu'à consistance crémeuse. Verser dans le moule préparé.

Couper en carrés.

Donne 40 carrés de 1 pouce.

Beurre écossais à l'érable

Cette recette nous rappelle nos bonnes vieilles parties de sucre où l'on réduit l'eau d'érable en sirop qu'on laisse ensuite couler sur de la neige immaculée pour enfin l'enrouler autour des palettes. Quel délice! Ici on ajoute sucre et beurre au sirop pour en faire un bonbon croustillant au riche goût de beurre.

Beurrer un moule carré de 8 pouces.

Dans une casserole, combiner
1 tasse de sucre
⅔ tasse de sirop d'érable
⅓ tasse de beurre
½ tasse d'eau

Amener à ébullition et cuire sans remuer jusqu'à ce qu'une goutte, versée dans de l'eau froide, se sépare en filaments flexibles mais non cassants (285° F.).

Verser dans le moule beurré. Marquer les carrés pendant que le mélange est encore mou. Briser en morceaux lorsque refroidi.

Donne 40 morceaux de 1 pouce.

Tire Sainte-Catherine

Cette tradition canadienne-française, populaire aussi dans les Maritimes et à Terre-Neuve, nous fait préparer de la tire le 25 novembre et consacrer ce jour aux "vieilles filles". On attribue la coutume à Marguerite Bourgeois, fondatrice de la Congrégation Notre-Dame, qui préparait ce bonbon pour ses élèves français et indiens à Ville-Marie. Encore aujourd'hui au Québec, dans la plupart des écoles de ces religieuses, on étire et déguste de la bonne tire à la mélasse.

Graisser généreusement un moule à gâteau roulé.

Dans une casserole, amener à ébullition en remuant jusqu'à ce que le sucre soit fondu
2 tasses de cassonade légèrement pressée
2 tasses de mélasse
1 c. à table de beurre
2 c. à table de vinaigre
½ tasse d'eau

Continuer à bouillir sans remuer jusqu'à ce qu'une goutte de sirop s'effiloche dans de l'eau froide (260° F. au thermomètre à bonbons).

Incorporer en remuant
½ c. à thé de soda à pâte

Verser dans le moule préparé. Avec une spatule de métal, replier les côtés vers le centre jusqu'à ce que le bonbon soit assez refroidi pour être étiré à la main. Bien se beurrer les mains et étirer rapidement le bonbon, en le pliant et le repliant sur lui-même.

Lorsque la couleur commence à pâlir, le tordre et continuer à étirer aussi longtemps que possible. Etirer en longs bâtonnets, les tordre et les couper en morceaux. (Si la tire devient trop difficile à étirer, la réchauffer au four quelques minutes.)

Envelopper les morceaux individuels de papier ciré.

Caramel à la noix de Frédéricton

On a retracé cette recette de croustillant caramel à un livre de recettes imprimé à Londres, Angleterre, en 1735. Les premiers colons anglais l'ont sans doute apportée au Canada, puisqu'on en fait une spécialité de Noël dans la région de Frédéricton au Nouveau-Brunswick.

Bien graisser un moule carré de 9 pouces.

Etendre dans le moule
½ tasse de morceaux de noix de Grenoble

Mélanger dans une poêle à frire
1⅓ tasse de cassonade légèrement pressée
1 tasse de beurre

Cuire sur feu moyen pendant 12 minutes; laisser bouillir le mélange et remuer continuellement.

Verser le mélange rapidement sur les noix.

Saupoudrer sur le caramel chaud
3 carrés de chocolat semi-sucré râpé (ou une tablette de chocolat cassée en morceaux)

Pendant que le chocolat fond, l'étendre jusqu'à consistance lisse.

Saupoudrer de
noix hachées

Réfrigérer et casser en morceaux.

Conserves

Nos fruits et nos légumes sont si savoureux qu'en été on est toujours tenté de les préparer et de les mettre en pots en prévision de l'hiver, où ils viendront agrémenter nos menus, sous forme de confitures, gelées ou marinades. En général, les Canadiens consomment davantage d'aliments en conserve et les préparent plus volontiers à la maison que leurs voisins américains.

Pour réussir parfaitement les confitures et les gelées, il faut choisir des fruits d'une espèce appropriée à cet usage et qui ne soient pas tout à fait mûrs, car leur contenu en pectine est alors plus élevé.

Essai à la pectine pour les gelées

Dans un petit plat, combiner 1 cuillerée à table de jus passé dans le sac à gelée avec 2 cuillerées à table d'alcool à friction. Laisser reposer 30 secondes et verser dans une petite soucoupe. S'il se forme un caillot gélatineux, le jus contient suffisamment de pectine pour faire une bonne gelée en utilisant 1 tasse de sucre pour 1 tasse de jus. S'il se forme deux ou trois caillots gélatineux, le jus contient suffisamment de pectine pour faire une bonne gelée en utilisant ³/₄ de tasse de sucre pour 1 tasse de jus. Si de nombreux petits caillots gélatineux se forment, le jus ne contient pas suffisamment de pectine et nécessite une concentration. Il faut alors faire bouillir le jus jusqu'à ce qu'on obtienne un bon essai à la pectine.

AVERTISSEMENT: L'alcool à friction est un poison. Immédiatement après avoir effectué l'essai à la pectine, verser l'échantillon dans l'évier et laver le plat.

Essai à la gelée

Pour déterminer si la gelée a bouilli suffisamment, tremper une grande cuillère de métal dans le sirop bouillant. En tenant la cuillère au-dessus de la marmite, laisser le sirop retomber dans le récipient. Quand le sirop ne s'écoule plus régulièrement mais se sépare en deux coulées bien distinctes constituées de gouttelettes qui finissent par "s'agglutiner", la gelée a atteint son stade de formation.

Marinade de concombres

L'appellation anglaise "Bread and Butter Pickles" implique avec raison que ces concombres constituent l'accompagnement idéal pour du pain frais beurré, bien qu'ils soient aussi délicieux avec des sandwichs de la viande froide.

Combiner dans un pot de grès ou un bol

> **16 tasses de concombres à marinade tranchés minces**
> **½ tasse de gros sel**
> **7 tasses d'oignons émincés**
> **1 tasse de lanières de piment rouge doux**

Couvrir de cubes de glace. Laisser reposer 2 ou 3 heures ou jusqu'à ce que les concombres soient croustillants et froids. Ajouter plus de glace au besoin. Egoutter.

Dans une grande marmite, combiner

> **4 tasses de vinaigre de vin blanc**
> **6 tasses de sucre**
> **1½ c. à table de graines de céleri**
> **2 c. à table de graines de moutarde**
> **1½ c. à thé de curcuma**
> **½ c. à thé de poivre blanc**

Amener rapidement à ébullition et laisser bouillir 10 minutes. Ajouter le mélange concombres et oignons et amener de nouveau à ébullition.

Sceller immédiatement dans des bocaux stérilisés, et entreposer dans un endroit frais au moins un mois avant de les employer.

Donne 8 ou 9 chopines.

Sauce chili d'Essex Sud

Aucun arôme, si ce n'est celui du pain de ménage dans le four, n'égale la sauce chili mijotant sur le poêle en automne. Cette recette nous vient de Leamington, comté d'Essex en Ontario, où l'on récolte le plus de tomates au Canada.

Peler et hacher
18 grosses tomates mûres

Enlever les graines et hacher
6 gros piments verts

Envelopper sans serrer dans un coton à fromage
3 c. à table d'épices à marinade variées

Dans une grande marmite, combiner tomates et piments avec
4 oignons moyens, hachés
¾ tasse de sucre
3 c. à table de sel
3 tasses de vinaigre doux

Ajouter le sac d'épices et amener à ébullition. Remuer fréquemment. Laisser mijoter, en remuant de temps à autre, environ 1 heure ou jusqu'à ce que le mélange épaississe. Retirer le sac d'épices avant les 15 dernières minutes de cuisson.

Sceller dans des bocaux stérilisés.

Donne 7 chopines.

Epis de blé d'Inde miniatures marinés

Nous avons reçu cette spécialité du comté de Waterloo en Ontario où les économes ménagères mennonites ont développé la recette afin d'utiliser le troisième épi du blé d'Inde destiné à nourrir les vaches. L'épi mesure 3 à 4 pouces et n'a que ½ pouce de diamètre à la base.

Couvrir d'eau bouillante et laisser mijoter 5 minutes
1 pinte d'épis de blé d'Inde miniatures épluchés

Egoutter. Disposer les épis dans des bocaux stérilisés en les tassant bien.

Dans une casserole, combiner
1½ tasse de vinaigre blanc

½ tasse d'eau
¾ tasse de sucre
1½ c. à thé de sel à marinades

Envelopper sans serrer dans un coton à fromage
1 c. à table d'épices à marinades
1 c. à table de graines de céleri

Ajouter le sac d'épices à la casserole et amener à ébullition. Mijoter 5 minutes et retirer le sac d'épices. Verser le liquide chaud sur les épis de blé d'Inde pour remplir complètement chaque bocal.

Sceller et entreposer au moins deux semaines avant de servir.

Donne 2 chopines.

Mincemeat

Oui ou non, le mincemeat (moins bien connu sous le nom de pâte d'épices) devrait-il se préparer avec de la viande? Sujet de discussion intarissable chez les bons cuisiniers. On peut supposer néanmoins qu'au Canada, au début des colonies, la viande hachée était un ingrédient essentiel, tandis que le mincemeat anglais ne doit pas en avoir . . . d'où la discussion.

Dans une casserole, faire brunir
2 tasses (1 livre) de boeuf haché

Y incorporer
2 tasses (1 livre) de suif haché
2 tasses de raisins secs
2 tasses de raisins de Corinthe
6 tasses de pommes râpées (6 ou 7 pommes)
2 tasses de cassonade légèrement pressée
2 tasses de sucre
⅔ tasse de mélasse
1½ c. à thé de sel
2 c. à thé de muscade
2 c. à thé de cannelle
2 c. à thé de clou de girofle
1 paquet (8 onces) de pelures de cédrat confites hachées
¾ tasse de vinaigre de cidre

Chauffer jusqu'à ébullition et cuire 10 minutes.

Ajouter en remuant
1 tasse de brandy

Sceller dans des bocaux stérilisés.

Donne 4 chopines.

Tranches d'orange marinées

Une garniture toute nouvelle, préparée longtemps à l'avance, en attendant l'arrivée du canard du lac Rice avec sauce à l'orange (voir page 80).

Mettre dans une casserole
6 oranges
eau pour les couvrir

Faire bouillir 1 heure ou jusqu'à ce qu'elles soient tendres.

Ajouter
2 c. à thé de sel

Changer d'eau une fois. Egoutter.

Couper les oranges en tranches de ½ pouce d'épaisseur.

Piquer dans la pelure de chaque tranche
3 clous de girofle entiers

Dans une casserole, mélanger ensemble
2 tasses de sucre
¼ tasse de sirop de maïs
1 tasse de vinaigre de malt
2 tasses d'eau
12 graines de coriandre broyées
2 cosses de cardamome
1 bâton de cannelle de 4 pouces

Bouillir 5 minutes. Ajouter les tranches d'orange et bouillir 15 minutes.

Sceller dans des bocaux stérilisés.

Pêches marinées

Vous aimerez l'arôme épicé du sirop qui mijote et celui des pêches tassées dans les bocaux attendant d'être recouvertes de sirop.

Tremper les pêches dans l'eau bouillante et puis dans l'eau froide afin d'amollir la peau.

Employer
6 livres de pêches (environ 25 moyennes)

Peler et piquer dans chaque pêche
2 clous de girofle entiers

Couvrir les pêches d'un mélange de
2½ pintes (12½ tasses) d'eau
3 c. à table de vinaigre

Dans une grande marmite, combiner
9 tasses de sucre
5 tasses de vinaigre blanc
1½ tasse d'eau

Envelopper sans serrer dans un coton à fromage et ajouter à la marmite
1 morceau complet de gingembre séché
3 bâtons de cannelle de 3 pouces

Amener à ébullition et ajouter les pêches égouttées. Couvrir et laisser bouillir jusqu'à ce que les pêches soient tendres — environ 10 minutes. Laisser reposer jusqu'au lendemain en prenant soin de mettre une assiette sur les pêches afin de les garder submergées dans le liquide. Tasser les pêches dans des bocaux chauds stérilisés.

Amener le sirop à ébullition et laisser mijoter à découvert 5 minutes. Retirer le sac d'épices. Verser sur les pêches et remplir chaque bocal jusqu'à ce que le sirop déborde. Sceller.

Servir pour accompagner dinde, canard, porc ou veau.

Donne 6 ou 7 chopines.

Relish à la rhubarbe de Magnetawan

D'un lieu de villégiature sur le lac Cecebe sur le cours de la rivière Magnetawan en Ontario nous est parvenue cette recette de relish avec la note suivante: "Nous préparons notre reserve pour la saison en juin et la servons avec la viande ou le poulet tout l'été."

Dans une grande casserole, combiner
10 tasses de rhubarbe coupée en morceaux
8 tasses de sucre
2 tasses de vinaigre de cidre
2 c. à thé de cannelle
2 c. à thé de quatre-épices
1 c. à thé de clou de girofle

Amener à ébullition et cuire à découvert, jusqu'à ce que le mélange épaississe — environ 1¼ heure. Remuer de temps à autre pour empêcher de coller. Ajouter du colorant végétal rouge si nécessaire.

Sceller dans des bocaux stérilisés.

138

Servir pour accompagner poulet, jambon ou viandes froides.

Donne 3 chopines.

Beurre aux tomates

On peut facilement retracer cette recette ontarienne sur cinq générations de mère en fille. Véritable recette de pionniers, le beurre aux tomates accompagne admirablement les viandes.

Blanchir, peler et écraser finement
10 livres de tomates

Verser
1 chopine (2½ tasses) de vinaigre de cidre

sur les tomates et laisser reposer jusqu'au lendemain.

Le lendemain, égoutter les tomates et conserver le liquide.

Faire un sirop avec
3 livres de sucre
1½ tasse du liquide des tomates
¼ c. à thé de poivre
1 c. à table de sel

Envelopper dans un coton à fromage et ajouter au sirop
1 c. à table de quatre-épices
1 bâton de cannelle de 3 pouces

Ajouter les tomates égouttées au sirop. Cuire lentement jusqu'à consistance épaisse. Retirer le sac d'épices et sceller dans des bocaux stérilisés.

Donne de 3 à 4 chopines.

Confiture de plaquebières

De même forme que les mûres mais de couleur jaune, ces baies ont une saveur délicieuse. Elles poussent dans les marécages de Terre-Neuve et du Labrador. On dit que des Français débarquant sur les côtes de Terre-Neuve demandèrent comment s'appelait cette baie ou "Baie qu'appelle", d'où l'appellation anglaise "Bakeapple".

Laver et peser les baies.

Mélanger les baies et du sucre dans un bol.

Pour chaque
livre de plaquebières

employer
¾ livre de sucre

Laisser reposer jusqu'au lendemain.

Le lendemain matin, amener à ébullition et laisser bouillir lentement pendant environ 20 minutes ou jusqu'à ce qu'une cuillerée à thé obtienne la consistance désirée lorsque rapidement refroidie.

Alors que le mélange est encore chaud, le sceller dans des bocaux stérilisés avec une mince couche de paraffine fondue.

Donne environ 10 bocaux de 6 onces.

Confiture de bleuets

On récolte commercialement les bleuets sauvages dans les provinces de l'est, au Québec et en Ontario, tandis que la Colombie-Britannique produit des bleuets cultivés. Les Esquimaux raffolent des bleuets mis en conserve dans de l'huile de poisson, mais nous les préférons en confitures dans du sucre ou frais dans plusieurs desserts et gâteaux.

Laver et équeuter environ 1½ pinte de bleuets frais.

Mesurer
6 tasses de bleuets

Dans une grande marmite, combiner avec les bleuets
2 c. à table de jus de citron
1 c. à table de zeste de citron râpé
¼ c. à thé de cannelle
2 tasses de sucre

Amener à ébullition et laisser bouillir à découvert environ 5 minutes ou jusqu'à ce qu'une cuillerée à thé obtienne la consistance désirée lorsque rapidement refroidie. Remuer fréquemment.

Alors que le mélange est encore chaud, le sceller dans des bocaux stérilisés avec une mince couche de paraffine fondue.

Donne environ 10 bocaux de 6 onces.

Conserve de rhubarbe et de gingembre

On reconnaît bien l'influence chinoise à l'emploi du gingembre en conserve dans cette recette de l'Alberta. Bien que techniquement la rhubarbe soit reconnue comme un légume vivace, on la met avec plaisir en conserve comme "fruit" du début du printemps à la fin de l'automne.

Combiner dans un bol ou pot de grès et laisser reposer jusqu'au lendemain
> **6 tasses de rhubarbe coupée en morceaux**
> **6 tasses de sucre**
> **½ tasse de jus de citron**
> **1 c. à table de zeste de citron râpé**

Le lendemain matin verser le mélange dans une grande marmite. Amener à ébullition et cuire à découvert jusqu'à ce que le mélange épaississe — environ 1 heure.

Y incorporer
> **¼ tasse de gingembre en conserve, haché**

Laisser mijoter 5 minutes de plus. Alors que le mélange est encore chaud, le sceller dans des bocaux stérilisés chauds avec une mince couche de paraffine fondue.

Donne environ 12 bocaux de 6 onces.

Confiture de rhubarbe et de baies de Saskatoon

Les baies de Saskatoon poussent dans les coulées, les falaises ou les endroits boisés des provinces des Prairies. Dans les premiers temps, ces baies constituaient les seuls fruits dont disposaient les colons. Ces baies sucrées pourpres se marient bien au goût aigrelet de la rhubarbe.

Laver, équeuter et piler
> **6 tasses de baies de Saskatoon**

Laver, couper en dés fins et mesurer
> **4 tasses de rhubarbe**

Dans une casserole, combiner la rhubarbe avec
> **½ tasse d'eau**

Amener à ébullition, couvrir et laisser mijoter jusqu'à ce que la rhubarbe soit tendre.

Y incorporer les baies de Saskatoon pilées et amener de nouveau à ébullition.

Entre-temps, chauffer
> **6 tasses de sucre**

Ajouter lentement le sucre chauffé au mélange de fruits chaud. Amener à ébullition et laisser bouillir à découvert environ 10 minutes ou jusqu'à ce qu'une cuillerée à thé obtienne la consistance désirée lorsque rapidement refroidie. Remuer fréquemment.

Alors que le mélange est encore chaud, le sceller dans des bocaux stérilisés avec une mince couche de paraffine fondue.

Donne de 8 à 10 bocaux de 8 onces.

Marmelade de Séville

Vous serez grandement récompensée de vos efforts si, en février, lors de l'arrivée des oranges de Séville, vous préparez la marmelade. La riche saveur aigrelette de ces oranges donne des conserves au goût exceptionnel.

Couper en deux de la queue au bouton et trancher finement (avec la pelure)
> **12 oranges de Séville**
> **3 grosses oranges sucrées**
> **2 citrons**

Mesurer les fruits préparés et pour chaque tasse de fruits, ajouter
> **2¼ tasses d'eau**

Couvrir et laisser reposer 24 heures. Amener à ébullition et laisser mijoter à découvert 1½ heure.

Laisser reposer jusqu'au lendemain.

Mesurer 4 tasses du mélange de fruits et y ajouter

4 tasses de sucre

Amener à ébullition et cuire à découvert environ 1 heure, ou jusqu'à ce qu'une cuillerée à thé obtienne la consistance désirée lorsque rapidement refroidie (220° F. au thermomètre à gelée).

Alors que le mélange est encore chaud, le sceller dans des bocaux stérilisés avec une mince couche de paraffine fondue.

Répéter avec le reste des fruits, 4 tasses à la fois. (La cuisson en petites quantités donne une plus belle couleur à la marmelade.)

Donne environ 40 bocaux de 6 onces.

Confiture de fraises "soleil"

Typique de la région de Gaspé, cette façon très peu orthodoxe de mettre des fruits en conserve donne des résultats surprenants.

Laver et équeuter environ 2 pintes de fraises fraîches.

Mesurer

4 tasses de fraises

Dans une grande marmite combiner avec les fraises

4 tasses de sucre
2 c. à table de jus de citron

Amener à ébullition et bouillir à découvert environ 8 à 10 minutes ou jusqu'à ce qu'une cuillerée à thé obtienne presque la consistance désirée lorsque rapidement refroidie. Remuer fréquemment.

Verser dans des récipients peu profonds. Couvrir lâchement de verre ou de cellophane afin de permettre une évaporation. Laisser reposer au soleil et remuer de temps en temps jusqu'à consistance assez épaisse (2 ou 3 jours).

Sceller dans des bocaux stérilisés avec une mince couche de paraffine fondue.

Donne environ 6 bocaux de 6 onces.

Beurre aux pommes

Les vents d'automne nous apportent le cidre et par conséquent de grandes marmites de beurre aux pommes qui répand son arôme épicé dans les cuisines à travers tout le Canada. Peu importe qu'il soit d'origine allemande ou anglaise: le principal est que nous puissions nous en régaler dans un pays qui produit tant de pommes de bonne qualité.

Sans peler ni enlever le coeur, laver et couper en quartiers suffisamment de pommes pour obtenir

8 tasses de pommes en quartiers

Dans une grande casserole ou marmite, combiner les pommes avec

4 tasses de cidre de pomme

Amener à ébullition et mijoter jusqu'à consistance très molle. Passer à travers une passoire.

Dans une grande casserole, mélanger la purée de pommes avec

1¾ tasse de sucre
1 c. à thé de quatre-épices
1 c. à thé de cannelle
½ c. à thé de clou de girofle

Cuire jusqu'à consistance épaisse désirée, en remuant fréquemment.

Sceller dans des bocaux stérilisés.

Donne 2 chopines.

Gelée de pommettes épicée

Dans un vieux livre de recettes canadien on déconseille aux ménagères de grandes familles de préparer cette gelée en petites quantités. On recommande de faire une pleine marmite par jour. Si vous ne désirez pas en faire "en gros", essayez cette recette-ci.

Laver et équeuter
1 panier (6 pintes) de pommettes

Couvrir les pommettes d'eau dans une grande casserole.

Amener à ébullition et mijoter à découvert environ 20 minutes ou jusqu'à ce que les pelures se fendillent. Egoutter à travers un sac à gelée jusqu'au lendemain.

Dans une casserole, mesurer
5¼ tasses de jus de pommettes

Y ajouter
½ tasse de vinaigre blanc

Envelopper dans un coton à fromage et ajouter
1 bâton de 4 pouces de cannelle, cassé
1 c. à table de clous de girofle entiers

Amener à ébullition et bouillir à découvert 3 minutes. Retirer le sac d'épices.

Ajouter graduellement et en remuant
5 tasses de sucre

Amener à ébullition et bouillir à découvert environ 25 minutes ou jusqu'à ce qu'une cuillerée à thé obtienne la consistance désirée lorsque rapidement refroidie. Remuer fréquemment.

Alors que le mélange est encore chaud, le sceller dans des bocaux stérilisés avec une mince couche de paraffine fondue.

Donne environ 8 bocaux de 6 onces.

Gelée de prunes de Damson

Les petites prunes de Damson donnent une délicieuse gelée aigrelette, additionnées seulement de sucre et d'eau. Les fermiers les amènent au marché vers la fin de l'automne. Avantageuses à cause du peu de préparation requise.

Laver, équeuter et mesurer
15 tasses (5 livres) de prunes de Damson

Dans une grande casserole combiner avec les prunes
6 tasses d'eau

Amener à ébullition et cuire à découvert 15 minutes ou jusqu'à ce que les prunes soient molles. Les écraser et continuer la cuisson jusqu'à ce que très juteux (environ 5 minutes de plus). Egoutter à travers un sac à gelée jusqu'au lendemain. Faire l'essai à la pectine avec le jus (voir page 136).

Mesurer le jus dans une grande casserole. Pour chaque tasse de jus ajouter
¾ ou 1 tasse de sucre

Amener à ébullition et bouillir à découvert environ 10 minutes ou jusqu'à ce qu'une cuillerée à thé obtienne la consistance désirée lorsque rapidement refroidie (220° F. au thermomètre à gelée). Remuer fréquemment. Alors que le mélange est encore chaud, le sceller dans des bocaux stérilisés avec une mince couche de paraffine fondue.

Donne environ 10 bocaux de 6 onces.

Gelée de raisins

Chaque automne ramène dans la péninsule de Niagara le festival annuel du raisin, qui se termine par l'élection d'une reine du festival et par un carnaval à Ste-Catherine en Ontario. Des raisins pas tout à fait mûrs donnent une meilleure gelée, paraît-il, et on recommande aussi d'attendre après le premier gel de la saison.

Laver et équeuter environ
6 pintes de raisins de Concord

Combiner les raisins dans une grande casserole ou marmite avec
1 tasse d'eau

Amener à ébullition et cuire à découvert 15 minutes. Remuer de temps à autre. Egoutter à travers un sac à gelée. Laisser reposer le jus au réfrigérateur jusqu'au lendemain. Mesurer le jus en prenant soin de ne pas employer le résidu.

Mélanger
4 tasses de jus de raisin

avec
3½ tasses de sucre

Amener à ébullition et bouillir à découvert environ 20 minutes, ou jusqu'à ce qu'une cuillerée à thé obtienne la consistance désirée lorsque rapidement refroidie (220° F. au thermomètre à gelée). Remuer fréquemment.

Alors que le mélange est encore chaud, le sceller dans des bocaux stérilisés avec une mince couche de paraffine fondue. Répéter jusqu'à ce que tout le jus soit mis en gelée.

Donne environ 16 bocaux de 6 onces.

Gelée de piments verts

Cette recette favorite en Ontario fut sans doute développée par suite de l'abondance de piments verts cultivés à la maison et aussi à cause de la coutume canadienne de servir des gelées aigres pour accompagner viande et volaille. Du piment rouge doux se substitue fort bien au piment vert si on le désire.

Passer au hachoir-viande
8 piments verts moyens

Mesurer la pulpe et le jus et en combiner 2 tasses dans une casserole avec
5½ tasses de sucre
1 tasse de vinaigre de vin blanc

Amener à ébullition et mettre de côté 15 minutes. Puis passer ce mélange à travers un tamis ou un sac à gelée (ce dernier donne une gelée plus claire).

Mélanger le jus égoutté avec
⅓ tasse de jus de citron

Amener à ébullition et remuer constamment.

Incorporer en remuant
1 bouteille de pectine de fruits liquide
½ c. à thé de colorant végétal vert

Amener à forte ébullition et laisser bouillir 1 minute, en remuant constamment. Retirer du feu, écumer et verser rapidement dans des bocaux chauds stérilisés. Sceller aussitôt avec une mince couche de paraffine fondue.

Donne 6 à 7 bocaux de 6 onces.

Gelée de pimbinas

Les pimbinas poussent dans les endroits boisés des Prairies, de la Gaspésie et du nord de l'Ontario. Ces baies d'un rouge orange ne renferment qu'une seule graine aplatie et possèdent un arôme un peu sauvage fort agréable. Excellent fruit à gelée par sa haute teneur en pectine et délicieux accompagnement des viandes et volailles. Le catsup de pimbinas se prépare avec la pulpe restant de la gelée.

Laver et équeuter
les pimbinas (pas mûres à point)

Mettre dans une grande casserole ou marmite. Ajouter de l'eau jusqu'à ce qu'elle soit visible à travers les fruits. Amener à ébullition et mijoter jusqu'à consistance molle. Egoutter à travers un sac à gelée jusqu'au lendemain. Conserver la pulpe pour le catsup de pimbinas.

Faire l'essai à la pectine avec le jus (voir page 136). Mesurer le jus et le verser dans une casserole.

A chaque tasse de jus, ajouter
¾ ou 1 tasse de sucre

Amener à ébullition et bouillir à découvert environ 10 minutes ou jusqu'à ce qu'une cuillerée à thé obtienne la consistance désirée lorsque rapidement refroidie (220° F. au thermomètre à gelée). Remuer fréquemment.

Alors que le mélange est encore chaud, le sceller dans des bocaux stérilisés avec une mince couche de paraffine fondue.

Catsup de pimbinas

Presser la pulpe (utilisée dans la préparation de la gelée de pimbinas) à travers une passoire pour enlever les graines et la peau.

Dans une grande casserole, combiner
3 tasses de pulpe de pimbinas
4 tasses de sucre
1 tasse de vinaigre
1 c. à thé de sel
1 c. à thé de clou de girofle
2 c. à thé de cannelle
1½ c. à thé de poivre noir

Amener à ébullition et bouillir à découvert jusqu'à la consistance désirée, environ 5 minutes. Remuer fréquemment.

Sceller dans des bocaux chauds stérilisés.

Donne 2 chopines.

Légumes

La façon habituelle et routinière de cuire les légumes consiste à les laisser mijoter dans de l'eau jusqu'à ce qu'ils soient tendres, les égoutter, les parsemer de noisettes de beurre et d'assaisonnements ou encore les napper de sauce crème.

Les spécialités régionales qui suivent sauront éveiller votre imagination en vous suggérant diverses façons originales d'apprêter et de servir de délicieux légumes.

Epis de blé d'Inde

Aussi canadien et répandu que notre devise "A Mari usque ad Mare" — d'un océan à l'autre.

Remplir une grande casserole avec suffisamment d'eau pour couvrir les épis. Amener à forte ébullition.

Ajouter
1 à 2 c. à thé de sucre

Eplucher et nettoyer
des épis de blé d'Inde frais

Les plonger dans l'eau bouillante. Lorsque l'eau recommence à bouillir, cuire de 3 à 5 minutes ou jusqu'à ce que le lait du blé d'Inde soit pris.

Servir chaud avec sel, poivre et beurre.

Pouding au maïs

Le blé d'Inde ou maïs est lié si intimement à notre héritage canadien que nous avons tendance à le servir nature sans essayer de tirer parti de ses multiples qualités.

En effet, les pionniers connaissaient bien ce légume et l'employaient avantageusement pour varier leur alimentation. Les menus incluaient soit le maïs frais séché ou encore la farine de maïs.

Voici donc un savoureux plat au maïs que vous pouvez servir avec de la viande rôtie, chaude ou froide. De plus, il est idéal pour vos menus de réception car il peut être préparé à l'avance, réfrigéré et cuit immédiatement avant d'être servi.

Chauffer le four à 350° F.

Graisser un plat carré de 9 pouces, allant au four.

Dans une casserole, fondre
3 c. à table de beurre

Y ajouter
2 c. à table d'oignon haché
1 c. à table de piment vert haché

Cuire sur feu moyen, en remuant, pendant 5 minutes.

Incorporer
⅓ tasse de farine tout-usage

puis
1½ tasse de lait

Cuire sur feu moyen, en remuant constamment, jusqu'à consistance épaisse. Retirer du feu.

Combiner
2 oeufs légèrement battus
2 tasses de maïs en crème
1½ c. à thé de sel
1 c. à thé de sucre
1 pincée de poivre

Incorporer graduellement la sauce au mélange oeufs-maïs. Verser le tout dans le plat préparé. Déposer dans un contenant d'eau chaude et cuire à 350°, de 50 à 60 minutes ou jusqu'à ce que pris.

Si désiré, avant de cuire au four, recouvrir de
1 tasse de miettes de pain frais, beurrées

et saupoudrer de
¼ tasse de cheddar râpé

Donne de 6 à 8 portions.

Beignets au maïs

Cette recette nous vient du restaurant York du comté de Victoria au Nouveau-Brunswick, tout près d'Andover, où l'on sert ces beignets accompagnés de délicieux sirop d'érable de la province. Pour accompagner les viandes, laisser tomber par plus petites cuillerées dans la graisse chaude.

Chauffer la grande friture à 375° F.
Tamiser ou mélanger ensemble
   1⅓ tasse de farine tout-usage
   1½ c. à thé de poudre à pâte
   ½ c. à thé de sel

Combiner et incorporer
   2½ tasses de maïs en crème
   1 oeuf, bien battu

Laisser tomber par cuillerées à table combles dans la graisse chaude. Frire 5 minutes en retournant les beignets afin de les dorer uniformément. Egoutter sur du papier absorbant. Garder chaud dans un four à 300°, jusqu'à ce qu'ils soient tous cuits.

Donne 18 beignets.

Têtes-de-violon

Les têtes-de-violon croissent en quantité dans la vallée de la Rivière St-Jean au Nouveau-Brunswick. Depuis leur distribution nationale dans les marchés au rayon des légumes congelés, elles sont devenues une spécialité canadienne et un légume gastronomique. Leur saveur ressemble à celle d'un mélange de brocoli et d'asperges et elles se servent soit chaudes, accompagnées de beurre, de sauce au fromage ou de sauce hollandaise, ou froides, marinées dans une vinaigrette comme salade ou entrée.

Enlever l'enveloppe brune et les écailles et si les tiges sont assez croustillantes, les laisser attachées à la tête.

Laver plusieurs fois à l'eau tiède et puis tremper à l'eau froide salée 30 minutes.

Egoutter. Cuire à l'eau bouillante (environ 1 tasse d'eau par 2 livres de têtes-de-violon) de 10 à 15 minutes ou jusqu'à ce qu'une fourchette traverse la tige.

Egoutter et ajouter
   2 c. à table de beurre

   1 c. à thé de vinaigre ou de jus de citron
   ½ c. à thé de sel
   1 pincée de poivre

Donne environ 4 portions.

Riche sauce au fromage

Dans un bain-marie, mélanger
   1 tasse de crème (10%)
   2 jaunes d'oeufs, bien battus
   ⅓ tasse de fromage canadien fondu, râpé

Mettre sur de l'eau chaude (non bouillante) et remuer jusqu'à ce que le fromage fonde et que la sauce épaississe. Servir sur les têtes-de-violon.

Donne 1¼ tasse.

Nachynka de Yorkton

La signification traditionnelle de nachynka est ''farce de volaille'', mais cette recette démontre comment les immigrants ukrainiens ont su adapter ce nachynka aux denrées disponibles dans la région des Prairies. Cette union de l'ancien et du moderne crée un délicieux pain à la farine de maïs que nous appelons ''Yorkton'' en l'honneur de la région de la Saskatchewan qui compte la plus grande concentration d'Ukrainiens.

Chauffer le four à 350° F.

Dans une casserole, faire revenir jusqu'à ce que l'oignon soit transparent
   ⅔ tasse d'oignon émincé
   3 c. à table de beurre
   1 tasse de farine de maïs

Incorporer et chauffer
   3 tasses de lait

Battre ensemble
   3 oeufs
   1 tasse de crème (10%)
   1 c. à thé de sucre
   1 c. à thé de sel
   1 c. à thé de vanille
   pincée de cannelle

Incorporer au mélange de farine de maïs et cuire, en remuant constamment, jusqu'à consistance épaisse. Verser dans une cocotte de 1½ pinte, allant au four.

Cuire à 350°, de 30 à 45 minutes ou jusqu'à ce que le dessus soit doré.

Donne 6 portions.

Grands-pères aux pommes de terre

Les Acadiens de Moncton au Nouveau-Brunswick ont fait leur la recette des colons allemands de ''grands-pères aux pommes de terre''. Aussi appelée ''poutine râpée'', elle se servait traditionnellement pendant les Fêtes recouvertes de sucre et de mélasse. Voici une idée originale de Kitchener en Ontario pour servir ces grands-pères comme légume.

Peler, laver et râper finement
4 pommes de terre moyennes

Presser dans un linge à vaisselle propre pour extraire le plus d'eau possible.

Combiner dans un bol avec
1 pomme de terre, cuite, en purée
¼ tasse de farine tout-usage
¾ à 1 c. à thé de sel
1 oeuf, bien battu

Former en boulettes de 2 pouces de diamètre. Laisser tomber dans 2 pintes d'eau bouillante salée. Couvir et cuire de 20 à 25 minutes.

Donne de 6 à 8 grands-pères.

Sauce à l'oignon

Dans une casserole, fondre
2 c. à table de beurre

Ajouter et faire sauter jusqu'à ce que transparents
2 oignons d'Espagne, hachés grossièrement

Incorporer
1 tasse de lait
¼ c. à thé de sel

Mijoter jusqu'à ce que l'oignon soit bien tendre. Verser sur les grands-pères.

Epinards au gratin

Des épinards frais cuits peuvent remplacer les épinards congelés dans cet excellent plat. Dans certains endroits de l'Ontario, les épinards donnent une seconde récolte de grande valeur dans les jardins des fermes. Même la première neige semble protéger leur fraîcheur et leur couleur verte pour les récoltes tardives de l'automne.

Chauffer le four à 350° F.

Beurrer une cocotte de 1½ pinte, allant au four.

Cuire selon les instructions sur le paquet
2 paquets (12 onces chacun) d'épinards congelés
OU
2 paquets (10 onces chacun) de brocoli haché congelé

Egoutter.

Dans une casserole, fondre
3 c. à table de beurre

Y incorporer
3 c. à table de farine tout-usage

Mélanger ensemble
½ tasse d'eau bouillante
2 cubes de bouillon de poulet

et y ajouter à
1 tasse de lait

Incorporer ce mélange graduellement au roux. Cuire sur feu moyen, en remuant constamment, jusqu'à consistance épaisse. Disposer la moitié des épinards dans la cocotte.

Recouvrir d'un rang de
¼ tasse de champignons en boîte tranchés, égouttés

Napper de la moitié de la sauce. Répéter avec un rang d'épinards, un rang de champignons et le reste de la sauce.

Saupoudrer de
½ tasse de miettes de pain frais
1 c. à table de parmesan râpé

Cuire à 350°, 25 minutes.
Servir chaud comme légume.
Donne 4 portions.

Succotash vite fait

La version moderne avec légumes congelés ou en conserves.

Dans une casserole, combiner
1½ tasse de fèves de Lima cuites et égouttées
1½ tasse de maïs cuit et égoutté

Y incorporer
2 c. à table de beurre
½ tasse de crème (10%)
1 c. à thé de sel
1 pincée de poivre

Chauffer jusqu'à ce que le beurre soit fondu et que la crème commence tout juste à bouillir. Assaisonner au goût.

Donne 6 portions.

Succotash

A l'origine, ce plat consistait en un mélange de fèves et de maïs fraîchement coupé de l'épi. Chaque région l'a peu à peu adapté aux denrées disponibles et aux goûts des gens. Les variantes pouvaient inclure: lard salé, pois secs, fèves de Lima, fèves blanches ou rouges, ou même légumes en julienne, et haricots.

La coutume de cuire les fèves avec l'épi de blé d'Inde pour "enlever le goût sucré" vient de la vallée d'Annapolis en Nouvelle-Ecosse.

Eplucher
12 gros épis de blé d'Inde

Trancher le maïs des épis puis gratter les épis et les mettre de côté.

Mettre les épis dans une grande casserole avec
1 tasse de fèves vertes écossées
1½ chopine d'eau bouillante

Cuire environ 30 minutes ou jusqu'à ce que les fèves soient bien tendres. Retirer les épis, les refroidir et les gratter une seconde fois.

Ajouter le maïs égrené aux fèves vertes dans leur jus et cuire 10 minutes.

Y incorporer
1 tasse de crème (10%)
3 c. à table de beurre
1 c. thé de sel
¼ c. à thé de poivre
Réchauffer et vérifier l'assaisonnement. Servir très chaud dans des plats d'accompagnement.

Donne de 8 à 10 portions.

Rondelles de courges glacées

Les courges sont un des rares légumes originaires de l'Amérique Centrale, de l'Amérique du Nord ainsi que du Pérou. Les explorateurs et pionniers savaient apprécier ce légume de la famille des citrouilles, cultivé par les Indiens.

Cette recette nous vient du sud de l'Alberta où "toutes les variétés de courges atteignent des proportions gigantesques."

Chauffer le four à 375° F.

Laver, peler, couper sur le sens de la largeur en rondelles de ½ pouce et enlever les graines de
2 courges à gland

Disposer en un seul rang dans un plat peu profond, allant au four. Ajouter ¼ de pouce d'eau. Couvrir de papier aluminium et cuire à la vapeur au four à 375°, 10 minutes.

Dans une casserole, mélanger
½ tasse de sirop de maïs
¼ tasse de jus d'orange
1 c. à table de zeste d'orange râpé
2 c. à table de beurre

Amener à ébullition et retirer du feu. Egoutter les rondelles de courge et saupoudrer de sel et de poivre. Verser le sirop chaud sur les rondelles et remettre au four. Cuire 30 minutes de plus, en arrosant fréquemment, jusqu'à ce que la courge soit bien tendre.

Donne de 4 à 6 portions.

Tomates aux fines herbes

La mise en conserve domestique a joué un rôle très important dans l'économie agricole de l'Ontario et du Québec. Le perfectionnement des congélateurs permet maintenant aux fermiers de congeler leurs produits avantageusement, à l'exception toutefois des tomates, lesquelles sont toujours mises en conserve. Voici donc un mets idéal pour le souper confectionné avec des tomates de conserve domestique ou commerciale pour accompagner des viandes chaudes ou froides.

Chauffer le four à 375° F.

Beurrer un plat peu profond de 8 tasses, allant au four.

Dans une casserole de grosseur moyenne, fondre
3 c. à table de beurre

Bien mélanger au beurre
2½ tasses de cubes de pain frais
1½ c. à thé d'oignon haché instantané
½ c. à thé de feuilles de basilic
1 c. à thé de flocons de persil

A
1 boîte (19 onces) ou 2½ tasses de tomates en conserve

incorporer
1 c. à thé de sucre
½ c. à thé de sel

Disposer dans le plat beurré en alternant les rangées de tomates et de pain et en terminant par le pain.

Cuire à découvert à 375°, 20 minutes.

Mettre sous le grilleur pour dorer le dessus, si désiré.

Donne 4 portions.

Tomates farcies

Pouvez-vous imaginer vos menus sans tomates? Et cependant celles-ci ne sont cultivées ici que depuis 130 ans. Employez nos appétissantes et grosses tomates d'août pour contenir cette farce au riz relevé d'un soupçon de cari pour un mets des plus élégants.

Chauffer le four à 400° F.

Laver et couper le dessus de
6 grosses tomates fermes

Enlever la pulpe, en laissant une coquille d'environ ¼ pouce. Egoutter.

Combiner
¼ tasse de pulpe de tomate hachée
2 c. à table de piment vert haché fin
1 c. à table d'oignon émincé
1 c. à table de persil émincé
¾ c. à thé de sel
½ à ¾ c. à thé de poudre de cari
1½ tasse de riz cuit, chaud
3 c. à table de beurre fondu

Remplir les tomates avec ce mélange de riz et les disposer dans un plat peu profond, allant au four.

Cuire à 400°, de 20 à 25 minutes.

Donne 6 portions.

Navet et pommes en cocotte

Un livre de recettes de 1889 mentionne que le navet contient très peu d'éléments nutritifs et qu'il devrait être évité par les personnes souffrant de faible digestion. Cependant, les immigrants en Virginie vers 1612 découvrirent que le navet semblait alléger le scorbut, maladie qui les avait accablés durant les premières années au nouveau pays. En 1833, le navet se récoltait en abondance dans le Haut-Canada. La douce saveur du navet cultivé aujourd'hui contribue à sa popularité toujours grandissante.

Dans la recette qui suit, la saveur du navet et celle des pommes se marient à merveille.

Chauffer le four à 350° F.

Peler, couper en dés et cuire dans de l'eau bouillante
1 gros navet

Egoutter et mettre en purée.

Y incorporer
1 c. à table de beurre

148

Peler, vider et trancher assez de pommes (environ 2) pour obtenir

1½ tasse de tranches de pommes

Mélanger aux pommes

¼ tasse de cassonade légèrement pressée

1 pincée de cannelle

Disposer le tout dans une cocotte graissée de 2 pintes en alternant une rangée de navet et une de pommes, commençant et finissant par le navet.

Mélanger ensemble jusqu'à consistance granuleuse

⅓ tasse de farine tout-usage

⅓ tasse de cassonade légèrement pressée

2 c. à table de beurre

Saupoudrer sur la cocotte.

Cuire à 350°, 1 heure.

Servir chaud.

Donne de 6 à 8 portions.

Pain de navet

Un mets traditionnel servi dans les familles finlandaises canadiennes au souper de Noël. Ce pain de navet peut facilement être préparé à l'avance et cuit immédiatement avant de servir.

Chauffer le four à 375° F.

Peler, couper en dés et cuire dans de l'eau bouillante salée

1 navet de 2 livres (6 tasses de navet en dés)

Cuire de 15 à 20 minutes ou jusqu'à ce que le navet soit tendre.

Egoutter et mettre en purée. Y incorporer

1 c. à thé de sucre

1 pincée de poivre

1 pincée de muscade

½ tasse de crème (10%)

2 oeufs, légèrement battus

Mélanger à fond et verser dans une cocotte beurrée de 6 tasses.

Combiner ensemble

¼ tasse de miettes de pain frais

1 c. à table de beurre fondu

Saupoudrer sur la cocotte.

Cuire à 375°, de 55 à 60 minutes.

Servir chaud.

Donne de 6 à 8 portions.

Riz sauvage et champignons en cocotte

Le riz sauvage ou riz du Canada, accompagnement habituel du gibier, a gagné en popularité depuis une vingtaine d'années. Le riz, grain d'une herbe marine, croît dans les marécages du Lac Rice en Ontario, du Lac Winnipeg au Manitoba et d'autres lacs du nord. Les Indiens récoltent le riz sauvage en automne.

Graisser une cocotte de 1½ pinte.

Bien laver et tremper 30 minutes

1 tasse de riz sauvage

Egoutter.

Dans la partie supérieure d'un bain-marie, combiner le riz sauvage et

¼ c. à thé de thym

¼ c. à thé de feuilles de basilic

½ c. à thé de sel

Remuer pour dissoudre et ajouter

3 tasses d'eau bouillante

3 cubes de bouillon de boeuf

Couvrir et cuire sur eau bouillante, 45 minutes ou jusqu'à ce que le riz soit tendre. Remuer de temps à autre.

Chauffer le four à 350° F.

Dans une poêle à frire, fondre

¼ tasse de beurre

Ajouter et frire jusqu'à ce que transparent

⅓ tasse d'oignon haché fin

Mettre de côté dans la poêle, ajouter plus de beurre si nécessaire et faire revenir

¾ livre de champignons frais, tranchés

Combiner le riz et le liquide non absorbé avec les oignons et les champignons dorés. Assaisonner au goût et verser le tout dans la cocotte. Déposer quelques noisettes de beurre sur le dessus et cuire à 350°, de 20 à 25 minutes.

Servir directement de la cocotte.

Donne de 4 à 6 portions.

Spécialités

Les hors-d'oeuvre, destinés à aiguiser l'appétit, ne se servent plus seulement au début du repas. On les offre maintenant à des réceptions de tous genres. Nous avons donc choisi, parmi les plus en faveur, ceux qui se prêtent le mieux à ces occasions.

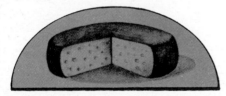

Huîtres au bacon

Des huîtres tendres et chaudes enrobées de bacon croustillant font un hors-d'oeuvre qui est un vrai délice.

Chauffer le four à 450° F.
Egoutter
1 chopine de petites huîtres

Couper en deux
12 minces tranches de bacon
Enrober chaque huître d'un morceau de bacon et fixer avec un cure-dents.

Mettre dans un plat peu profond allant au four, ou sur la grille du grilleur.

Cuire à 450°, de 10 à 15 minutes ou jusqu'à ce que le bacon soit croustillant.

OU

Mettre sous le grilleur à 4 pouces du feu, environ 7 minutes ou jusqu'à ce que le bacon soit croustillant. Re-

tourner les hors-d'oeuvre une fois pendant la cuisson.

Donne 24 hors-d'oeuvre.

Trempette au bacon

Servie avec des "chips", cette trempette met en valeur un de nos meilleurs produits canadiens, le bacon.

Frire jusqu'à ce qu'elles soient croustillantes
4 tranches de bacon

Egoutter et mettre la graisse de côté.

Egrener le bacon finement.

Crémer
1 paquet (8 onces) de fromage à la crème

Y mélanger jusqu'à consistance duveteuse
3 à 4 c. à table de graisse de bacon
5 à 6 c. à table de crème sure

Ajouter le bacon égrené et
2 c. à table d'oignon haché fin
1 c. à table de persil haché
¼ c. à thé de sel
1 pincée de poivre

Laisser reposer pour bien marier les saveurs.

Donne 1 tasse.

Bouchées au crabe

Ces petits choux peuvent être garnis de mille façons. Nous avons tout particulièrement aimé la garniture au crabe de la Colombie.

Chauffer le four à 375° F.

Graisser légèrement une tôle à biscuits. Dans une casserole, amener à ébullition
1 tasse d'eau

Y incorporer et laisser fondre
½ tasse de beurre

Ajouter tout à la fois
1 tasse de farine tout-usage
¼ c. à thé de sel

Battre vigoureusement jusqu'à ce que le mélange se décolle des bords de la casserole. Retirer du feu. Laisser refroidir légèrement.

Ajouter, un par un, en battant après chacun jusqu'à consistance lisse
4 oeufs

Battre jusqu'à apparence lustrée. Réfrigérer la pâte si nécessaire.

Laisser tomber par cuillerées sur la tôle graissée, à 2 pouces d'intervalle.

Cuire à 375°, de 25 à 30 minutes ou jusqu'à ce que les bouchées soient légères et sèches.

Laisser refroidir à l'abri des courants d'air.

En inciser les côtés et remplir.

Garniture

Faire sauter jusqu'à ce que tendres
   3 onces de champignons tranchés

dans
   **2 c. à table de beurre
   quelques gouttes de jus de citron**

Mélanger avec
   **¾ tasse de crabe défait à la
      fourchette
   2 oeufs durs, hachés
   2 c. à thé de persil
   sel et poivre**

Donne de 3 à 4 douzaines de petites bouchées.

Fondue au fromage "Continental"

Des carrés de fromage riche et crémeux dans une croûte croustillante rendent cette fondue inoubliable. Nous l'avons baptisée "Continental" en souvenir du restaurant de ce nom à Québec où l'on sert la fondue de cette façon.

Chauffer la grande friture à 375° F.

Couper en carrés de 2 pouces par ½ pouce d'épaisseur
   1 livre de cheddar canadien fort

Tamiser ou mélanger ensemble
   **1½ tasse de farine tout-usage
   ½ c. à thé de poudre à pâte
   ½ c. à thé de sel**

Y incorporer
   2 oeufs

Ajouter
   1 tasse de bière légère

(soit une quantité suffisante pour faire une détrempe de la consistance de la crème légèrement fouettée).

Fariner les cubes de fromage puis les enrober de la détrempe.

Frire quelques cubes à la fois en pleine friture à 375° jusqu'à coloration dorée. Egoutter sur du papier absorbant.

Servir chaud.

Pailles au fromage

Préparées avec des retailles de pâte brisée ou une pâte fraîche, elles se servent tout aussi bien avec le potage qu'à l'heure du cocktail. Les ménagères très pressées voudront peut-être utiliser les fromages pré-râpés offerts dans le commerce.

Chauffer le four à 450° F.

Préparer la moitié de la recette de pâte feuilletée (voir page 170).

Abaisser la pâte en un rectangle sur une surface légèrement enfarinée.

Etendre sur la moitié du rectangle
   **¼ tasse de cheddar canadien fort,
      râpé**

Saupoudrer de
   paprika

Replier l'autre moitié sur le fromage et sceller les bords; replier et sceller les bords de nouveau.

Abaisser à ¼ pouce d'épaisseur. Couper en lanières de 4 pouces de long par ½ pouce de large. Tordre les lanières et les mettre sur une tôle à biscuits non graissée.

Cuire à 450°, de 8 à 10 minutes ou jusqu'à ce que les pailles soient croustillantes et dorées.

Tartelettes au fromage

De Toronto nous viennent ces tartelettes minuscules qui peuvent être cuites d'avance et garnies au moment de servir.

Chauffer le four à 450° F.

Préparer la recette de pâte feuilletée (voir page 170) et en tapisser 3 douzaines de petits moules à tartelettes.

Battre légèrement
   3 blancs d'oeufs

Y incorporer
   **1½ tasse de cheddar canadien
      fort, râpé
   1 c. à table d'oignon émincé
   2 c. à thé de sauce Worcestershire
   1 c. à thé de paprika
   1 c. à thé de moutarde en poudre
   ½ c. à thé de sel**

Verser dans les tartelettes refroidies.

Cuire à 450°, 10 minutes ou jusqu'à coloration dorée.

Donne 3 douzaines de tartelettes.

Sauce à cocktail au crabe

Le crabe Alaska King, qu'on ne rencontre que dans les eaux froides du nord de l'océan Pacifique, atteint des proportions gigantesques. Les conserveries n'emploient que la chair des pinces qui est la meilleure. Servez-la avec cette excellente sauce.

Mélanger ensemble
- **1 c. à table de mayonnaise**
- **3 c. à table de catsup**
- **2 c. à thé de jus de citron**
- **1 c. à thé de raifort préparé**
- **¼ c. à thé de moutarde préparée**
- **¼ c. à thé de sauce Worcestershire**
- **2 gouttes de sauce Tabasco**

Réfrigérer.

Cretons

Un soupçon de quatre-épices rehausse la saveur de ces cretons, spécialité culinaire léguée aux Canadiens-français par leurs ancêtres de France.

Peler et couper en dés
- **1 livre de panne (lard dur)**

Faire fondre lentement dans une grande casserole jusqu'à ce que les fritons soient croustillants.

Egoutter et mettre de côté.

Ajouter à la graisse réservée dans la casserole
- **3 livres de porc maigre, haché**
- **3 oignons moyens, en dés**
- **2½ tasses d'eau bouillante**

Amener à ébullition, couvrir et laisser mijoter pendant 2 heures.

Ajouter les fritons et
- **2½ c. à thé de sel**
- **¼ c. à thé de poivre**
- **½ c. à thé de quatre-épices**

Mijoter à découvert 2 heures de plus.

Verser dans des moules rincés à l'eau froide. (La graisse montera à la surface durant la réfrigération pour former une couche protectrice sur la viande.)

Réfrigérer. Servir avec du pain brun ou des petits biscuits.

Donne environ 6 tasses.

Saumon fumé de la Colombie

Un produit canadien renommé, le saumon fumé est déjà cuit et se sert froid tel quel, parfois avec du caviar, un peu de jus de citron ou de crème au raifort et de minces tranches de pain brun.

Hareng mariné

De la côte de l'Atlantique nous vient cette recette de hareng mariné à la maison et servi ensuite avec de minces tranches d'oignon cru.

Bien nettoyer et enlever la peau de
- **2 harengs salés**

Découper les filets et les couper en morceaux de 2 pouces.

Tremper dans l'eau froide pendant 5 heures en changeant l'eau fréquemment. Egoutter.

Chauffer
- **assez de vinaigre pour couvrir le hareng**

Retirer du feu et y ajouter
- **1 c. à table de sucre**
- **1 pincée de poivre**

Laisser refroidir.

Verser le vinaigre sur le hareng et ajouter
- **1 oignon tranché**

Laisser reposer quelques heures.

Servir les morceaux de hareng mariné sur des tranches d'oignon cru posées sur des petits biscuits ou sur du pain grillé et garnir de
- **lanières de piment rouge mariné**

Saucisses en pâte

Les petites saucisses peuvent être enrobées de pâte brisée ou de pâte à biscuits à la poudre à pâte.

Chauffer le four à 450° F.

Cuire

½ livre de saucisses à cocktail

OU

de saucisses ordinaires coupées en trois

Préparer

½ recette de pâte à biscuits à la poudre à pâte (voir page 29)

Diviser la pâte en deux et abaisser chaque portion en un rectangle. Couper en carrés de 2 pouces. Etendre sur les carrés

de la moutarde préparée

Mettre une saucisse cuite sur chaque rectangle de pâte. Rouler en diagonale et sceller les bords. Déposer sur des tôles à biscuits.

Cuire à 450°, 10 minutes ou jusqu'à ce que la pâte soit dorée.

Servir chaud.

Donne environ 32 hors-d'oeuvre.

Soupes

Plusieurs de ces recettes prirent naissance sur le poêle à bois alors qu'il était si simple de laisser mijoter le potage.

Certaines recettes ont été quelque peu modernisées, d'autres vous sont offertes telles qu'elles nous sont parvenues, car ce sont des spécialités régionales.

Soupe aux pois cassés à l'ancienne

Les pois secs sont parmi les denrées principales de l'hiver et une analogie existe entre cette recette canadienne anglaise et la soupe aux pois typiquement canadienne française.

Trier et laver

2 tasses (1 livre) de pois verts cassés

Déposer dans une grande marmite avec

12 tasses d'eau froide

Amener à ébullition, couvrir et retirer du feu. Laisser reposer une heure.

Envelopper sans serrer dans du coton à fromage

4 clous de girofle
1 feuille de laurier

L'ajouter à la marmite avec

1 os de jambon dégraissé
1 tasse d'oignon haché
1 tasse de céleri en dés
½ tasse de carottes en dés
2 cubes de bouillon de boeuf

Amener à ébullition. Couvrir et laisser mijoter doucement 1½ à 2 heures ou jusqu'à ce que les pois soient tendres.

Retirer l'os et le sac d'épices.

Passer la soupe au presse-purée ou au mélangeur électrique. Réchauffer et ajouter des petits morceaux de jambon provenant de l'os.

Assaisonner au goût, en utilisant environ 1 c. à table de sel, ¼ c. à thé de poivre et une pincée de sarriette. (La quantité de sel variera selon la sorte de jambon utilisé.)

Donne de 8 à 10 portions.

*Faire frire jusqu'à ce qu'il soit croustil-
lant*
**3 tranches de bacon, coupé en
morceaux**

Ajouter en remuant et laisser brunir
1 c. à thé de farine

Ajouter le bacon aux fèves avec
1 oignon moyen, haché fin

Laisser mijoter 2 heures.
Assaisonner de
½ c. à thé de sel
1 pincée de poivre

Donne de 4 à 6 portions.

Bouilli de chez-nous

Un signe certain de l'été . . . le bouilli du
Québec regorgeant de tendres légumes
mûris à point! Lorsque les haricots sont
ficelés, en portions, cela facilite le service;
voilà sans aucun doute un truc ingénieux
de la ménagère canadienne-française.

Dans une grande casserole, fondre
¼ tasse de shortening
OU
de gras de poulet

Frotter la peau de
1 poulet de 5 à 6 livres

avec
1 noix de muscade

*Badigeonner l'intérieur et l'extérieur
de*
3 c. à table de cognac
OU
de vinaigre de cidre

et assaisonner de
sel, poivre et thym

*Faire dorer le poulet dans la graisse
fondue.*

*Ajouter suffisamment d'eau pour cou-
vrir la volaille et ajouter*
1 morceau d'une livre de lard salé
2 gros oignons hachés
**½ tasse de feuilles de céleri,
hachées fin**
1 c. à table de sel
¼ c. à thé de sarriette

*Couvrir et laisser mijoter jusqu'à ce
que le poulet et le lard salé soient
presque tendres (environ 1 à 1½
heure).*

Soupe aux fèves
blanches muk-luk

Les muk-luk sont de hautes bottes esqui-
maudes ornées de couleurs gaies. Edmonton, capitale de l'Alberta et ville d'entrée
du grand Nord, a récemment inauguré un
festival du Mardi gras sous ce vocable
de Muk-Luk. Il semble donc approprié de
nommer ainsi une soupe aux fèves
blanches, l'aliment de base des colons et
des prospecteurs d'antan.

*Faire tremper durant quatre heures ou
jusqu'au lendemain*
1 tasse de petites fèves blanches

dans
8 tasses d'eau froide

*Amener à ébullition et laisser mijoter
1 heure ou jusqu'à ce qu'elles soient
tendres.*

Ajouter
1 jeune chou, coupé en 8 portions
10 carottes nouvelles
10 petits oignons
12 pommes de terre nouvelles

Ficeler en portions
2 livres de haricots jaunes frais

Déposer dans la casserole avec
1 c. à thé de sel

Couvrir. Amener à ébullition et laisser mijoter jusqu'à ce que les légumes soient tendres, environ 20 minutes.

Pour servir, déposer le poulet au centre de l'assiette et garnir de légumes, et napper de la sauce suivante.

Sauce

Faire fondre
½ tasse de beurre

Ajouter
3 c. à table de cognac
½ tasse de persil haché
¼ tasse de ciboulette hachée
OU
d'échalottes hachées

Donne de 6 à 8 portions.

Crème au fromage

Les recettes de crème au fromage abondent partout dans notre pays.

Celle-ci, onctueuse à souhait et à saveur d'oignon, nous vient de Toronto. Cependant si vous préférez une recette plus traditionnelle, vous pouvez remplacer le lait par du bouillon de poulet et ne pas filtrer la soupe avant de la servir.

Faire frire jusqu'à transparence
2 gros oignons hachés

dans
3 c. à table de beurre

Ajouter en remuant
2 c. à table de farine tout-usage

Incorporer graduellement
1 boîte (10 onces) de bouillon de boeuf concentré

Cuire jusqu'à consistance épaisse, en remuant constamment.

Ajouter et laisser mijoter 15 minutes
3 tasses de lait

Filtrer.

Ajouter en remuant jusqu'à ce que la crème soit lisse
3 tasses de fromage fondu râpé

Réchauffer et servir immédiatement.

Donne 4 portions.

Chowder aux clams

Le chowder occupe une place importante au menu, dans les Provinces maritimes. Incidemment le mot "chowder" nous vient du français "chaudière" et de ce fait a probablement pris naissance dans l'est du Canada.

Faire frire dans une poêle épaisse
¼ livre de lard salé en dés
OU
4 tranches de bacon, haché

Egoutter le lard croustillant et conserver la graisse dans la poêle.

Y frire jusqu'à transparence sans toutefois brunir
1 oignon haché fin

Ajouter
3 à 4 pommes de terre en dés
1½ tasse d'eau bouillante
1 tasse de tomates en conserve (si désiré)

Amener à ébullition, diminuer la chaleur, couvrir et cuire 10 minutes ou jusqu'à ce que les pommes de terre soient tendres.

Egoutter et conserver le liquide de
2 boîtes (10 onces chacune) de clams
OU
1 chopine de clams frais dans leur jus

Mesurer le liquide et ajouter suffisamment de lait pour faire
4 tasses de liquide

Mélanger aux pommes de terre et amener lentement à ébullition.

Incorporer les clams égouttés et le lard ou le bacon avec en plus
½ tasse de crème (18%)
1 c. à thé de sel
1 c. à thé de sel de céleri
1 pincée de poivre
2 c. à thé de beurre

Réchauffer mais ne pas bouillir et assaisonner au goût. Garnir de paprika ou de persil.
Donne de 8 à 10 portions.

Chowder au poisson

Les Provinces Maritimes sont renommées pour leurs ''chowders''.

Et maintenant que tout le Canada apprend à les aimer, vous voudrez sûrement essayer cette recette.

Couper en bouchées
1 livre de filets de poisson frais ou fumé

Dans une grande casserole, fondre
2 c. à table de beurre

Y cuire jusqu'à ce qu'ils soient tendres
1 oignon moyen, tranché
½ tasse de céleri en dés

Ajouter
2 tasses de pommes de terre en dés
½ tasse de carottes émincées
2 tasses d'eau bouillante
1 c. à thé de sel
1 pincée de poivre

Couvrir et laisser mijoter 10 minutes ou jusqu'à ce que les légumes soient tendres.

Ajouter le poisson et cuire 10 minutes de plus.

Incorporer
2 tasses de lait

Réchauffer mais ne pas bouillir.

Donne 6 portions.

Soupe à l'oignon au gratin

Sans aucun doute cette recette nous vient de France, mais avec les années elle s'est complètement intégrée à notre cuisine nationale.

Dans une casserole épaisse, fondre
¼ tasse de beurre

Ajouter
1½ tasse d'oignons des Bermudes tranchés

Couvrir et dorer très lentement, en remuant de temps à autre jusqu'à ce que les oignons soient d'un beau brun uniforme, environ ½ heure.

Retirer du feu et ajouter
1 gousse d'ail émincée
2 c. à thé de farine
½ c. à thé de sel
¼ c. à thé de poivre
4 tasses de consommé

Déposer de nouveau sur le feu et amener à ébullition en remuant. Diminuer la chaleur et laisser mijoter, couvert, 20 minutes.

Saupoudrer de
¾ tasse de parmesan râpé

Entre-temps, chauffer le four à 300° F.

Faire griller
4 tranches épaisses de pain sur la sole

Au moment de servir déposer le pain grillé dans quatre bols à soupe et remplir de soupe.

Saupoudrer de
¼ tasse de parmesan râpé

Déposer sous le gril pour fondre et brunir le fromage légèrement.

Donne de 4 à 6 portions.

Soupe aux pois classique

La soupe aux pois des Canadiens français est maintenant populaire à travers le pays. Voici la méthode traditionnelle de la préparer.

Laver et égoutter
1 livre de pois verts secs

Mêler dans une grande marmite avec
½ livre de lard salé
2¾ pintes (13¾ tasses) d'eau
3 oignons moyens hachés
2 carottes coupées en cubes
2 à 3 feuilles de laurier
1 poignée de feuilles de céleri hachées
¼ tasse de persil haché
1 c. à thé de sarriette

Amener à ébullition et laisser bouillir 2 minutes. Retirer du feu et laisser reposer 1 heure. Amener à ébullition de nouveau, diminuer la chaleur et laisser mijoter 1½ heure ou jusqu'à ce que les pois soient cuits.

Y ajouter
1 c. à table de sel
½ c. à thé de poivre

Servir.

Si l'on préfère une purée de pois, passer au presse-purée (hachoir) ou au mélangeur électrique.

Donne 8 portions.

Potage aux pommes de terre de l'île du Prince-Edouard

Ce potage nous vient de l'île du Prince-Edouard, renommée pour ses pommes de terre de haute qualité. C'est un compromis heureux entre le potage à base de bouillon concentré des habitants de l'île et la crème de pommes de terre moderne.

Cuire ensemble dans une casserole couverte jusqu'à ce qu'elles soient tendres, environ 25 minutes
- **3 à 4 pommes de terre moyennes pelées et coupées en quartiers**
- **3 tasses d'eau bouillante**
- **1 c. à thé de sel**

On peut remplacer une partie de l'eau par du bouillon de poulet ou de boeuf.

Egoutter et conserver le liquide. Passer les pommes de terre au presse-purée.

Mêler dans une grande casserole avec le liquide de réserve
- **1 boîte (16 onces) de lait évaporé non dilué**
- **1 c. à table d'oignon râpé**
- **3 c. à table de beurre**
- **1 pincée de poivre**

Chauffer mais ne pas bouillir.

Ajouter les pommes de terre en purée. Réchauffer et ajouter de l'eau si nécessaire.

Assaisonner au goût.

Y incorporer
- **½ tasse de fromage râpé**

Chauffer pour faire fondre le fromage.

Servir avec une garniture de persil haché.

Donne 6 portions.

Potage écossais de la Rivière Rouge

Lord Selkirk, après deux tentatives infructueuses, réussit finalement à établir en permanence un groupe d'Ecossais sur la Rivière Rouge au Manitoba. Les privations et les tragédies qui marquèrent l'arrivée des deux premiers groupes constituent un chapitre fascinant de l'histoire du Canada. Il a donc semblé approprié de nommer ce potage écossais traditionnel en l'honneur de cette région.

Faire tremper jusqu'au lendemain ou durant deux heures dans suffisamment d'eau pour couvrir
- **⅓ tasse d'orge, mondé ou perlé**

Dégraisser et couper en morceaux de 2 pouces
- **3 livres d'agneau à bouillir**

Dans une grande casserole, mélanger la viande et les os avec
- **8 tasses d'eau froide**
- **2 c. à thé de sel**
- **¼ c. à thé de poivre**

Amener à ébullition et écumer. Ajouter
- **½ tasse d'oignon haché**

Envelopper sans serrer dans un coton à fromage et ajouter
- **1 feuille de laurier écrasée**
- **2 clous de girofle entiers**

Couvrir et laisser mijoter environ ¾ d'heure.

Retirer le sac d'épices et les os (si désiré).

Dégraisser le bouillon de préférence en le laissant refroidir jusqu'au lendemain ou jusqu'à ce que le gras durcisse.

Incorporer l'orge égoutté au bouillon et amener à ébullition. Couvrir et laisser mijoter ¾ d'heure.

Y mélanger
- **½ tasse d'oignon haché**
- **½ tasse de navet en dés**
- **½ tasse de céleri en dés**
- **½ tasse de carottes en dés**
- **½ tasse de pommes de terre en dés**

Amener à ébullition et laisser mijoter ½ heure environ ou jusqu'à ce que les légumes, la viande et l'orge soient tendres. Assaisonner au goût de sel et de poivre. Garnir de persil haché.

Donne 6 portions.

Salades

Très peu de salades figurent dans les livres ou cahiers de recettes anciens. La raison en est bien simple: les salades telles qu'on les connaît sont une innovation du vingtième siècle. Cependant, on servait bien autrefois des légumes crus ou cuits accompagnés de crème, ou encore de vinaigre, de sucre et d'assaisonnements.

Les ouvrages publiés vers 1880 comprennent néanmoins des chapitres sur les salades. Le choix était limité aux salades de poulet, de pommes de terre, de chou et d'huîtres. Ces dernières devaient être bon marché puisqu'une recette de 6 portions exigeait ''50 petites huîtres''. Dès 1900, les salades moulées font leur apparition, surtout l'aspic aux tomates, grâce à la commercialisation de la gélatine. Voici d'autres salades pittoresques: ris de veau, langue, oeufs d'alose et, pour le petit déjeuner, du cantaloup, arrosé de vinaigrette.

Chou mariné

Les anciens livres de recettes mentionnent le cold slaw ou encore kohl slaw, désignation qui en somme ne dément pas l'origine allemande de ce plat. Ces salades se servent chaudes ou froides, hachées finement ou grossièrement, accompagnées de sauces légères ou épaisses. La recette présentée ici ne nécessite pas de cuisson. Elle est particulièrement savoureuse avec le chou d'été tendre et croquant. Elle se sert facilement dans de jolis plats individuels comme salade d'accompagnement.

Mélanger ensemble
½ tasse de vinaigre de cidre
½ tasse de sucre
¼ tasse d'eau
¼ c. à thé de graines de céleri
1 c. à thé de sel
du poivre frais moulu

Remuer pour faire dissoudre le sucre et le sel. Goûter et rectifier l'assaisonnement au besoin. Ne pas chauffer le mélange.

Verser cette préparation sur
4 tasses de chou filamenté

Bien mélanger le tout et réfrigérer 24 heures avant de servir.

Pour varier, on peut ajouter au chou
1 tasse de carottes râpées
1 tasse de concombre râpé
¼ tasse d'oignon haché

Donne 6 portions de chou mariné, 10 portions si on ajoute des légumes.

Salade chaude au chou et au jambon

C'est une adaptation du kohl slaw chaud, où on substitue le jambon et une vinaigrette commerciale aux ingrédients traditionnels.

Dans une poêle, chauffer
¾ tasse de vinaigrette (commerciale, française ou italienne)

Ajouter
4 tasses de chou filamenté
3 c. à table d'échalottes émincées
½ c. à thé de sel
1 pincée de poivre
¼ c. à thé d'aneth (facultatif)
1 tasse de jambon cuit en dés

Remuer doucement pour mélanger. Couvrir et mijoter de 10 à 12 minutes ou jusqu'à ce que le chou soit tendre.

Servir Immédiatement. Appétissant accompagné de petits pains croustillants et d'épis de blé d'Inde.

Donne 4 portions.

Salade maritime

En toute saison, la région de Digby, en Nouvelle-Ecosse, fournit des pétoncles frais ou congelés destinés à des plats délicieux. La salade ci-dessous marie de façon originale les pétoncles, les pommes de terre et les haricots, le tout arrosé d'une sauce relevée. On peut substituer aux pétoncles d'autres crustacés, tels le homard ou le crabe.

Dans une casserole, mélanger
- **2 tasses d'eau**
- **2 c. à table de jus de citron**
- **½ c. à thé de sel**
- **1 feuille de laurier**
- **1 c. à thé d'oignon émincé instantané**

Amener à ébullition et ajouter
- **1 livre de pétoncles frais ou décongelés**

Réduire la chaleur et mijoter à couvert 5 minutes. Egoutter et couper les pétoncles en deux ou en quatre, selon leur grosseur.

Faire cuire jusqu'à tendreté
- **4 à 5 pommes de terre de grosseur moyenne**

Refroidir, couper en tranches de ¼ pouce d'épaisseur.

Faire cuire jusqu'à ce qu'à peine tendres
- **1 tasse de haricots verts coupés, frais ou congelés**

Faire mariner séparément au moins 2 heures les pétoncles, les pommes de terre et les haricots dans une sauce huile et vinaigre (éviter toute vinaigrette rouge ou aux tomates).

Réfrigérer.

Enrober pétoncles, pommes de terre et haricots avec une sauce composée de
- **1 tasse de mayonnaise**
- **½ tasse de crème sure commerciale**
- **¼ tasse d'échalottes émincées**
- **¼ tasse de persil haché**

- **½ c. à thé d'aneth séché**
- **1 c. à table de raifort**
- **1 tasse de céleri émincé**

Disposer sur de la laitue. Garnir de petites tomates ou de tomates en quartiers ainsi que de tranches de citron.

Donne 8 portions.

Salade de betteraves en gelée

Les premières salades en gelée manquaient parfois de saveur mais elles étaient fort prisées aux réceptions grâce à leur élégance. Les aspics de viande ou de volaille, les salades moulées de fruits ou de légumes font aujourd'hui partie de la plupart des buffets froids, d'autant plus qu'ils s'apprêtent d'avance.

Faire gonfler
- **2 enveloppes de gélatine neutre**

dans
- **½ tasse d'eau froide**

Egoutter, en réservant leur liquide
- **2 boîtes (14 onces chacune) de betteraves en dés**

Les hacher finement, en mesurer 3 tasses.

Mettre de côté.

Dans une casserole, verser
- **1½ tasse du liquide des betteraves**

Y mélanger
- **½ tasse de sucre**
- **1¼ c. à thé de sel**
- **½ tasse de vinaigre blanc**

Amener à ébullition, ajouter la gélatine et remuer pour dissoudre. Retirer du feu.

Réfrigérer pour faire prendre partiellement.

Incorporer en pliant les betteraves hachées et
- **1¼ tasse de céleri en dés**
- **1 c. à table d'oignon haché fin**
- **2 c. à table de raifort préparé**

Mêler puis verser dans un moule huilé en forme d'anneau, d'une capacité de 6 tasses ou dans 8 moules individuels.

Laisser prendre au réfrigérateur de préférence jusqu'au lendemain dans le cas du grand moule. Démouler sur de la laitue. Garnir le centre de fromage cottage. Accompagner d'une mayonnaise additionnée de concombre haché.

Donne de 8 à 10 portions.

Gelée épicée aux fruits

Agréable à l'oeil et au goût; une gelée très appétissante sur une table à buffet.

Faire gonfler
2 enveloppes de gélatine

dans
½ tasse de jus d'ananas en conserve

Dans une casserole, mélanger
3 tasses de jus d'ananas
½ c. à thé de clous de girofle entiers
½ c. à thé de quatre-épices entières
2 bâtons de cannelle

Amener à ébullition, réduire la chaleur et laisser mijoter 5 minutes. Retirer les épices, ajouter la gélatine et mêler pour dissoudre.

Ajouter
1 c. à table de jus de citron

Laisser tiédir la préparation. Réfrigérer pour faire prendre partiellement.

Y incorporer en pliant
2½ tasses de fruits bien égouttés, soit entiers, tranchés ou en dés

Verser dans un moule de 6 tasses. Laisser prendre au réfrigérateur de préférence jusqu'au lendemain.

Suggestions d'agencements de fruits: pommes non pelées en dés, céleri en dés, noix hachées: OU pêches tranchées, moitiés de raisins verts et de raisins rouges: OU ananas broyé, bleuets frais: OU poires en dés, sections d'orange, 2 c. à table de gingembre en conserve haché.

Au moment de servir: Démouler et garnir de fruits frais en saison (boules de melon, framboises, etc.) et de feuilles de menthe ou de cresson.

Accompagner de sauce à l'orange ou de mayonnaise. Servir avec des viandes ou des volailles froides.
Donne 8 portions.

Sauce à l'orange

Mêler
¼ tasse de mayonnaise
4 onces de fromage à la crème

Ajouter et bien mélanger
2 c. à table de miel liquide
2 c. à table de jus d'orange
1 c. à table de zeste d'orange
¼ c. à thé de sel
½ tasse de crème sure commerciale
Donne 1¾ tasse.

Salade de pommes de terre à l'allemande

Dans certaines provinces, le repas du soir comprend souvent la salade chaude de pommes de terre, dite à l'allemande ou à la hollandaise, accompagnée de tête fromagée et de chou mariné. Dans la recette suivante, on a remplacé le lard salé traditionnel par du bacon.

Faire cuire jusqu'à ce qu'à peine tendres
6 pommes de terre de grosseur moyenne

Peler et trancher les pommes de terre chaudes (il devrait y en avoir 6 tasses) et garder chaud dans un plat de service.

Faire cuire jusqu'à ce que croustillant
¼ livre de bacon de dos, coupé en morceaux

Retirer le bacon, l'égoutter et l'ajouter aux pommes de terre.

Dans
¼ tasse du gras de bacon

faire frire doucement
¼ tasse d'échalottes émincées ou d'oignon haché fin

Ajouter
⅓ tasse de vinaigre
⅓ tasse de bouillon de boeuf ou d'eau
1 c. à table de sucre
½ c. à thé de sel
½ c. à thé de sel de céleri
du poivre frais moulu

Amener à ébullition, verser sur les pommes de terre et le bacon. Mêler délicatement. Garnir de persil haché et de paprika. La salade se sert chaude.

Donne 6 portions.

Salade de la baie de Quinte

Voici une salade tout à fait contemporaine malgré son nom qui évoque les sites historiques, les Loyalistes, les antiquités d'une région particulière de l'Ontario.

Dans un grand bol, mélanger
2 tasses de poulet cuit, en dés
¾ tasse de jambon cuit, en dés

¾ tasse de fromage de Gruyère,
en dés ou en lanières
2 oeufs cuits dur, hachés
1 tasse de céleri coupé fin en dés
3 c. à table d'échalottes émincées
1 c. à table de piment vert haché
1 c. à table de piment doux haché

Mêler ensemble
⅔ tasse de mayonnaise
¼ c. à thé d'assaisonnement à
volaille
¼ c. à thé de moutarde en poudre
1 c. à table de jus de citron ou de
vinaigre

*Enrober viandes et légumes de cette
sauce. Assaisonner au goût.*

Réfrigérer.

Au moment de servir, y mêler
3 tasses de laitue déchiquetée

Ajouter d'autre mayonnaise au besoin.

*Servir sur un nid de laitue et garnir de
quartiers de tomates et de roses de
radis.*

Donne de 4 à 6 portions.

Salade de noces

Cette salade était fort populaire chez les
Canadiens d'expression anglaise dans les
années 1930. Ce petit bijou apparaissait

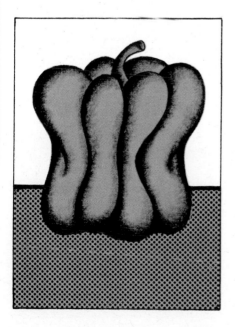

lors des réceptions les plus diverses: thé,
"showers", parties de cartes chez les
dames, etc.

Aujourd'hui, on la sert souvent à un
buffet de noces.

Dans un grand bol, mêler délicatement
2 tasses de cerises blanches en
conserve, égouttées, dénoyautées
et coupées en deux
2 tasses de petits morceaux
d'ananas égouttés
2 tasses de raisins verts sans pépins
1 tasse de banane en dés
1 tasse d'amandes tranchées,
grillées
2 tasses de guimauves miniatures

Réfrigérer.

*Dans la partie supérieure d'un bain-
marie, mélanger*
2 oeufs bien battus
OU
4 jaunes d'oeufs
2 c. à table de sucre
½ tasse de crème de table (10%)
½ c. à thé de zeste de citron râpé
fin

Ajouter graduellement
3 c. à table de jus de citron

*Faire cuire au bain-marie en remuant
jusqu'à épaississement. Réfrigérer.*

Y incorporer en pliant
1 tasse de crème épaisse,
fouettée

*Verser sur les fruits; enrober délicate-
ment. Réfrigérer 24 heures avant de
servir. Ne pas congeler.*

*Servir dans des coupes de laitue; garnir
de dragées et de cresson.*

Donne 10 portions.

Sauce à coleslaw

Mélanger
1 tasse de mayonnaise
1 c. à thé de moutarde préparée
¼ tasse de crème (18%)
OU
de vinaigrette
sel et poivre au goût

Couvrir et réfrigérer.

*Donne environ 1¼ tasse, de quoi en-
rober 8 tasses de chou filamenté.*

SOUPES, GOÛTERS, ET SPÉCIALITÉS

Salade de pissenlits

Autrefois, les premières plantes comestibles du printemps étaient les jeunes pousses de pissenlit. Après l'alimentation monotone de l'hiver, c'est avec plaisir qu'on dégustait du pissenlit, soit cru ou cuit, surtout quand il n'y avait pas encore assez de terre défrichée pour permettre un jardin potager.

Si vous trouvez des pissenlits (non contaminés par les herbicides), choisissez des pousses tendres. Après la floraison, ils deviennent durs et amers.

Laver et mettre au réfrigérateur
4 tasses de pousses de pissenlit

Faire cuire jusqu'à ce que durs
3 oeufs

Refroidir.

Faire frire jusqu'à ce que croustillant
3 tranches de bacon

Egoutter et émietter. Mettre le gras de côté.

Couper 2 des oeufs en dés et les mélanger dans un saladier avec le pissenlit et le bacon.

Enrober de vinaigrette. Mêler et garnir d'une "marguerite" faite de l'oeuf qui reste (voir ci-dessus).

Vinaigrette

Dans une casserole, mêler
2 c. à table de gras de bacon
2 c. à table de farine tout-usage

Ajouter graduellement
2 tasses d'eau chaude
¼ tasse de vinaigre
2 c. à table de sucre

Faire cuire en remuant sur feu moyen jusqu'à épaississement.

Réchauffer avec un peu de la sauce
1 oeuf battu

Ajouter au reste de la sauce et continuer la cuisson pendant 3 minutes, en remuant. Assaisonner au goût de sel d'oignon, de poudre de cari, de moutarde en poudre ou de poivre.

Réfrigérer.

La marguerite

Tamiser le jaune de l'oeuf sur le centre de la salade. Couper le blanc en 6 lanières. Disposer ces "pétales" autour du centre jaune.

Donne de 4 à 6 portions.

Salade en vrac à la Flemming

La salade verte ne se servait autrefois qu'en été, arrosée de crème fraîche ou sure. De nos jours, grâce à l'abondance de légumes frais en toute saison, nous en servons chaque jour.

La variante ci-dessous est une contribution du Nouveau-Brunswick. On l'attribue à H. J. Flemming, ancien Premier ministre de cette province.

Dans un saladier, mélanger
1 tasse de feuilles de jeunes épinards, déchiquetées
1 tasse de laitue déchiquetée
1 tasse de carottes râpées
½ tasse de persil haché

Ajouter au goût: ciboulette, échalottes émincées ou feuilles de pissenlit.

Mélanger
2 c. à table d'huile végétale
2 c. à table de vinaigre
2 c. à thé de sucre
¼ c. à thé de sel
du poivre frais moulu

Enrober la salade de cette vinaigrette.

Donne 3 ou 4 portions.

Boissons

Dans la longue liste des boissons consommées au Canada, le thé, le café et le chocolat sont les plus courantes. Nous vous épargnerons donc leur préparation pour vous proposer des recettes moins connues qui font les délices de nombreux Canadiens.

Vin de pissenlits

Ce vin est un des mieux connus au Canada, particulièrement en Alberta et à Terre-Neuve. De cette dernière province nous est parvenue également une intéressante recette de vin de sorbes, fruits du sorbier sauvage.

Verser
- **1 gallon d'eau bouillante**
- **3 pintes de fleurs de pissenlit, équeutées**

Laisser reposer jusqu'au lendemain.

Couler.

Incorporer au liquide
- **le jus de 1 orange**
- **le jus de 3 citrons**
- **3 livres de sucre**

Laisser bouillir 30 minutes.

Refroidir.

Etendre
- **½ carré de levure comprimée**

sur
- **1 tranche de pain grillé**

Ajouter au liquide.

Laisser reposer 4 semaines ou jusqu'à ce que la fermentation s'arrête.

Embouteiller et bien boucher.

Vin aux bleuets de Terre-Neuve

Les petits fruits peuvent servir à faire d'excellents vins. Voici une recette populaire de Terre-Neuve.

Dans une grande marmite, déposer
- **2 pintes de bleuets**
- **4 pintes d'eau bouillante**

Cuire sur feu doux jusqu'à ébullition.

Couler et mesurer le jus.

Pour chaque gallon (20 tasses) de jus ajouter
- **6 tasses de sucre**

Laisser bouillir 5 minutes.

Refroidir et ajouter
- **3 tasses de pruneaux**

Verser dans des bocaux ou un pot de grès. Couvrir d'un coton à fromage et laisser reposer deux mois. Couler, embouteiller et boucher.

Cocktail aux canneberges de Muskoka

Près de Gravenhurst, au coeur de la région de Muskoka en Ontario, les canneberges poussent en abondance. On peut en faire une excellente boisson chaude et épicée pour les soirées fraîches.

Dans une cafetière de 6 tasses déposer
- **2⅓ tasses d'eau**
- **1 tasse de gelée de canneberges (brisée)**
- **1 tasse de jus d'ananas**
- **¼ tasse de cassonade**
- **1 c. à table de beurre**

Envelopper dans un coton à fromage ou mettre dans le panier du percolateur
- **1 pincée de sel**
- **1 pincée de muscade**
- **1 pincée de cannelle**
- **1 pincée de quatre-épices**
- **4 clous de girofle entiers**

Assembler le percolateur et lui faire suivre le cycle régulier du café, ou laisser bouillir doucement de 6 à 8 minutes.

Si désiré, incorporer quelques gouttes de colorant végétal rouge.

Servir chaud.

Donne 6 portions de 6 onces.

Punch Okanagan

Qui n'a savouré les succulentes pommes de la vallée de l'Okanagan en Colombie? Voici un punch confectionné avec le jus de ces fameuses pommes, parfumé au jus de citron et additionné d'épices odorantes.

Dans une casserole, mélanger
- **1 tasse d'eau**
- **½ tasse de sucre**
- **4 ou 5 clous de girofle entiers**
- **⅓ de bâton de cannelle**

Faire bouillir 10 minutes.

Couler et ajouter
- **1 à 1½ tasse de thé fort**
- **¼ tasse de jus de citron**
- **1 boîte (48 onces) de jus de pomme**

Réfrigérer.

Au moment de servir, ajouter
- **1 tasse d'eau glacée**
- **1½ tasse de ginger ale**

Donne 20 portions de 4 onces.

Limonade

La limonade est rafraîchissante en toute occasion. Mais elle a aussi le don de ressusciter nos souvenirs d'enfance où, limonadiers, nous vendions notre produit un sou le verre.

Presser le jus de
6 citrons

Couper chaque demi-écorce en quatre.

Mélanger le jus, la pulpe et le zeste des citrons avec
2 livres de sucre
1½ once d'acide citrique

Verser sur le mélange
1½ pinte (7½ tasses) d'eau bouillante

Remuer pour dissoudre le sucre.

Refroidir et couler dans des bocaux stérilisés.

Pour servir, ajouter 1 partie d'eau pour chaque partie de sirop.

Donne 6 chopines de sirop.

Cocktail feuille d'érable (cocktail canadien)

Ce cocktail national se compose de deux produits du pays — le rye whisky et le sirop d'érable.

Combiner
2 parties de rye whisky
1 partie (ou plus) de jus de citron
1 partie de sirop d'érable

Agiter avec de la glace concassée afin de refroidir sans cependant diluer.

Couler.

Servir dans des verres à cocktail glacés avec
1 lanière d'écorce de citron

Vinaigre aux framboises sauvages des pionniers

Plusieurs recettes de vinaigre ou de cordial existaient au début de la colonie et il y a sûrement des Canadiens qui ont la nostalgie d'un savoureux verre de vinaigre aux framboises sauvages.

Déposer dans un pot de grès
2 pintes de framboises
1 pinte de vinaigre de cidre

Couvrir et laisser reposer 48 heures.

Egoutter et verser le liquide sur
1 pinte de framboises

Laisser reposer 48 heures.

Répéter à nouveau avec une deuxième **pinte de framboises**

Laisser reposer 48 heures.

Filtrer le liquide à travers un sac à gelée mouillé afin d'extraire le jus complètement.

Mesurer le jus et pour chaque tasse ajouter
1 tasse de sucre

Amener à ébullition et bouillir lentement 5 minutes.

Ecumer. Laisser reposer 15 minutes.

Pour chaque tasse de jus, ajouter
2 onces de brandy

Mettre en bouteilles et boucher.

Pour servir, diluer ¼ tasse de vinaigre aux framboises dans ¾ tasse d'eau.

Garnir de menthe fraîche.

Donne environ 4 chopines.

Cocktail à la rhubarbe

Le climat canadien est particulièrement favorable à la rhubarbe. Elle pousse à peu près partout. Lorsqu'elle est rouge et tendre, on s'empresse d'en faire une délicieuse compote ou encore une boisson rafraîchissante. Voici une recette de cocktail à la rhubarbe comme on l'aime en Nouvelle-Ecosse.

Couper en morceaux
5 livres de rhubarbe

Dans une grande marmite, combiner avec la rhubarbe
2 c. à table de zeste de citron râpé
3 pintes d'eau

Amener à ébullition et laisser mijoter jusqu'à ce que la rhubarbe soit tendre.

Incorporer
⅓ tasse de jus de citron

Couler à travers un linge propre.

Ajouter au jus
3 tasses de sucre

Amener à ébullition pour fondre le sucre.

Sceller dans des bocaux stérilisés.

Garder dans un endroit frais.

Donne environ 7 chopines.

Liqueur aux oeufs de Rudi

Cette boisson est très populaire en Hollande et en Allemagne, et se sert surtout au temps de fêtes. Elle est peu près connue ici, mais un jeune Allemand, Rudi, n'hésite pas à en partager la recette avec nous. On trouve du sucre vanillé dans certaines épiceries fines mais on peut aussi en préparer chez soi. Il suffit d'inciser une gousse de vanille et de l'enfouir dans du sucre.

Battre ensemble
10 jaunes d'oeufs
1 enveloppe de sucre vanillé
(⅓ once)

Dans une casserole, mélanger
1 pinte de lait
2¼ tasses de sucre

Amener à ébullition en remuant pour fondre le sucre. Retirer du feu. Réchauffer les jaunes d'oeufs graduellement en versant un peu de lait chaud dans la préparation et ensuite mélanger les jaunes réchauffés avec le lait chaud.

Mettre le tout sur feu moyen. Remuer jusqu'à ce que le premier bouillon commence. Ne pas laisser bouillir.

Refroidir et ajouter
12 à 16 onces d'alcool

Verser dans des bouteilles stérilisées et boucher. Auparavant, il faut avoir fait tremper les bouchons de liège à l'eau bouillante pour les amollir.

Garder les bouteilles couchées dans un endroit frais et à l'abri de la lumière. Laisser reposer au moins deux semaines avant l'usage. Se conserve indéfiniment.

Servir dans des verres à liqueur comme pousse-café.

Vins canadiens

Lief Ericson à qui l'on doit, selon certains, la découverte de la côte et du continent nord-américain, trouva sur cette terre nouvelle une végétation si luxuriante en vignes sauvages qu'il la nomma "Vineland" (terre de vignes). En commençant par les Français, les premiers colons plantèrent des vignes européennes et tentèrent de faire du vin à partir du raisin de ces vignes et aussi du raisin des vignes sauvages si abondantes.

De nos jours, plus de 20,000 acres de la péninsule de Niagara sont consacrées à la viticulture et environ 60% de la récolte sert à la fabrication du vin. Au cours des dernières années, on a planté plusieurs nouvelles variétés de vignes, dont certaines viennent d'Europe, tandis que d'autres sont le fruit de longues recherches dans nos propres vignes expérimentales. La qualité des vins canadiens a donc connu une amélioration constante et certains de nos vins ont acquis une renommée mondiale.

Les vins varient selon la sorte de raisins dont ils proviennent et selon leur procédé de fabrication. Certains vins sont aussi mélangés selon un art qui exige une grande habileté et une profonde connaissance des vins.

Presque tous les vins appartiennent à l'une des quatre classes principales:

1. Les vins apéritifs, servis avant le repas afin d'aiguiser l'appétit, ont une teneur en alcool qui varie de 15 à 20%. On les sert chambrés, c'est-à-dire à la température de la pièce, ou frais. Le sherry et le vermouth, vins apéritifs populaires, sont tous deux fabriqués au Canada.

2. Les vins de table contiennent moins de 14% d'alcool. Les vins blancs sont légers et ont une saveur délicate. Ils se servent frais pour accompagner le poisson, le poulet, les oeufs et les viandes légères. Les vins de table rouges sont habituellement secs et plus corsés que les vins blancs. On les sert chambrés ou frais avec les rôtis, les biftecks, la venaison et autres viandes robustes. Le rosé, sec à mi-sec, très léger, peut accompagner la plupart des mets. Quelques-uns, légèrement effervescents, sont qualifiés de pétillants. Le rosé se sert frais.

3. Les vins de dessert sont sucrés et contiennent de 16 à 20% d'alcool. Le porto, le muscat et le sherry doux en sont des exemples.

4. Les vins mousseux sont légers et pétillants et contiennent 14% d'alcool. La plupart des vins mousseux tels le champagne et le bourgogne mousseux sont bouchés au liège et doivent être gardés inclinés. Ils se servent très frais en tout temps et peuvent accompagner n'importe quel mets.

Comme le climat de la péninsule de Niagara est relativement stable, le raisin est toujours de bonne qualité et la qualité des vins eux-mêmes varie peu d'une année à l'autre. Afin d'assurer au vin une qualité toujours égale, les viticulteurs canadiens mélangent les vins provenant de 3 ou 4 récoltes différentes.

Pâtisseries

Les tartes, telles que nous les connaissons, l'emportent en popularité sur tous les autres desserts au Canada. Leurs innombrables variétés savent mettre en valeur nos denrées canadiennes apprêtées de façons différentes et originales selon la région.

Pâte feuilletée

En Ontario, où l'on moissonne le blé tendre d'hiver, les ménagères utilisent généralement de la farine à pâtisserie. Par contre, les cuisinières des Prairies comptent sur la farine tout-usage moulue à partir du blé dur de l'Ouest semé au printemps. Au Québec, dans les Maritimes et en Colombie-Britannique, les deux sortes de farine sont d'usage commun — par conséquent, notre recette nationale de croûte de tarte indique la quantité à employer pour chaque genre de farine.

Mélanger ensemble
2 tasses de farine à pâtisserie
OU
1¾ tasse de farine tout-usage
¾ c. à thé de sel

Avec un coupe-pâte ou deux couteaux, y incorporer en coupant jusqu'à consistance très fine

⅓ tasse de shortening ou de saindoux

Puis y couper jusqu'à consistance de petits pois
⅓ tasse de shortening ou de saindoux

Avec une fourchette, y mélanger, une cuillerée à la fois,
4 à 5 c. à table d'eau froide

Ajouter juste assez d'eau pour former une pâte qui se tienne ensemble et se décolle facilement des bords du bol.

Partager en deux. Abaisser chaque portion sur une surface légèrement enfarinée en roulant du centre de la pâte vers le bord. (Ceci aide à conserver une abaisse ronde).

Envelopper le surplus de la pâte de papier ciré ou d'un sac de plastique et mettre au réfrigérateur.

Donne suffisamment de pâte pour une tarte à croûte double de 9 pouces, deux tartes à croûte simple de 9 pouces ou 12 à 14 tartelettes.

Pâte brisée au beurre

Pour de nombreuses Canadiennes, le beurre est essentiel à la préparation d'une bonne croûte. La recette suivante est un compromis et nous osons dire la meilleure.

Mesurer dans un bol
2 tasses de farine à pâtisserie
OU
1⅔ tasse de farine tout-usage

Avec un coupe-pâte ou deux couteaux, y incorporer en coupant jusqu'à consistance granuleuse
¼ tasse de shortening

Puis y couper jusqu'à consistance de petits pois
½ tasse de beurre

Avec une fourchette, y mélanger, une cuillerée à la fois
3 à 5 c. à table d'eau froide

Ajouter juste assez d'eau pour former une pâte qui se tienne ensemble et se décolle facilement des bords du bol. Envelopper de papier ciré et réfrigérer. Donne suffisamment de pâte pour une tarte à croûte double de 9 pouces ou deux tartes à croûte simple de 9 pouces.

Pâte infaillible du Klondike

On retrouve, de par le Canada, plusieurs versions de cette pâte infaillible ou pâte au réfrigérateur. Celle-ci, de la Vallée du Paradis près d'Edmonton en Alberta, se prépare avec de la cassonade. Nous l'avons appelée Klondike puisque c'est d'Edmonton que partit la ruée vers l'or du Yukon et que ce nom évoque le froid intense du nord, il convient donc à merveille à une pâte dite "au réfrigérateur".

Mélanger ensemble
5½ tasses de farine tout-usage
OU
6⅓ tasses de farine à pâtisserie
1½ c. à thé de sel
1 c. à thé de poudre à pâte
3 c. à table de cassonade

Avec un coupe-pâte ou deux couteaux y incorporer en coupant
1 livre de saindoux ou de shortening

Continuer à couper jusqu'à consistance granuleuse avec quelques morceaux plus gros.

Dans une tasse à mesurer, casser et battre légèrement
1 oeuf

Ajouter
1 c. à table de vinaigre

Remplir la tasse aux ¾ avec
de l'eau froide

et mélanger avec une fourchette.

Ajouter graduellement ce liquide dans le mélange de farine en remuant avec une fourchette. Ajouter juste assez de liquide pour former une pâte qui se tienne ensemble.

Envelopper de papier ciré et réfrigérer jusqu'au moment de l'utiliser.

Donne suffisamment de pâte pour trois tartes à croûte double de 9 pouces ou six tartes à croûte simple de 9 pouces.

Pâte sucrée pour tartelettes

En général, les Européens préfèrent une pâte plus sucrée dont voici une recette de la Saskatchewan.

Mélanger ensemble
2 tasses de farine à pâtisserie
OU
1⅔ tasse de farine tout-usage

3 c. à table de sucre
½ c. à thé de sel

Avec un coupe-pâte ou deux couteaux y incorporer en coupant jusqu'à consistance granuleuse
¼ tasse de beurre

Puis y couper jusqu'à consistance de petits pois
½ tasse de beurre

Battre légèrement
1 oeuf
Ajouter l'oeuf au mélange de farine en remuant avec une fourchette.

Envelopper complètement de papier ciré et réfrigérer.

Tartelettes au beurre

On a commencé à développer et à publier des recettes de tartelettes au beurre il y a plus de 60 ans et elles devinrent rapidement tout aussi populaires qu'elles le sont maintenant. Une spécialité canadienne par excellence puisqu'on la retrouve très rarement dans les livres de cuisine américains.

Afin d'empêcher la garniture de déborder, nous vous conseillons de la remuer le moins possible.

Préparer suffisamment de pâte pour tapisser 15 moules à muffins de grandeur moyenne.

Ne pas piquer. Chauffer le four à 375° F.

Verser de l'eau bouillante sur
½ tasse de raisins secs

Laisser reposer 5 minutes et égoutter.
Mélanger ensemble
¼ tasse de beurre mou
½ tasse de cassonade légèrement pressée

Incorporer
1 tasse de sirop de maïs
2 oeufs légèrement battus
1 c. à thé de vanille
1 c. à thé de jus de citron

Ajouter les raisins secs égouttés.

Remplir aux ⅔ les moules couverts de pâte.

Cuire à 375°, de 15 à 20 minutes ou jusqu'à ce que la croûte soit dorée.

Ne pas laisser bouillonner la garniture.

Donne 15 tartelettes de grosseur moyenne.

Tartelettes à l'érable et aux pacanes

L'Ontario adapte la tarte au sucre du Québec dans cette création de tartelettes à l'érable et aux pacanes. Lorsque la sève coule en abondance, n'hésitez pas à confectionner ces gourmandises entièrement avec du sirop d'érable. Comme pour les tartelettes au beurre, remuez le mélange le moins possible pour l'empêcher de déborder durant la cuisson.

Préparer suffisamment de pâte pour couvrir 2 douzaines d'assiettes à tartelettes ou moules à muffins.

Chauffer le four à 425° F.

Combiner
½ tasse de sirop d'érable
½ tasse de sirop de maïs

Battre légèrement
2 oeufs

Incorporer le sirop et
½ tasse de sucre

Disposer dans les abaisses
1 tasse de moitiés de pacanes

et les remplir du mélange aux ⅔.

Cuire à 425°, de 13 à 16 minutes ou jusqu'à ce que la croûte soit dorée.

Donne 2 douzaines de tartelettes.

Tartelettes à la mélasse à l'ancienne

Une recette qui évoque le bon vieux temps. Elle nous vient de l'Ile Fogo, à l'entrée de la Baie Notre-Dame sur la côte de Terre-Neuve. Utilisez comme garniture de la crème caillée ou de la crème fouettée.

Chauffer le four à 425° F.

Tamiser ou mélanger ensemble
1½ tasse de farine tout-usage
½ c. à thé de quatre-épices
½ c. à thé de cannelle
1 pincée de clou de girofle
1 pincée de sel

Avec un coupe-pâte ou deux couteaux y incorporer en coupant
½ tasse de shortening

Ajouter et incorporer avec une fourchette
¼ tasse de mélasse

Puis mélanger
2 à 3 c. à table d'eau froide

Abaisser sur une surface légèrement enfarinée.

Découper la pâte avec un emporte-pièce à biscuits et tapisser environ 2 douzaines de petits moules à muffins.

Remplir les tartelettes aux ⅔ avec
de la confiture de bleuets ou de gaulthérie

Cuire à 425°, de 12 à 15 minutes ou jusqu'à ce que la pâte soit dorée.

Tarte de Toronto

Le livre de recettes *Home Cook Book* publié à Toronto en 1879 contient une recette intitulée ''Tarte de Toronto''. Un gâteau éponge à texture délicate, fendu en deux et garni de confiture de framboises.

Chauffer le four à 350° F.

Graisser un moule à gâteau rond de 9 pouces et tapisser le fond de papier ciré.

Faire frémir
½ tasse de lait

et combiner avec
2 c. à table de beurre

Tamiser ou mélanger ensemble
1 tasse de farine à pâtisserie
1¼ c. à thé de poudre à pâte
¼ c. à thé de sel

Battre jusqu'à consistance légère et duveteuse
2 oeufs

Y incorporer graduellement
⅔ tasse de sucre
¼ c. à thé de vanille

Battre une minute à la grande vitesse du malaxeur.

Incorporer en pliant les ingrédients secs et puis ajouter le mélange du lait chaud.

Verser dans le moule préparé.

Cuire à 350°, de 30 à 35 minutes ou jusqu'à ce que le gâteau reprenne sa forme lorsque légèrement pressé.

Refroidir dans le moule. Lorsque presque refroidi, décoller les bords et retirer du moule.

Fendre en deux, garnir de confiture de framboises, refermer et saupoudrer le dessus de sucre granulé ou de sucre à glacer.

Tarte aux pommes et au miel de l'Alberta

La saveur épicée du miel se marie à merveille à celle des pommes pour créer un dessert de fête de l'Alberta.

Chauffer le four à 450° F.

Préparer suffisamment de pâte pour une tarte à croûte double de 9 pouces. Abaisser la moitié de la pâte, en tapisser l'assiette à tarte et égaliser les bords. Rouler la croûte du dessus.

Peler, vider et couper en tranches minces
   6 pommes moyennes

Disposer dans l'assiette à tarte couverte de l'abaisse.

Mélanger ensemble
   1 c. à table de fécule de maïs
   1 c. à thé de cannelle
   ½ c. à thé de sel
   3 c. à table de cassonade

Y incorporer
   3 c. à table de beurre
   ⅓ tasse de miel

Verser sur les pommes.

Couvrir de la deuxième abaisse. Sceller et festonner les bords. Inciser ou piquer l'abaisse du dessus.

Cuire à 450°, 15 minutes ou jusqu'à ce que la croûte soit dorée. Réduire la chaleur à 350° F. et continuer la cuisson de 25 à 30 minutes, ou jusqu'à ce que les pommes soient tendres.

Mélanger et étendre sur le dessus
   ¼ tasse de cassonade
   ¼ tasse de miel
   2 c. à table de farine tout-usage
   2 c. à table de beurre mou
   ¼ tasse de noix hachées

Remettre la tarte au four 10 minutes.

Tarte aux pommes

Jadis les pommes étaient conservées tout l'hiver enfouies dans des barils de sable. De nos jours, on peut facilement les obtenir toute l'année. Voici une tarte aux pommes à la mode d'antan.

Chauffer le four à 450° F.

Préparer suffisamment de pâte pour une tarte à croûte double de 9 pouces. Abaisser la moitié de la pâte, en tapisser l'assiette à tarte, égaliser les bords. Rouler la croûte du dessus.

Mélanger ensemble
   1 c. à table de farine
   1 tasse de sucre d'érable ou de cassonade légèrement pressée
   ½ c. à thé de cannelle
   1 pincée de muscade

Combiner avec
   7 ou 8 grosses pommes sures, pelées, vidées et tranchées

Disposer dans l'assiette à tarte couverte de l'abaisse.

Parsemer de
   1 c. à table de noisettes de beurre

Couvrir de la deuxième abaisse. Sceller et festonner les bords.
Inciser ou piquer le dessus.

Cuire à 450°, 15 minutes ou jusqu'à ce que la croûte soit dorée. Réduire la chaleur à 350° F. et continuer la cuisson de 40 à 45 minutes, ou jusqu'à ce que les pommes soient tendres.

Servir nappé de sauce chaude au rhum (voir page 121) si désiré.

Tarte au sucre à la moderne

La popularité de cette tarte n'est plus à faire aux alentours de Sherbrooke dans les cantons de l'Est. D'une simplicité presque ridicule, elle se prépare en un clin d'oeil et garantit à coup sûr une garniture riche et onctueuse.

Chauffer le four à 425° F.

Préparer suffisamment de pâte pour couvrir une assiette à tarte de 9 pouces. Abaisser la pâte, en tapisser l'assiette à tarte, égaliser et festonner les bords, mais ne pas piquer avec une fourchette.

Dans la partie supérieure d'un bain-marie, combiner
   1½ tasse de sirop de maïs
   1 tasse de lait condensé

Chauffer sur l'eau bouillante jusqu'à ce que bien mélangé (à peu près 5 minutes).

Verser dans l'assiette préparée.

Arranger de façon attrayante sur la surface
   ½ tasse de pacanes

Cuire à 425°, 10 minutes.

Réduire la chaleur à 350° F. et continuer la cuisson de 20 à 25 minutes, ou jusqu'à ce que la garniture bouillonne au centre.

Refroidir.

Tarte aux baies congelées

Utilisant des baies congelées non sucrées, cette recette très simple peut agrémenter le menu à n'importe quel moment de l'année.

Chauffer le four à 450° F.

Préparer suffisamment de pâte pour une tarte à croûte double de 9 pouces. Abaisser la moitié de la pâte, en tapisser l'assiette à tarte, égaliser les bords Rouler la croûte du dessus.

Mélanger ensemble
1¾ tasse de sucre
¼ tasse de fécule de maïs

Combiner avec
1 paquet (20 onces) ou
4½ tasses de baies congelées

Disposer dans l'assiette à tarte couverte de l'abaisse.

Parsemer de

2 c. à table de noisettes de beurre
Couvrir de la deuxième abaisse. Sceller et festonner les bords.
Inciser ou piquer le dessus.

Cuire à 450°, 20 minutes. Réduire la chaleur à 350° F. et continuer la cuisson de 50 à 65 minutes, ou jusqu'à ce que la garniture ait épaissi.

Tarte à la rhubarbe

Les tartes à la rhubarbe ont toujours joui d'une grande popularité au Canada depuis leur importation d'Europe. La production moderne de la rhubarbe dans des serres rend ce fruit disponible de janvier à juillet.

Chauffer le four à 450° F.

Préparer suffisamment de pâte pour une tarte à croûte double de 9 pouces. Abaisser la moitié de la pâte, en tapisser l'assiette à tarte, égaliser les bords.

Rouler la croûte du dessus.

Mélanger ensemble
⅓ tasse de farine tout-usage
1 à 1½ tasse de sucre

Combiner avec
4 tasses de rhubarbe coupée en bâtonnets d'un pouce

Verser dans l'assiette à tarte.

Parsemer de
1 c. à table de noisettes de beurre

Couvrir de la deuxième abaisse. Sceller et festonner les bords.

Inciser ou piquer le dessus.

Cuire à 450°, 15 minutes ou jusqu'à ce que la croûte soit dorée.

Réduire la chaleur à 350° F. et continuer la cuisson de 40 à 45 minutes, ou jusqu'à ce que la rhubarbe soit tendre et que la garniture bouillonne au centre.

Tarte au mincemeat

Le mincemeat ou pâte d'épices semble apparenté de loin à la tarte au suif de nos aïeules, puisque cette pâte se prépare avec du suif. On a sans doute élaboré la recette au fur et à mesure que de nouveaux ingrédients devenaient plus facilement disponibles.

Chauffer le four à 450° F.

Préparer suffisamment de pâte pour une tarte à croûte double de 9 pouces. Abaisser la moitié de la pâte, en tapisser l'assiette à tarte, égaliser les bords.

Rouler la croûte du dessus.

Verser dans l'assiette à tarte couverte de l'abaisse
4 tasses de mincemeat (page 137)

Couvrir de la deuxième abaisse. Sceller et festonner les bords. Inciser ou piquer le dessus.

Cuire à 450°, 15 minutes ou jusqu'à ce que la croûte soit dorée.

Réduire la chaleur à 350° F. et continuer la cuisson 30 minutes de plus.

Servir chaud, nappé de sauce chaude au rhum (voir page 121), si désiré.

Tarte aux pêches de Niagara

Les pêches et de nombreux autres fruits croissent en abondance dans la péninsule de Niagara. On croit que le comte de Boussaye, un émigré français, les a introduits dans cette région vers 1790.

Chauffer le four à 450° F.

Préparer suffisamment de pâte pour une tarte à croûte double de 9 pouces. Abaisser la moitié de la pâte, en tapisser l'assiette à tarte, égaliser les bords.

Rouler la croûte du dessus.

Mélanger ensemble
⅔ tasse de sucre
3 à 4 c. à table de fécule de maïs

Combiner avec
4½ tasses de pêches fraîches, pelées et tranchées

Disposer dans l'assiette à tarte couverte de l'abaisse.

Parsemer de
2 c. à table de noisettes de beurre
1 c. à table de jus de citron

Couvrir de la deuxième abaisse. Sceller et festonner les bords.
Inciser ou piquer le dessus.

Cuire à 450°, 15 minutes ou jusqu'à ce que la croûte soit dorée.

Réduire la chaleur à 350° F. et continuer la cuisson de 50 à 55 minutes ou jusqu'à ce que la garniture ait épaissi.

Tarte aux raisins secs

Voici une recette bien connue qui ne nécessite pas d'introduction. Certaines personnes courageuses préfèrent couper les raisins secs afin de rehausser la saveur de la tarte.

Chauffer le four à 450° F.

Préparer suffisamment de pâte pour une tarte à croûte double de 9 pouces. Abaisser la moitié de la pâte, en tapisser l'assiette à tarte, égaliser les bords.
Rouler la croûte du dessus.

Laisser mijoter ensemble, 10 minutes
2 tasses de raisins secs
2 tasses d'eau

Mélanger ensemble et incorporer graduellement aux raisins secs
½ à ⅔ tasse de sucre
2 c. à table de farine
1 pincée de sel

Ajouter
½ c. à thé de vanille
1 c. à table de beurre
1 c. à table de jus de citron (facultatif)

Laisser refroidir.

Verser dans l'assiette à tarte.

Couvrir de la deuxième abaisse. Sceller et festonner les bords.
Inciser ou piquer le dessus.

Cuire à 450°, 15 minutes ou jusqu'à ce que la croûte soit dorée.

Réduire la chaleur à 350° F. et continuer la cuisson de 25 à 30 minutes de plus.

Garniture au citron

Ce genre de garniture, d'ailleurs très riche, se garde fort bien au réfrigérateur.

Battre à la fourchette
2 oeufs

Incorporer
6 c. à table de jus de citron
2 c. à table de zeste de citron râpé
1 tasse de sucre

Ajouter
¼ tasse de beurre

Dans une casserole, cuire sur feu moyen jusqu'à consistance épaisse (genre cossetarde).

Verser dans un pot. Refroidir. Garder au réfrigérateur. Pour servir, déposer par cuillerées dans les croûtes de tartelettes cuites.

Donne suffisamment de garniture pour 15 tartelettes de grandeur moyenne.

Tarte aux oeufs

Afin d'empêcher la croûte de s'amollir, il est préférable de commencer à cuire la tarte à haute température pendant dix minutes en ayant soin aussi de la placer sur la grille du bas.

Chauffer le four à 450° F.

Préparer suffisamment de pâte pour couvrir une assiette à tarte de 9 pouces. Rouler la pâte, en tapisser l'assiette à tarte, égaliser et festonner les bords, mais ne pas piquer avec une fourchette.

Faire frémir
2½ tasses de lait

Battre légèrement
3 oeufs

Y incorporer
⅓ tasse de sucre
¼ c. à thé de sel

Ajouter en remuant le lait chaud et
1 c. à thé de vanille

Couler dans la croûte.
Saupoudrer de
quelques grains de muscade

Cuire à 450°, 10 minutes.

Réduire la chaleur à 325° F. et continuer la cuisson de 30 à 40 minutes, ou jusqu'à ce que la garniture soit presque prise.

Tarte du manoir

Les épices et les fruits séchés pour cette recette ancienne étaient cérémonieusement mis de côté par les fermiers afin d'être utilisés seulement pour les tartes présentées aux grandes occasions.

Chauffer le four à 450° F.

Préparer suffisamment de pâte pour couvrir une assiette à tarte de 9 pouces. Abaisser la pâte, en tapisser l'assiette à tarte, égaliser et festonner les bords, mais ne pas piquer avec une fourchette.

Crémer ensemble
½ tasse de beurre
1 tasse de cassonade légèrement pressée

Y battre
4 jaunes d'oeufs
1 c. à thé de vanille

Mélanger ensemble et y incorporer
½ tasse de farine à pâtisserie

1 c. à thé de cannelle
½ c. à thé de quatre-épices
½ c. à thé de muscade

Ajouter
1 tasse de crème (18%)
½ tasse de dattes hachées
½ tasse de raisins secs
½ tasse de pacanes hachées grossièrement

Verser dans la croûte préparée.

Cuire à 450°, 15 minutes ou jusqu'à ce que la croûte soit dorée.

Réduire la chaleur à 350° F. et continuer la cuisson de 30 à 35 minutes, ou jusqu'à ce que la garniture soit presque prise.

Refroidir. Garnir de meringue, si désiré.

Tarte à la ferlouche

Il semble que la tradition québecoise abonde en différentes façons d'épaissir une tarte à la ferlouche. Certains la préfèrent avec des raisins secs, d'autres non. Cette recette suit quand même la coutume québecoise de cuire la garniture d'abord.

Chauffer le four à 425° F.

Préparer suffisamment de pâte pour couvrir une assiette à tarte de 9 pouces. Abaisser la pâte, en tapisser une assiette à tarte, égaliser et festonner les bords et piquer toute la surface avec une fourchette.

Cuire à 425°, 10 à 12 minutes, ou jusqu'à ce que la croûte soit dorée.

Refroidir.

Dans une casserole, combiner
⅓ tasse de fécule de maïs
½ tasse de cassonade légèrement pressée

Y incorporer
½ tasse de mélasse
1½ tasse d'eau
1 c. à table de zeste de citron râpé
1 pincée de muscade

Cuire sur feu moyen en remuant continuellement jusqu'à consistance épaisse. Couvrir et continuer la cuisson 2 minutes; brasser occasionnellement.

Tiédir et verser dans la croûte de tarte cuite. Refroidir.

Garnir de crème fouettée.

Tarte au sirop d'érable

La province de Québec produit les trois quarts de tous les produits de l'érable du Canada. L'autre quart vient du Nouveau-Brunswick et de l'Ontario. La farine et les oeufs rendent cette garniture lisse et onctueuse.

Préparer suffisamment de pâte pour couvrir une assiette à tarte de 9 pouces. Abaisser la pâte, en tapisser l'assiette à tarte, égaliser et festonner les bords, mais ne pas piquer avec une fourchette.

Chauffer le four à 400° F.

Battre légèrement
2 oeufs

Mélanger ensemble et incorporer
1 tasse de cassonade légèrement pressée
2 c. à table de farine

Y ajouter et bien incorporer
1 tasse de sirop d'érable
2 c. à table de beurre, fondu
½ tasse de noix hachées grossièrement
1 c. à thé de vanille
1 pincée de sel

Verser dans la croûte préparée.

Cuire à 400°, de 35 à 40 minutes ou jusqu'à ce que la garniture soit prise. Refroidir.

Tarte à la citrouille

Les tartes à la citrouille diffèrent de région en région au Canada; dans les cantons de l'Est certains la préfèrent avec un accent de mélasse, d'autres exigent qu'elle soit servie avec du sirop d'érable. Nous vous laissons ici le soin de choisir entre le cassonade et le sucre granulé.

Chauffer le four à 450° F.

Préparer suffisamment de pâte pour couvrir une assiette à tarte de 9 pouces. Abaisser la pâte, en tapisser l'assiette à tarte, égaliser et festonner les bords, mais ne pas piquer avec une fourchette.

Battre ensemble
2 oeufs
1 tasse de lait
1 boîte (14 onces) de citrouille (1½ tasse)
½ c. à thé de sel

Mélanger ensemble et ajouter à la citrouille

1⅓ tasse de cassonade légèrement pressée OU
1 tasse de sucre
1 c. à thé de cannelle
½ c. à thé de gingembre
½ c. à thé de muscade
¼ c. à thé de clou de girofle

Verser dans l'assiette préparée.

Cuire à 450°, 10 minutes.

Réduire la chaleur à 350° F. et continuer la cuisson de 45 à 50 minutes de plus, ou jusqu'à ce que la garniture soit presque prise.

Tarte "schnitz"

La première communauté mennonite au Canada s'établit d'abord à "Twenty Mile Creek" sur le lac Ontario; plus tard ces fermiers acquérirent des terres situées plus au centre de l'Ontario et les défrichèrent.

Les femmes sont d'excellentes cuisinières d'où vient cette délicieuse recette. L'appellation "schnitz" vient de l'expression allemande — apfel schnitz, c'est-à-dire tranche de pomme.

Chauffer le four à 450° F.

Préparer suffisamment de pâte pour couvrir une assiette à tarte de 9 pouces. Abaisser la pâte, en tapisser l'assiette à tarte, égaliser et festonner les bords, mais ne pas piquer avec une fourchette.

Battre avec un batteur à oeufs jusqu'à consistance lisse
3 c. à table de farine
¾ tasse de sucre
1 tasse de crème sure commerciale

Disposer de façon attrayante dans l'assiette préparée
5 tasses de quartiers de pommes pelées

Napper du mélange de crème sure.
Cuire à 450°, 15 minutes.

Réduire la chaleur à 350° F. et continuer la cuisson de 35 à 40 minutes, ou jusqu'à ce que les pommes soient tendres et que la garniture soit prise.

Saupoudrer sur la tarte chaude
¼ tasse de cassonade légèrement pressée

Griller de 2 à 3 minutes ou jusqu'à ce que la cassonade fonde.

Servir chaud.

Tarte à la mélasse

Les colons allemands qui introduisirent cette tarte aimaient la servir au déjeuner. Il est difficile de croire que cette version nous vient de la Belle Province. Serait-ce un héritage des Loyalistes d'origine allemande qui s'établirent au Québec en 1776?

Chauffer le four à 450° F.

Préparer suffisamment de pâte pour couvrir une assiette à tarte de 9 pouces. Abaisser la pâte, en tapisser l'assiette à tarte, égaliser et festonner les bords, mais ne pas piquer avec une fourchette.

Combiner
- **⅓ tasse de mélasse**
- **⅓ tasse de miel**
- **1 tasse d'eau bouillante**

Mélanger ensemble jusqu'à consistance granuleuse
- **⅓ tasse de beurre**
- **¾ tasse de cassonade légèrement pressée**
- **¾ tasse de farine tout-usage**

Saupoudrer ⅓ du mélange granuleux dans l'assiette préparée. Y verser la moitié du mélange liquide.

Disperser sur le tout
- **½ tasse de raisins secs**
- **½ tasse de noix hachées**

Répéter avec ⅓ du mélange granuleux et le reste du liquide.

Garnir du reste du mélange granuleux.

Cuire à 450°, 15 minutes.

Réduire la chaleur à 350° F. et continuer la cuisson de 25 à 30 minutes, ou jusqu'à ce que la garniture soit prise.

Servir tiède avec de la crème claire ou de la crème fouettée.

Tarte aux baies fraîches

Voici une recette de base pouvant s'adapter aux innombrables variétés de baies canadiennes, d'un océan à l'autre.

Nous l'avons expérimentée avec les plus communes, telles: bleuets, framboises et mûres; le reste dépend de votre imagination. Bon appétit.

Chauffer le four à 450° F.

Préparer suffisamment de pâte pour une tarte à croûte double de 9 pouces. Abaisser la moitié de la pâte, en tapisser l'assiette à tarte, égaliser les bords. Rouler la croûte du dessus.

Mélanger ensemble
- **¼ tasse de farine tout-usage**
- **¾ tasse de sucre**
- **1 pincée de sel**

Combiner avec
- **4¼ tasses de baies**

Disposer dans l'assiette à tarte couverte de l'abaisse.

Parsemer de
- **1 c. à table de noisettes de beurre**

Couvrir de la deuxième abaisse. Sceller et festonner les bords. Inciser ou piquer le dessus.

Cuire à 450°, 15 minutes. Réduire la chaleur à 350° F. et continuer la cuisson de 50 à 55 minutes, ou jusqu'à ce que la garniture ait épaissi.

Si vous employez des fraises, augmentez le sucre à 1 tasse.

Tarte au sucre du Québec

Il y a autant de versions de cette tarte au sucre qu'il y a de cuisinières au Québec. Cependant, bien que la garniture soit en général de consistance claire et, à cause de sa richesse, il est préférable d'en étendre une couche moins épaisse qu'on ne le fait habituellement pour d'autres tartes.

Chauffer le four à 375° F.

Préparer suffisamment de pâte pour couvrir une assiette à tarte de 9 pouces. Egaliser et festonner les bords mais ne pas piquer avec une fourchette.

Amener à ébullition sur feu doux
- **2 tasses de cassonade légèrement pressée**
  OU
- **2 tasses de sucre d'érable mou, haché**
- **1 tasse de crème à fouetter**

Cuire en remuant lentement, environ 10 minutes ou jusqu'à consistance épaisse.

Retirer du feu et ajouter
- **½ tasse de noix hachées**

Refroidir.

Verser dans l'assiette préparée.

Cuire à 375°, de 30 à 35 minutes.

Refroidir. (La garniture prendra en refroidissant).

Tarte au caramel

L'emploi de cassonade foncée élimine la caramélisation du sucre et facilite donc la préparation de cette tarte au caramel.

Chauffer le four à 425° F.

Préparer suffisamment de pâte pour couvrir une assiette à tarte de 9 pouces. Abaisser la pâte, en tapisser une assiette à tarte, égaliser et festonner les bords et piquer toute la surface avec une fourchette.

Cuire à 425°, de 10 à 12 minutes, ou jusqu'à ce que la croûte soit dorée.

Faire frémir
2¾ tasses de lait

Dans une casserole, combiner
¼ tasse de fécule de maïs
1¼ tasse de cassonade foncée légèrement pressée
½ c. à thé de sel

Ajouter graduellement le lait chaud. Cuire sur feu moyen en remuant continuellement jusqu'à consistance épaisse. Réduire la chaleur, couvrir et continuer la cuisson 2 minutes; remuer occasionnellement.

Réchauffer avec quelques cuillerées de ce mélange chaud
3 jaunes d'oeufs légèrement battus

Ajouter le tout au reste du mélange chaud. Cuire 2 minutes de plus en remuant continuellement.

Retirer du feu et incorporer
2 c. à table de beurre
1 c. à thé de vanille

Tiédir et verser dans la croûte de tarte cuite refroidie.

Si désiré, garnir d'une meringue faite de
3 blancs d'oeufs
¼ c. à thé de crème de tartre
⅓ tasse de sucre

Remettre dans le four à 400° F., environ 5 minutes ou jusqu'à coloration dorée.

Refroidir à la température de la pièce.

Tarte au citron

Autrefois, lorsque les réserves de citron étaient limitées, on devait substituer du vinaigre à une partie du jus. Aujourd'hui cependant nous pouvons déguster à notre guise l'agréable saveur du citron qui ressort à merveille dans la tarte suivante.

Chauffer le four à 425° F.

Préparer suffisamment de pâte pour couvrir une assiette à tarte de 9 pouces. Abaisser la pâte, en tapisser une assiette à tarte, égaliser et festonner les bords et piquer toute la surface avec une fourchette.

Cuire à 425°, de 10 à 12 minutes, ou jusqu'à ce que la croûte soit dorée.

Refroidir.

Réduire la chaleur du four à 400° F.

Dans une casserole, combiner
½ tasse de fécule de maïs
1 tasse de sucre
¼ c. à thé de sel

Ajouter graduellement
3 tasses d'eau bouillante

Cuire sur feu moyen en remuant continuellement jusqu'à consistance épaisse. Couvrir et continuer la cuisson 2 minutes; brasser occasionnellement.

Réchauffer avec quelques cuillerées de ce mélange chaud
3 jaunes d'oeufs légèrement battus

et ajouter le tout au reste du mélange chaud.

Cuire 1 minute de plus en remuant continuellement.

Retirer du feu et incorporer
1 c. à table de beurre
¼ c. à thé de vanille
1 c. à table de zeste de citron râpé
½ tasse de jus de citron

Tiédir et verser dans la croûte de tarte cuite.

Si désiré, garnir d'une meringue faite de
3 blancs d'oeufs
¼ c. à thé de crème de tartre
⅓ tasse de sucre

Remettre dans le four à 400°, environ 5 minutes ou jusqu'à ce que la meringue soit dorée. Refroidir à la température de la pièce.

Menus canadiens

Jamais l'histoire de notre cuisine canadienne n'a été racontée, mais notre recueil de recettes prouve bien son existence. Il n'est cependant pas suffisant de rassembler ces recettes sous une même couverture pour en propager une image complète et véritable. Il faut aussi connaître différentes façons de grouper ces mets en repas nutritifs et alléchants.

A cet effet, nous vous suggérons cinq menus régionaux de la Colombie-Britannique, des Prairies, de l'Ontario, du Québec et des Provinces de l'Atlantique, ainsi que des menus d'occasions spéciales, tel le réveillon de Noël, le Jour de l'An, Pâques et aussi un traditionnel souper de famille de samedi.

Souper du samedi

Chowder aux clams

Bacon de dos glacé

Fèves au four   Beurre aux tomates

Chou mariné

Pain brun de Shediac   Pain brun aux flocons d'avoine

Grands-pères à l'érable

OU

Compote de pommes   Gâteau aux épices

Dîner de la Colombie-Britannique

Bouchées au crabe

Punch Okanagan

Saumon de la rivière Fraser, farci

Sauce tartare

Pommes de terre mousseline   Tomates aux fines herbes

Gelée épicée aux fruits

Pulla   Pain de seigle de Capilano

Bagatelle

Bâtonnets de Nanaimo   Ailes de papillon de Hvorost

***

Dîner des Prairies

Soupe aux fèves blanches muk-luk

Laquaîche aux yeux d'or   Tranches de citron

Biftecks au sel grillés

Nachynka de Yorkton   Carottes au beurre

Salade de pissenlits ou en vrac

Muffins versatiles   Bannock chaud

Tarte aux pommes et au miel de l'Alberta

***

Dîner de l'Ontario

Tartelettes au fromage

Poulet au miel piquant

Relish à la rhubarbe de Magnetawan

Riz sauvage à la vapeur   Navets et pommes en cocotte

Tomates tranchées

Biscuits à la crème sure

OU

Pain à la farine de maïs

Crème glacée aux fruits frais   Gâteau aux épices et aux noix

Vin blanc canadien

Dîner du Québec

Soupe à l'oignon au gratin

Côtelettes de porc Charlevoix

Pommes de terre en robe des champs

Epinards au beurre

Pain sur la sole

Tarte au sucre à la moderne

Vin de maison

❋

Souper de la Côte Est

Hareng mariné

Potage aux pommes de terre de l'I.P.-E.

Boeuf salé au chou
Marinade de concombres
Beignets au maïs

Pain de trappeur   Galettes d'Abegweit

Pouding aux pommes d'Annapolis
OU
Tartelettes à la mélasse

Vin aux bleuets de Terre-Neuve

❋

Buffet du Réveillon de Noel

Sherry canadien

Cretons

Boeuf épicé de l'Ontario

Dinde froide

Tourtière

Sauce chili d'Essex Sud   Marinade de concombres

Holubtse au chou

Salade de betteraves en gelée   Salade de noces

Pain hollandais de Noël   Pain à 100% de blé entier

Pain aux fruits de Bonavista

Bûche de Noël

Gâteau de Noël   Biscuits "shortbread"

Cocktail canadien

Dîner du Jour de l'An

Cocktail aux canneberges de Muskoka

Dinde rôtie   Farce à l'ancienne

Gelée de Piments verts

Pommes de terre au persil

Navets en purée   Pois au beurre

Bâtonnets de céleri et de carottes

Pouding de Noël avec sauce mousseuse

Tarte au mincemeat

Caramel à la noix de Fredéricton

Dîner de Pâques

Paniers de pamplemousses

Oeufs écossais de Baddeck

Jambon glacé avec pêches marinées

Pommes de terre au four   Pointes d'asperges

Chou mariné

Paska   Pain de Pâques grec

Tarte à la rhubarbe ou au citron

Rosé pétillant canadien

Repas de Fête du Canada

Hareng mariné

Cocktail à la rhubarbe

Tranches froides de coulibiac à la paysanne
OU
Côtes levées barbecue

Epis de blé d'Inde miniatures marinés
OU
Gelée de pommettes épicée

Pommes "chips"   Tomates farcies

Concombre à la crème sure

Pain au levain   Muffins aux bleuets

Shortcake aux fraises de Jemseg
OU
Tartelettes au beurre

Fromage canadien et craquelins

Limonade

Termes de Cuisine

Arroser — On arrose un corps solide en y versant un liquide à la cuillère. Procédé généralement utilisé au cours de la cuisson des viandes en versant le gras brûlant sur les parties maigres, afin de les garder juteuses et savoureuses.

Assaisonnement — Le sel est l'assaisonnement principal pour les aliments, car il fait ressortir la saveur de tous les autres ingrédients. Pour leur donner encore plus de saveur, on y ajoute du poivre, de la moutarde et toutes sortes d'épices, des fines herbes, de l'oignon (et tous ses dérivés, depuis la délicate ciboulette jusqu'à l'ail aux effluves puissants), du sel aromatisé de céleri, d'oignon, d'ail, etc., du vinaigre aux différents arômes et des sauces en bouteille.

Barbecue — Voir Rôtir à la broche.

Battre — Rendre un mélange lisse ou y introduire de l'air à l'aide de mouvements vifs et réguliers qui le soulèvent plusieurs fois de suite. (Voir à Oeufs).

Blancs d'oeufs — Pour battre jusqu'à consistance ferme — Plusieurs recettes mentionnent de ''battre les blancs jusqu'à formation de pics fermes mais non secs''. Cela signifie qu'il faut les battre jusqu'à ce qu'ils forment dans le bol une masse qui gardera sa consistance et ne glissera pas si l'on retourne le bol. La surface des blancs d'oeufs battus doit rester brillante.

Bouillir — Faire chauffer un liquide jusqu'à ce qu'il bouillonne rapidement.

Bouillon — Le liquide dans lequel la viande, le poisson, la volaille ou les légumes ont cuit.

Braiser — Faire dorer de la viande enfarinée, assaisonnée, etc., dans une poêle à frire avec un peu de graisse, puis y ajouter une petite quantité de liquide et laisser mijoter doucement, dans une casserole couverte.

Couper (trancher) — Diviser un aliment avec un couteau ou des ciseaux.

Couper (Y) — Terme généralement utilisé pour désigner l'opération consistant à couper un corps gras solide en l'incorporant à un mélange sec de farine, etc. Elle peut être effectuée (1) avec un coupe-pâte dont chaque fil métallique pénètre dans la graisse et la coupe ou (2) avec deux couteaux utilisés à la manière d'une paire de ciseaux. Il faut couper proprement, nettement, sans tordre (ce qui a pour effet d'amollir la graisse), pour réduire le corps gras en morceaux de la grosseur indiquée.

Crémer — Tourner et battre un ingrédient jusqu'à ce qu'il devienne mou et lisse.

Cuire à la vapeur — Faire cuire un aliment dans un récipient perforé fermé, placé au-dessus d'un pot d'eau bouillante.

Cuire au four — Faire cuire à chaleur sèche, à la température appropriée à l'aliment.

Désosser — Enlever tous les os de la viande ou de la volaille.

Egoutter — (1) Vider complètement le liquide, eau, jus, etc., d'un solide. (2) Placer un aliment frit sur du papier absorbant, pour enlever toute la graisse restant à la surface de cet aliment.

Enduire — Couvrir complètement d'une mince couche.

Faire frémir — Faire chauffer jusqu'à un degré qui se situe juste au-dessous du point d'ébullition. Un liquide a atteint ce degré quand des bulles commencent à se former contre les parois du récipient mais n'apparaissent pas encore sur la surface du liquide.

Faire gonfler — Couvrir des raisins secs d'eau bouillante et les laisser reposer 2 à 3 minutes.

Faire lever — Placer la pâte à la levure dans un endroit chaud (90°F.) pour permettre à la levure de dégager un gaz qui sature la pâte et en accroît ainsi le volume.

Faire sauter ou faire revenir — Faire dorer ou cuire dans une petite quantité de gras (Voir à Frire).

Farine grillée — Farine cuite dans une poêle à frire épaisse non graissée en tournant fréquemment jusqu'à ce qu'elle soit bien dorée. Utiliser deux fois plus de farine grillée que de farine ordinaire pour épaissir les sauces.

Fouetter — Battre rapidement pour augmenter le volume grâce à l'incorporation d'air. Ce procédé s'applique à la crème épaisse, aux oeufs et aux préparations à base de gélatine.

Fricassée — Cuisson braisée.

Frire — Cuire les aliments avec du gras. (1) La friture à la poêle ne requiert qu'un peu de gras dans une poêle peu profonde, principalement pour empêcher les aliments d'attacher à la poêle. (2) La cuisson à grande friture consiste à plonger les aliments enrobés ou non dans une grande quantité de gras porté à température convenable.

Glace, glaçage — C'est une mince pellicule dont on enduit les aliments; du sirop ou du sucre sur le jambon par exemple, ou un enduit sucré et transparent sur les fruits dans les tartes et tartelettes, ou encore un enduit transparent sur les fruits confits et les noix.

Griller — Cuire en exposant les surfaces de l'aliment à une chaleur sèche. C'est une méthode fréquemment utilisée pour les viandes tendres, la volaille jeune ou le poisson.

Hacher — Réduire en fines particules en coupant, écrasant ou moulant.

Incorporer (mêler, combiner, mélanger) — Procédé consistant à mélanger intégralement des ingrédients, jusqu'à ce qu'ils aient perdu leur propre identité, chacun d'eux s'incorporant à la masse.

Incorporer en pliant — Terme généralement employé pour désigner l'opération consistant à combiner la crème fouettée ou les blancs d'oeufs battus en neige avec un autre mélange. Elle a pour objet de mélanger la crème ou les oeufs sans rien perdre de l'air qui leur a été incorporé. Avec une spatule en caoutchouc ou une cuillère de bois (là l'envers) qui doit constamment être en contact avec les parois du bol, on retourne le mélange en déplaçant la spatule ou la cuillère d'une paroi à l'autre du bol en passant par le fond, on fait légèrement tourner le bol et on répète l'opération jusqu'à ce qu'aucun flocon de blanc d'oeuf ou de crème fouettée ne soit plus visible.

Levure — Un champignon microscopique qui se développe très rapidement dans les conditions requises en produisant du gaz d'acide carbonique qui a la propriété de faire monter la pâte. On l'achète plus volontiers sous forme de levure active sèche constituée de minuscules grains beiges. La levure fraîche comprimée se présente sous forme de pains. Pour obtenir de meilleurs résultats, il faut amollir la levure sèche dans de l'eau sucrée à une température de 100°F. Pour substituer de la levure fraîche à la levure sèche active, on utilise un pain de levure fraîche pour chaque enveloppe de levure sèche et on ne sucre pas l'eau qui doit être à une température de 80°F.

Linge à pâtisserie — Un morceau de toile utilisé comme surface pour rouler la pâte à tarte, à biscuits, etc., qui absorbe ainsi une quantité minimum de farine.

Mariner — Faire tremper un aliment solide pendant un certain temps dans un liquide aromatisé.

Meringue — Blanc d'oeuf battu dans lequel on a incorporé du sucre ou du sirop tout en battant.

Mijoter — Faire cuire sur feu doux, juste au-dessous du point d'ébullition.

Oeufs — Pour les battre à la consistance voulue — Si on indique de battre les oeufs "légèrement", cela signifie que les blancs et les jaunes doivent être suffisamment mêlés pour qu'on ne puisse plus les distinguer les uns des autres. Si on précise de "bien" battre, les blancs et les jaunes devront être battus ensemble avec un batteur à oeufs (électrique ou à main), jusqu'à consistance très légère, un grand volume d'air s'y trouvant incorporé. Pour séparer — Au-dessus d'un bol, on fend la coquille de l'oeuf d'un côté avec un couteau, puis, avec les pouces on sépare les deux morceaux de la coquille en laissant s'écouler le blanc dans le bol et en retenant le jaune dans une moitié de la coquille. Il faut faire glisser le jaune d'une moitié de la coquille à l'autre pour en faire égoutter le plus de blanc possible. Si une minuscule parcelle de jaune tombe dans le blanc, enlevez-la proprement avec un morceau de coquille.

Paner — Enrober de chapelure seule ou d'oeuf légèrement battu et de chapelure.

Parsemer de — Déposer des petits morceaux d'un ingrédient solide (du beurre, généralement) sur la surface.

Pâte — Un mélange d'ingrédients secs et de liquide suffisamment consistant pour retenir sa forme à des degrés divers.

Peler — Enlever la pelure.

Pétrir — Une opération qui consiste à replier et à aplatir la pâte pour la rendre plus élastique. On l'emploie généralement pour les pâtes à la levure ou pour certains pains éclairs. On soulève la moitié de la pâte avec les doigts et on la replie pour en doubler l'épaisseur, puis on l'aplatit avec la paume des mains. On fait faire à la pâte un quart de tour et on répète l'opération.

Pocher — Faire cuire doucement dans un liquide qui frémit.

Ragoût — Un ragoût est une combinaison de viande, de volaille et de légumes mijotés dans un liquide. Ce liquide peut être épaissi avant de servir.

Remuer — Mélanger des ingrédients à l'aide d'un mouvement circulaire, ce qui a pour effet de les mêler jusqu'à consistance uniforme.

Rôtir — Faire cuire au four, à chaleur sèche, une volaille ou un morceau de viande tendre dans un récipient non couvert.

Rôtir à la broche (Barbecue) — Faire rôtir lentement sur un gril ou à la broche, sur la flamme ou sur de la braise, en arrosant habituellement avec une sauce très assaisonnée, appelée sauce barbecue.

Rôtir à l'étuvée — Faire dorer la viande sur feu vif sur toutes ses surfaces, puis terminer la cuisson dans une casserole couverte avec une très petite quantité de liquide.

Saupoudrer — Verser régulièrement un ingrédient tel que farine ou sucre à la surface d'un aliment.

Shortening — Tel qu'on l'emploie généralement, ce terme s'applique à un mélange obtenu industriellement, composé de graisses végétales et dans lequel entrent parfois des graisses animales; le mélange est hydrogéné pour assurer sa solidification.

COMMENT MESURER LES INGREDIENTS LIQUIDES

Les tasses à mesurer les liquides ont leur graduation "1 tasse" un peu en dessous du bord de façon que les liquides ne débordent pas.

Placez la tasse à mesurer sur la table. Versez-y le liquide jusqu'à ce qu'il atteigne le niveau requis, quand vous vous penchez pour que vos yeux soient vis-à-vis de la marque.

Pour mesurer une cuillerée de liquide, prélevez la quantité que la cuillère peut normalement contenir — elle devra déborder légèrement. (Il y a 12 cuillerées à table de liquide dans une tasse, mais 16 cuillerées à table d'ingrédients secs.)

COMMENT MESURER LES INGREDIENTS SECS

Les tasses à mesurer les ingrédients secs ont leur graduation "1 tasse" juste au bord.

Farine — Prélevez la farine avec une cuillère, directement de la boîte ou du sac et remplissez la tasse à mesurer jusqu'à ce qu'elle soit pleine à déborder. Avec une spatule à bord droit ou un couteau, repoussez toute la farine qui déborde. (Les fractions de tasse se mesurent de la même façon.)

Sucre granulé — Suivez la même méthode que pour la farine.

Cassonade — Toutes les recettes de cette brochure demandent de la cassonade "légèrement pressée". Remplissez la tasse à mesurer à la cuillère, en appuyant légèrement pour être sûre qu'il n'y a pas de creux. Egalisez de la façon habituelle. Quand on retourne la tasse pour la vider, le sucre doit garder la forme de la tasse mais crouler quand on y touche légèrement.

Autres ingrédients secs — Certains produits, tels que la poudre à pâte, le soda à pâte et le cacao, ont tendance à se tasser dans leur récipient. Pour mesurer, brassez le produit puis prélevez-en une cuillerée et égalisez-la de la façon habituelle.

COMMENT MESURER LE GRAS

Gras Solide — La méthode la plus simple consiste à tasser le beurre, le shortening ou le saindoux dans une tasse à mesurer les ingrédients secs. Appuyez fermement pour être sûre qu'il n'y a aucune poche d'air, puis retirez-le de la tasse. Le gras peut être mesuré par la méthode de déplacement d'eau. Remplissez la tasse à mesurer les liquides au 1/3 ou à 1/2 avec de l'eau froide. Faites tomber le gras dans l'eau en vous assurant qu'il est complètement immergé, jusqu'à ce que le niveau de l'eau atteigne la graduation "1 tasse". Si vous avez procédé avec 1/3 tasse d'eau, vous aurez 2/3 tasse de gras; si vous avez procédé avec 1/2 tasse d'eau, vous aurez 1/2 tasse de gras.

Gras Liquide — Mesurez-le de la même façon que n'importe quel autre liquide.

Remarque: Si la recette indique 1 cuillerée à table de beurre, fondu, il faut mesurer le beurre avant de le faire fondre. Si la recette indique 1 cuillerée à table de beurre fondu, on doit le mesurer après l'avoir fait fondre.

FARINE TOUT-USAGE ET FARINE A PATISSERIE

Si vous utilisez de la farine tout-usage et que la recette demande de la farine à pâtisserie, comptez les 6/7 de la quantité.

Si vous utilisez de la farine à pâtisserie et que la recette demande de la farine tout-usage, comptez les 7/6 de la quantité.

Remarque: Pour de meilleurs résultats, utilisez de la farine tout-usage pour toutes les recettes qui demandent de la levure.

SUBSTITUTIONS
Ingrédients

1 tasse de beurre	= 1 tasse de margarine
1 tasse de sucre	= 1-1/3 tasse de cassonade légèrement pressée
1 carré de chocolat non sucré	= 3 c. à table de cacao + 1 c. à table de gras
1 tasse de lait de beurre OU de lait sur	= 1 c. à table de vinaigre ou de jus de citron + lait frais pour faire une tasse (laisser reposer 5 minutes)

Index

188

190